그리스도인

LIVING ON THE EDGE

LIVING ON THE EDGE: Dare to Experience True Spirituality by Chip Ingram
Copyright ⓒ 2009 Chip Ingram

All rights reserved.

This Korean edition was published by Timothy Publishing House, Inc. in 2010 by arrangement with the original publisher, Howard Books, A Division of Simon & Schuster, Inc., New York through KCC(Korea Copyright Center Inc.), Seoul.

이 책은 (주)한국저작권센터(KCC)를 통한 저작권사와의 독점계약으로 (주)도서출판 디모데에서 출간되었습니다. 저작권법에 의해 한국 내에서 보호를 받는 저작물이므로 무단전재와 복제를 금합니다.

※본문의 성경은 한글개역개정을 사용하였습니다. 별도의 경우 따로 표기해두었습니다.

e12 그리스도인

참된 영성을 경험하는 삶

A proven pathway to
become like Jesus

칩 잉그램 지음 | **김창동** 옮김

Timothy Publishing House

애니(Annie)와 테레사(Theresa)에게.
당신들의 지칠 줄 모르는 손과 기도하는 심장이
이 책을 가능하게 했습니다.

■ 추천사

"칩 잉그램 목사는 신실한 목회자요, 탁월한 성경 강해자입니다. 그는 성경의 많은 본문 중 로마서 12장에 특별히 주목했습니다. 로마서 12장은 칭의의 교리에 기초한 그리스도인의 삶의 윤리적 기초를 다룹니다. 여기서 우리는 참된 그리스도인의 총체적 모습을 발견합니다. 나와 하나님, 나와 세상, 나와 성도, 나와 이웃 이 모든 관계 안에서 살아갈 그리스도인의 자아상을 조명하고 있습니다. 그런 의미에서 이 책은 치열한 그리스도인 됨을 증거하는 기초 텍스트라고 할 만합니다. 치열한 그리스도인의 삶을 살아가기를 희망하는 이 시대의 모든 진지한 성도들, 특히 그런 삶을 지도해갈 모든 생각하는 목회자들에게 이 책을 진지하게 추천합니다."

– 함께 동역자 된, 이동원 목사(지구촌교회)

"우리는 '에지' 있게 사는 것이 아니라 '에지(edge)'에서 살아야 합니다. 그곳은 격렬한 싸움이 일어나는 곳이며 그 격렬함 속에 희열과 기쁨을 느끼는 곳이기도 합니다. 탁월한 목회자요 성경 교사인 칩 잉그램은 모든 그리스도인들이 피할 수 없는 자리인 '에지'에서 진정한 영성을 경험하도록 돕는 로마서 12장 그리스도인(원제: Living on the Edge)을 펴냈습니다. 늘 그저 일상적이기만 한 삶에서 풍성한 영성을 모른다면, 판에 박힌 교회 생활에서 다이내믹한 영성의 즐거움을 모른다면, 변화 없는 자신의 삶에서 주님 닮는 즐거움을 모른다면 일독을 기꺼이 권합니다. 후회 없는, 포기하지 않는, 폭발하는 영적 체험이 일어날 것입니다."

― 이찬수 목사(분당우리교회)

"이 책은 하나님의 말씀으로부터 나온 뚜렷한 도약의 발판으로서, 목적과 방향에 굶주려 있는 누구에게나 필요한 영적 나침반을 제공해준다. 또한 영적 성장을 향한 시대를 초월한 하나님의 방법을 명확하게 제시한다. 자신의 영적 여정이 어느 위치에 있든지 상관없이 놀라울 정도로 적절하며 실천적인 삶으로 이끄는 책이다."

― 릭 워렌(Rick Warren), 새들백 교회 담임 목사, 세계적 베스트 셀러 「목적이 이끄는 삶(The Purpose Driven Life, 디모데)」의 저자.

"당신은 영적으로 당신 최고의 날이 바로 앞에 놓여 있다는 사실을 신뢰할 믿음을 가지고 있는가? 이 책을 앉아서 읽지 말라. 고개를 들고, 발을 들어 움직이라."

― 제임스 맥도날드(James MacDonald), 하비스트 바이블 교회 담임 목사, 워크 인 더 워드(Walk in the Word) 성경 교사.

"나는 칩 잉그램이 진정한 제자를 만들고자 하는 열정을 가까이에서 지켜봤다. 하나님의 말씀을 가르치는 그의 은사는 성도들이 성장하는 데 도움을 준다. 당신이 정체되어 있든, 갈등하고 있든, 혹은 그리스도와의 더 깊은 동행을 바라든, 칩은 믿을 만한 안내자가 되어줄 것이다."

― 스티브 더글라스(Steve Douglass), CCC 대표.

"칩은 수많은 교회들에게 당신의 삶을 향한 하나님의 꿈을 찾아갈 수 있는 성경적인 방법들을 선물로 주어왔다. 이 책에 담긴 격려의 도구들은 당신이 가까이 다가가고자 하는 것들을 붙잡을 수 있도록 도와줄 것이다. 만일 예수님과 더 많이 동행하기를 원한다면, 바로 여기서 시작할 것을 추천한다."
– 잭 그레이엄(Dr. Jack Graham) 박사, 프레스톤우드 침례 교회(Prestonwood Baptist Church) 담임 목사.

"아멘! 이 책은 나의 열정에 불을 붙였다! 예수님은 가서 제자(Disciple) 삼으라고 말씀하셨지, 의사 결정(Decision)을 하라고 말씀하지 않으셨다. 칩 잉그램은 우리에게 영적으로 성숙할 수 있는 성경적이고, 실용적이며, 의미 있는 길을 제공한다."
– 토니 에반스(Dr. Tony Evans) 박사, 오크 클리프 바이블 펠로우쉽(Oak Cliff Bible Fellowship) 담임 목사, 어번 얼터너티브(Urban Alternative) 대표.

"나는 이 책이 흡인력과 깊이가 있으면서도 매우 실용적이라는 사실을 발견했다. 이 책을 좀 더 일찍 알았으면 좋았을 것을."
– 그렉 데릭(Gregg Dedrick), 켄터키 프라이드 치킨의 전 대표.

"나는 16년 전에 미국 기독교의 잠재된 에너지를 활동 에너지로 변환시키는 일을 내 인생의 후반기에 감당해야 할 소명으로 받아들였다. 칩 잉그램의 이 훌륭한 책은 바로 그 사명에 초점을 맞추고 있다. 기독교와 관련된 모든 리서치 결과가 가리키는 것은 이 시대의 임무가 그리스도인들이 더욱 그리스도인답게 살도록 도와주는 데 있다. 이것은 하프 타임에 있는 성도들의 '다음 단계', 즉 마지막을 잘 마무리할 수 있는 열쇠다."

- 밥 버포드(Bob Bufford), 「하프타임(Half Tiem)」, 「하프타임의 고수들(Finishing Well, 이상 국제 제자훈련원)」의 저자. 리더십 네트워크(Leadership Network)의 설립자 겸 의장.

"이 책은 재미있고, 흥미진진하며, 읽기 쉽다. 이 책은 당신이 성장의 한 걸음을 내딛고, 하나님이 당신을 위해 예비하신 모든 것을 얻기 원하는 좋은 친구와 마음 깊은 대화를 나누는 것과 같다."

- 게리 다이첸트(Gary J. Daichendt), 시스코 시스템즈(Cisco Systems)의 전 국제경영 수석 부사장.

"이 책은 현대 교회에 딱 들어맞는 책이다. 칩은 영적 성숙이야말로 지금 이 세상이 가장 필요로 하는 것이라는 깊은 확신으로 이 책을 쓰고 있다. 그리고 그곳을 향하여 나아가는 성경적인 나침반을 신실하게 제공해준다. 특히 전적인 위탁에 관한 그의 통찰력을 사랑한다."

- 에드먼드 찬(Edmund Chan), 싱가폴 커브넌트 복음주의 자유 교회(Covenant Evangelical Free Church) 담임 목사.

"나는 항상 삶은 곧 관계라고 말해왔다. 내 친구 칩 잉그램도 같은 의견이며, 그는 이 책에서 로마서 12장이 모든 사람이 반드시 터득해야 하는 다섯 가지 중요한 관계를 어떻게 제시하고 있는지 보여주고 있다. 칩의 실용적이고, 개별적이며, 또한 기억하기 쉬운 강의들은 당신의 마음을 새롭게 하고, 하나님이 당신을 위해 계획하고 계시는 참된 그리스도인의 삶을 살도록 도와줄 것이다."

— 리 스테클(Lee Steckel), NFL 코치이자 대표, 기독체육인협회(Fellowship of Christian Athletes) CEO.

"나는 칩으로 하여금 그 내용과 적용이 모두 성경 중심적인 이 책을 쓰게 하신 하나님을 찬양한다. 그 결과는 변화의 능력이다."

— 피터 탄 치(Peter Tan'Chi), 필리핀 크라이스트 커미션 펠로우십(Christ's Commission Fellowship) 담임 목사.

| 차례 |

감사의 말 •15
머리말 – 시작하기 전에 •17
들어가는 말 – 나의 r12 여정 •23

하나님이 가장 원하시는 것을 드리는 방법(롬 12:1)

1장 하나님이 당신에게 가장 원하시는 것은 무엇인가? •41
2장 하나님께 위탁하는 것이 왜 그토록 어려운가? •49
3장 하나님이 당신을 위한 최선의 것을 생각하고 계시다는 것을 믿는가? •61
4장 순종하는 삶은 어떤 모습인가? •71
5장 당신은 '모든 것을 걸고' 있는가? •83

당신의 삶을 향한 하나님의 가장 좋은 것을 얻는 방법(롬 12:2)

6장 당신은 하나님의 가장 좋은 것을 얻고 있는가? •99
7장 그리스도인으로서 사는 것이 왜 이렇게 힘이 드는가? •107
8장 당신의 사랑은 신실한가? •119

9장 정신으로 섭취하는 것이 당신의 영혼을 죽일 수 있는가? • 133
10장 당신은 '열심히 노력하는' 가운데 지쳤고 죄책감을 느끼는가? • 147

진정한 자아를 파악하는 방법(롬 12:3-8)

11장 당신은 자신이 누구라고 생각하는가? • 167
12장 당신은 삶의 가장 중요한 질문에 대답했는가? • 177
13장 당신은 참된 자신을 발견했는가? • 197
14장 당신은 하나님 가족의 지체인가? • 215
15장 당신은 당신의 삶을 향한 하나님의 목적을 아는가? • 231

참된 공동체를 경험하는 방법(롬 12:9-13)

16장 참된 공동체란 무엇인가? • 247
17장 하나님은 왜 당신의 진정한 모습을 그토록 중요히 여기시는가? • 261
18장 당신은 평생 지속될 인간관계를 맺고 있는가? • 277
19장 당신이 참된 공동체를 경험하지 못하게 가로막는 것은 무엇인가? • 291
20장 당신의 초점은 어디에 맞추어져 있는가? • 307

당신을 노리고 있는 악을 이기는 방법(롬 12:14-21)

21장 당신을 가장 아프게 하는 사람은 누구인가? •325
22장 당신은 그리스도가 당신을 치유하시게 하겠는가? •335
23장 당신은 자신이 언제 그리스도와 가장 닮은지 아는가? •347
24장 당신은 '하나님 노릇'을 하고 있지 않은가? •359
25장 하나님이 불가능한 일을 행하시는 것을 볼 준비가 되었는가? •373

나오는 말 – 여정은 계속된다… •383
부록 – 목회자들에게 드리는 글 •385
미주 •390

■ 감사의 말

이 책은 36년에 걸친 내 신앙 여정의 정점이다. 이 책은 내가 무엇인가를 기록한 것이라기보다는, 1972년 여름 내가 처음으로 성경을 펼쳐 들고 로마서 12장을 읽었을 때부터 하나님이 내 안에 새겨놓으신 것이라 할 수 있다.

전미 기독체육인협회(Fellowship of Christian Athletes), 데이브 마샬(Dave Marshall), 네비게이토, 내 누이, 달라스 신학교, 컨트리 바이블 컨트리 처치(Country Bible Country Church), 산타 크루즈 바이블 처치(Santa Cruz Bible Church)가 보내준 멘토링과 사랑과 책망과 가르침에 대해 어떻게 다 감사해야 할지 모르겠다. 집에 가면 나는 r12(로마서 12장의 가르침을 따르는) 아내와 r12 자녀들과 함께 살고 있는데, 그리스도를 추구하는 그들의 뜨거운 열정은 내게 참된 삶에 대한 도전을 주며 내 안에서 변화를 만들어낸다.

그리고 r12 패러다임의 촉매제가 되어준 WTB(Walk Thru the Bible)와 나이지리아 라고스(Lagos)에 있는 목회자들의 모임에 감사한다.

또한 나와 함께 메시지들을 연마하고 전 세계 그리스도인들이 '그리스도의 사람들'처럼 사는 데 도움이 되는 비디오, 오디오, 이 러닝(e-learing), 온

라인 코칭, 소셜 네트워크 그리고 영성 자료들을 만들어준 리빙 온 디 에지(Living on the Edge)의 훌륭한 사역 팀[그렉(Greg), 비키(Vicki), 린다(Linda), 스터(Stir), 샌디(Sandy) 그리고 그들과 함께하는 팀]에게 감사하고 싶다.

특별히 앤드류(Andrew)와 '그의 친구들'인 랜스(Lance), 빌(Bill), 브렛(Brett), 롭(Rob) 그리고 마크(Mark)의 지혜로운 상담과 전략적 통찰력에 빚을 졌다.

이 프로젝트를 믿어주고 하나님의 때를 놀라운 인내로 기다려준 존 하워드(John Howard)에게 감사하고 싶다. 유연성과 열정을 가지고 기독교 출판물을 기획하고, 이 책의 출판을 위한 마감 시간과 관련된 여러 장애물들을 극복하도록 배려해준 사이몬 앤 슈스터(Simon & Schuster) 출판사에게 특별한 감사를 드린다.

그리고 나를 오랫동안 참아주고 이 사역에 대한 진정한 헌신을 보여준 커티스 예이츠(Curtis Yates)와 그의 기업 예이츠 앤 예이츠(Yates & Yates)에 감사한다.

마지막으로, 이 책의 원고를 세 번이나 타이핑하고 편집했으며, 값진 제안을 해주고, 마감을 지키기 위해 말 그대로 밤낮을 가리지 않고 일하는 가운데 로마서 12장 10-11절의 모범을 보여준 애니(Annie)에게 감사하고 싶다. "형제를 사랑하여 서로 우애하고 존경하기를 서로 먼저 하며 부지런하여 게으르지 말고 열심을 품고 주를 섬기라."

월요일 밤 성경 공부 모임을 갖는 젊은 전문인들의 모임에 감사를 드린다. 당신들은 로마서 12장의 모습이 어떤 것인지를 25세 싱글인 사람들의 모습으로 보여주었다.

■ 머리말

시작하기 전에

인생은 짧고 당신의 시간은 소중하다.

이 책은 당신이 읽은 책들 가운데 가장 중요한 책이 될 수도 있고, 다른 한편으로 순전히 시간 낭비에 불과한 책이 될 수도 있다. 다음에 나오는 네 가지 질문을 스스로에게 물어보고 대답하는 3분 정도의 시간을 통해 당신은 이 책이 당신을 위한 것인지 아닌지를 확실히 결정할 수 있다.

1. 이 책은 당신을 위한 것인가?

만일 당신이 다음과 같은 상태라면 그 대답은 '그렇다'이다.

- 당신의 신앙 생활이 정체되어 있다.
- 당신은 영적인 현상 유지에 지쳐 있다.
- 당신은 하나님이 당신에게 진정으로 원하시는 것이 무엇인지 알고 싶다.

- 당신은 어떤 습관적인 죄로부터 벗어나기를 갈망하고 있다.
- 당신은 영적으로 성장하기를 바란다.
- 당신에게는 영적 성숙을 향해 나아가는 확실한 통로가 필요하다.
- 당신은 다른 성도들을 제자로 만들고 있다.

2. 이 책은 어떤 내용을 담고 있는가?

우선 이 책은 종교인 되기, 규범 지키기, 프로그램 개발하기, 교회 성장, 자기 실현, 혹은 성공을 위한 영적 공식을 다루지 않는다. 그보다는 삶 가운데 가장 중요한 다음의 다섯 가지 질문에 대한 해답을 얻도록 도와주는 데 그 목적이 있다.

- 어떻게 해야 하나님이 가장 원하시는 것을 그분께 드릴 수 있는가?
- 어떻게 해야 하나님이 당신의 삶에 계획하신 가장 좋은 것을 얻을 수 있는가?
- 어떻게 해야 진정한 자아를 파악할 수 있는가?
- 어떻게 해야 참된 공동체를 체험할 수 있는가?
- 어떻게 해야 당신을 노리고 있는 악을 이겨낼 수 있는가?

바꾸어 말하자면, 이 책은 '에지 위에서 사는 것(Living on the Edge, 에지 – 날카로운 모서리를 의미함, 여기서는 소리나는 대로 표기하여 사용 – 편집자 주)', 즉 용기를 가지고 참된 영성을 체험하기 위해 앞으로 한 발 내딛는 것에 대해 이야기하고 있다.

3. 왜 하필 지금 이 책인가?

최근의 조사 결과는 교회에서 실시하는 프로그램들이 성숙한 그리스도인들을 만들어내지 못하고 있음을 보여준다. 신실한 그리스도인들은 신학적으로 문제가 있지만 달리 방법을 찾을 수 없는 임시방편의 접근 방법들을 수없이 시도했다가 결국

- 행사는 많이 했지만 기진맥진하고
- 죄책감과 수치심에 빠지며
- 잘못된 기대감에 사로잡히고
- 실망과 환멸을 느끼며
- 분노하고 분개하고
- 교회를 떠나며
- 하나님의 능력이나 임재는 조금도 맛보지 못한 채 아무 말 없이 종교 행위들을 수행해나간다.

4. 이 책은 어떻게 다른가?

이 책은 날마다 예수님을 닮아가기 위한 검증된 길과 제자의 실제적인

프로파일을 제공한다. 그 신앙 성장의 길은…

- **성경적이다**: 그리스도의 참된 제자의 모습이 어떤 것인지를 하나님이 요약해서 보여주시는 로마서 12장을 주해한다.
- **관계적이다**: 영적 성숙은 규율을 지킴으로써가 아니라 다섯 가지 핵심 관계 안에서 성장함으로써 이루어지는 것이다.
- **은혜 중심적이다**: 로마서 12장에서 제시하는 제자는 로마서 1-11장에 대한 이해를 바탕으로 성장하는 것이지, 행위를 중심에 두지 않는다.
- **믿음에 초점이 맞추어져 있다**: 영적 성숙은 '더 열심히 노력하는 것'이 아니라, 하나님을 의지하는 것을 배움으로써 이루어진다.
- **실제적이다**: 제자도는 영적 성장의 이상적인 모습이 아니라 그 '방법'을 제공한다.
- **측정 가능하다**: 로마서 12장은 당신이 영적으로 성장하고 있는지를 가늠하는 데 도움이 되는 구체적인 측정 기준을 제공한다.

또한 이 책은 마지막 종착지가 아니라 하나의 '출입구'라는 사실을 기억하라. 이 책을 읽는 사람은 에지 위에서 사는 그리스도인이 되기 위한 여정을 시작하게 될 것이다. 각 장의 마지막 부분에는 하나님이 당신의 삶 가운데서 행하시는 일들을 개인적으로 시행하고 적용할 수 있는 자료와 문제들이 실려 있다. 우리 홈페이지(LivingontheEdge.org)에서는 당신이 성장하도록 도와주는 확실한 영적 통로들을 찾아볼 수 있다. 그곳에서 당신의 영적 여정을 다른 사람들과 함께 나누고, 장애물들을 뛰어넘을 수 있도록 개인적인 지도를 받으며, 다른 사람들을 도울 수 있는 실용적인 도구들을 제공받을 수 있다.

로마서 12장은 그리스도인의 삶의 출발점이다. 로마서 12장이 모든 것은 아니지만, 만일 당신이 영적으로 정체되어 있다면 여기에서 시작하라. 만일 당신이 새신자라서 어떻게 해야 성장하는지 잘 모르겠다면 여기에서 시작하라. 만일 당신이 성숙한 신자이며 다른 사람들을 제자 삼을 수 있는 길을 찾고 있다면 여기에서 시작하라.

이제 당신 일생일대의 여행을 떠날 준비가 되었는가?

---

* **목회자들에게 드리는 말씀**: 이 책의 마지막 부분인 385쪽에는 여러분을 위한 특별한 메시지가 실려 있다. 지금 바로 그 부분으로 가서 읽어보고 다시 돌아와 나머지 부분을 읽을 것을 권한다.

■ 들어가는 말

나의 r12 여정

나의 간단한 질문은 공허한 시선과 침묵에 부딪혔다.

나는 나이지리아 목회자들을 위한 대규모 집회에서 마태복음 28장 19절 말씀에서 규정하고 있는 교회의 목적에 관하여 설교하고 있었다. "그러므로 너희는 가서 모든 민족을 제자로 삼아 아버지와 아들과 성령의 이름으로 세례를 베풀고…."

그래서 나는 그들에게 질문했다. "제자란 무엇입니까?" 나는 제자란 말의 정의를 원한 것이 아니라 그리스도의 참된 제자는 어떤 모습을 보여야 하는지 그들의 생각을 말해주기 원했다. 그들은 내가 전 세계를 돌아다니며 같은 질문을 던진 믿음의 동료들과 마찬가지로 예수 그리스도의 제자에 대해 성경이 제시하고 있는 분명하고 측정 가능한 모습을 제시하는 데 고민하고 있었다.

그리고 그 순간 나는 하나님이 설교 원고에 없는 내용을 입술에 부어주시는 놀라운 경험을 했다. 나는 이렇게 말했다. "만일 하늘나라에 엄청난 용량의 서버가 존재하고, 여러분이 www.heaven.com/disciple 사이트에 접속을 한다면 여러분의 노트북 화면에는 어떤 내용이 뜰지 아십니까?" 사람들은 모두 무언가를 기대하며 몸을 앞으로 숙였고, 나는 내 원고에 없는데도 물어본 질문과 마찬가지로 그 대답도 깊이 있는 것이 되기를 조용히 기도했다. 그리고 내 입에서 이런 소리가 나오는 것을 들었다. "로마서 12장의 그리스도인이 되십시오."

나는 성령의 이끄심에 따라 그들에게 교재를 덮고 로마서 12장을 펴게 했다. 그 구절은 30년도 더 전에 내가 암송한 최초의 말씀이었고, 내가 공부한 최초의 주석이었으며, 그 이전까지 수없이 가르쳤던 본문이었지만, 그 순간만은 전혀 다른 방식으로 말씀을 전했다.

그 순간은 하나님이 내가 지난 25년 동안의 사역에서 행한 모든 것을 하나로 모아 나의 가장 깊은 열망, 곧 영적 성숙을 중심으로 불을 지피신 최초의 순간이었다. 여기서는 내가 그 존경하는 목회자들과 나누었던, 그리고 당신이 에지 위에서 사는 경험을 시작하면서 앞으로 만나게 될 내용들을 간략히 살펴볼 것이다.

r12 제자의 모습은…

하나님께 순종한다(1절)

"그러므로 형제들아 내가 하나님의 모든 자비하심으로 너희를 권하노니 너희 몸을 하나님이 기뻐하시는 거룩한 산 제물로 드리라 이는 너희가 드릴 영적 예배니라."

세상으로부터 구별된다(2절)

"너희는 이 세대를 본받지 말고 오직 마음을 새롭게 함으로 변화를 받아 하나님의 선하시고 기뻐하시고 온전하신 뜻이 무엇인지 분별하도록 하라."

진솔하게 자신을 평가한다(3-8절)

"내게 주신 은혜로 말미암아 너희 각 사람에게 말하노니 마땅히 생각할 그 이상의 생각을 품지 말고 오직 하나님께서 각 사람에게 나누어 주신 믿음의 분량대로 지혜롭게 생각하라 우리가 한 몸에 많은 지체를 가졌으나 모든 지체가 같은 기능을 가진 것이 아니니 이와 같이 우리 많은 사람이 그리스도 안에서 한 몸이 되어 서로 지체가 되었느니라 우리에게 주신 은혜대로 받은 은사가 각각 다르니 혹 예언이면 믿음의 분수대로, 혹 섬기는 일이면 섬기는 일로, 혹 가르치는 자면 가르치는 일로, 혹 위로하는 자면 위로하는 일로, 구제하는 자는 성실함으로, 다스리는 자는 부지런함으로, 긍휼을 베푸는 자는 즐거움으로 할 것이니라."

사랑 안에서 섬긴다(9-13절)

"사랑에는 거짓이 없나니 악을 미워하고 선에 속하라 형제를 사랑하여 서로 우애하고 존경하기를 서로 먼저 하며 부지런하여 게으르지 말고 열심을 품고 주를 섬기라 소망 중에 즐거워하며 환난 중에 참으며 기도에 항상 힘쓰며 성도들의 쓸 것을 공급하며 손 대접하기를 힘쓰라."

선으로 악을 이긴다(14-21절)

"너희를 박해하는 자를 축복하라 축복하고 저주하지 말라 즐거워하는 자들과 함께 즐거워하고 우는 자들과 함께 울라 서로 마음을 같이하며 높은 데 마음을 두지 말고 도리어 낮은 데 처하며 스스로 지혜 있는 체하지 말라 아무에게도 악을 악으로 갚지 말고 모든 사람 앞에서 선한 일을 도모하라 할 수 있거든 너희로서는 모든 사람과 더불어 화목하라 내 사랑하는 자들아 너희가 친히 원수를 갚지 말고 하나님의 진노하심에 맡기라 기록되었으되 원수 갚는 것이 내게 있으니 내가 갚으리라고 주께서 말씀하시니라 네 원수가 주리거든 먹이고 목마르거든 마시게 하라 그리함으로 네가 숯불을 그 머리에 쌓아 놓으리라 악에게 지지 말고 선으로 악을 이기라."

큰 그림

로마서 12장은 온전히 성숙한 예수님의 제자는 어떠한 모습인지에 관한 [미국의 유명한 요약집인 클리프 노트(Cliff Notes)와 같은] 실천 요약이다. 다시 말해 제자도에 대하여 예수님이 가르치신 것을 바울이 종합한 것이다.

자세하게 살펴보자.

1. 로마서 12장은 당신의 관계들에 초점을 맞추고 있다.
- 하나님과의 관계(1절)
- 이 세상의 가치관들과의 관계(2절)
- 자신과의 관계(3-8절)
- 성도들과의 관계(9-13절)
- 믿지 않는 사람들과의 관계(14-21절)

2. 로마서 12장은 우리를 대신한 그리스도의 사역을 가장 분명하고 상세하게 서술하고 있는 그 앞의 1-11장을 따르고 있다.

3. 로마서 12장은 실제적이고 측정 가능하다. 그 안에는 앞의 다섯 가지 관계 안에서의 성숙을 가늠하는 기준점이 되는 구체적인 명령들(성령의 능력을 통하여 성취될 수 있는)로 가득 차 있다.

우리는 앞으로 로마서 12장을 함께 살펴볼 것이다. 그리고 하나님은 당신을 어떤 사람으로 만들고 계시며, 변화를 만들어내시는 그분의 초자연적인 사역에 어떻게 동역하는지에 관한 매우 확실한 그림을 보게 될 것이다.

시작의 계기

당신이 갈등하고, 의심하고, 두려워하고, 때로는 실패할 때 혼자가 아니라는 사실을 아는 것은 대단히 유익하다. 그러므로 먼저 내 이야기로 우리의 여정을 시작하려고 한다. 나는 이 책에서 항상 나의 이야기로 돌아갈 것인데, 그 단 한 가지 이유는 그 이야기가 하나님이 우리 여정의 다양한 무대 위에서 어떻게 역사하시는지 보여주기 때문이다.

나는 그리스도인으로 성장하지 않았다. 전에는 내가 그리스도인이었다고 생각했었다. 나는 교회에 다녔고, 하나님을 지식으로 믿었으며, 우리 가족은 선하고 도덕적이었지만, 살아 계신 하나님과의 인격적인 관계에 대해서는 조금도 알지 못했다. 그렇다고 내가 하나님이라는 개념에 대해 문을

닫고 있었다는 것은 아니다. 사실 나는 어렸을 때 낯설기는 하지만 내 삶에 잠시나마 영향을 미쳤던 '하나님 체험(God Experience)'이라고 부를 만한 일들이 있었던 것을 기억한다.

나는 여덟 살인가 아홉 살 때 교회에서 예배 진행을 돕는 복사(altar boy, 服事)였다. 나는 예배가 시작되면 사제 앞에서 십자가를 들고 회중석 가운데 통로를 걸어가는 일을 했다. 우리 교회는 A자 형태의 커다란 건물로서 벽면은 스테인드글라스로 덮여 있었고, 마룻바닥에서부터 천장까지 커다란 십자가가 설치되어 있었던 것을 기억한다. 8시에 예배가 시작되면 햇빛이 스테인드글라스를 통해 들어와 강대상에 반사되어 다시 십자가 밑둥을 비추었다. 당시 나는 아주 어렸기에 아무런 신학적인 이해도 없었지만, 그 예배 시간에 앉아서 십자가를 보고 있노라면 한 번도 품어본 적이 없는 생각들이 머릿속으로 쏟아져 들어왔다.

나는 하나님은 어떤 분일까, 만물을 창조하신 하나님이 나 같은 작은 생명에게서 무엇을 원하실까 궁금했다. 내 시선이 십자가 밑둥을 비추고 있는 스테인드글라스 빛깔에 고정되어 있는 동안 이런 생각들이 내 의식 가운데 부드럽게 밀려 들어왔다. 그때가 하나님이 인격적이고 실재하는 분이라는 어렴풋한 인식을 통해서 하나님의 임재하심을 처음 느꼈던 순간이었다. 그것이 어떤 느낌이었는지 설명하기는 힘들지만, 그 예배를 마치고 부모님께 그 다음 주부터 8시 예배의 복사가 되고 싶다고 말했던 것은 기억이 난다. 지금 돌이켜보면, 성령님이 내 마음을 어루만지시고 내가 이해할 수 있는 수준에서 당신의 존재를 증거하기 시작하신 것이 분명하다. 누군가 나를 원하고 나를 사랑하고 있다는 내적인 확인은 너무도 대단한 것이어서, 나는 그것이 십자가에서 일어난 일과 관련이 있다는 것을 직관적으로 알 수 있었다. 그것이 여덟 살 소년이 생각할 수 있었던 전부였지만, 그 느낌은 강력하고 실제적인 것이어서 나는 나를 지으신 이 하나님을 알고 섬길 수밖에 없었다.

아쉽게도 새롭게 발견한 나의 영적인 열심은 그리 오래가지 못했다. 내가 다니던 교회는 성경이나 예수 그리스도와의 인격적인 관계를 맺는 것을 믿지 않았다. 교회 건물은 아름다웠고, 장식은 화려했으며, 외형은 매우 훌륭했다. 우리는 기도문을 읽고, 바른 말을 하고, 우리의 종교적 의무를 완수한 다음 집으로 돌아갔다. 내가 교회에서 경험한 것이 나의 삶 가운데 칸막이가 되어 있는 일부분이라고 말한다면 그것은 부족한 표현일 것이다. 그것은 신앙 대하여 내가 알고 있는 전부였으며, 내가 집에서와 다른 중요한 어른들과 함께 있을 때 목격하는 모든 것이었다. 사실 나는 십대 초반이 되면서부터는 모든 예배 순서를 달달달 외운 상태에서 예배 드리면서 머릿속으로는 전날 밤 펼쳐진 래리 버드와 매직 존슨이 이끄는 셀틱스와 레이커스의 농구 시합 장면을 되돌려볼 수 있을 정도였다.

그렇다고 그 교회가 의도적으로 불경스럽거나 부적절한 것은 아니었다. 우리는 비록 우리의 영적인 필요를 채우기 위해 성경 구절들과 전통적인 예배 형식을 사용하고는 있지만, 성경에서 말하는 하나님을 완전히 부인하는 사람들의 종교적인 모임일 뿐이었다. 나처럼 어리고 순진한 사람들에게 고역이었던 것은 우리가 주일에 행하는 일들이 나머지 평일 동안 우리가 어떻게 살아야 하는지와 어떤 의미를 갖는지에 대해 아무런 기대도 불러일으키지 않았다는 사실이었다.

그리고 십대 후반이 되면서 나의 위선적이고 가식적인 교회 생활은 하나님의 존재에 대해 심각한 의문을 제기하기 시작했다. 나는 믿고 싶었지만,

나이가 들수록 종교적인 행위에 참석하고, 아무도 그대로 살거나 믿지 않는 것들을 진리인 것처럼 행동하고 말하는 것에 점점 더 흥미를 잃어갔다. 16살 때 혼자서 이런 생각을 했던 것이 생생하게 기억난다. '이 모든 종교적인 것들은 어른들이 우리 아이들에게 커서 부활절 토끼나 산타클로스, 혹은 하나님은 존재하지 않는다는 사실을 발견하기 전까지는 도덕적으로 따라야 한다고 말하는 단순한 겉치레에 불과해.' 모든 것은 정교하게 만들어진 종교적인 위장술 같았다. 나는 나 자신이 속고 있으며, 그것이 싫다는 확실한 기분이 들었다. 그 결과 나는 교회와 하나님을 떠났고, 인생의 목적과 행복을 발견하는 데 실제적인 도움이 된다고 주장하는 그 두 가지 모두를 믿지 않게 되었다.

나는 나와 같은 세대와 마찬가지로 60년대 후반에서 70년대 초반에 행복과 성취감은 자신이 거둔 성공의 산물이라고 배웠다. 우리 아버지는 내가 어렸을 때부터 만일 성공과 행복을 맛보기 원한다면 분명한 목표를 설정하고, 그것을 성취하기 위한 전략을 개발하며, 다른 누구보다 열심히 노력하는 것이 중요하다는 것을 가르쳐주셨다. 중학교 1학년생이 일중독자가 되는 것은 어려운 일이지만, 지금 생각해보면 나는 그렇게 되려고 무진 애를 썼다. 나는 운동, 학교, 여자와 관련된 목표를 정해두었고, 이어서 그것들을 성취하기 위해 미친 듯이 집중했다.

나는 한겨울에도 농구 골대에 공을 집어넣기 위해 집 앞 진입로의 눈을 치우는 그런 정신 나간 아이였다. 내 꿈은 대학 농구 선수가 되어 장학금을 받고, 언젠가 유명 인사가 되고 부자가 되어 행복해지는 것이었다. 그러나 나는 내 키가 너무 작다는 것을 알고 운동으로 대학에 들어가는 것이 어렵다는 사실을 깨달았다. 그래서 나는 대학에서 좋은 성적을 받는 것이 미래의 행복을 보장해주는 것이라 믿고 열심히 노력했다. 돈 역시 성공하기 위해서 내게 매우 중요한 것이었다. 그래서 12살 때부터 2개의 신문을 배달하고, 잔디깎기 사업을 벌이고, 부모님이 우리 집 뒤의 자투리 땅을 구입하시려고 했을 때 6퍼센트의 이자를 받고 3천 달러를 빌려드리려 할 정도였다.

삶은 나를 중심으로 돌아갔다. 삶은 언젠가 내게 성취감을 주고 나를 행복하게 만들어줄 나의 목표, 나의 꿈 그리고 나의 성공을 중심으로 전개되었다. 이것이 내가 믿고 추구했던 슬로건이었다. 그리고 고등학교를 졸업하던 날 밤 이상한 일이 일어났다.

나는 우리 반에서 거의 최고의 성적을 거두었고, 작은 인문대학교의 농구 장학생이 되었으며, 그 과정에서 몇 가지 상도 받았고, 내 옆에는 멋진 여자 친구도 있었다. 나는 비록 내가 정한 목표를 모두 이루지는 못했지만 대부분을 이루었고, '다음 목표들을 성취하기 위한' 내 인생의 다음 장을 펼칠 준비가 되어 있었다.

나는 고등학교를 졸업하던 날 밤에 일어난 일을 절대 잊지 못할 것이다. 그 일은 내 삶 가운데 전혀 예상하지 못했던 영적으로 결정적인 순간이었다. 나를 포함한 친구들 20여 명은 빈 공간에 둥그렇게 모여 앉아 마리화나를 돌려 피우면서 고등학교 때 있었던 일들을 이야기하고 있었다. 내 차례가 되자 나는 어떤 종교적인 확신에서가 아니라 내 몸에 그런 것을 허용하는 것이 운동선수로서 나의 미래에 걸림돌이 될까 걱정이 되어 마리화나를 거부했다. 내 옆에 앉아 있던 재키(Jackie)라는 이름의 여학생은 고등학교 시절 나와 절친한 친구였다. 그녀는 나에게 참된 우정을 경험하게 해준 최초의 학생이었는데, 그러나 그녀에게 이성으로서 끌리는 감정은 조금도 없었다(재키의 남자 친구의 덩치와 힘에 비추어보았을 때). 우리는 친한 사이였기 때문에 종종 깊은 이야기를 나누었고, 내 기억에 그녀는 상당한 통찰력이 있었다. 재키는 몰랐겠지만, 그녀는 그날 내게 내 인생의 방향을 바꾸어놓은 말을 했다.

"칩, 너 오늘 무척 행복해 보인다. 넌 정말 성공했어. 장학금을 받고 대학에 가고, 예쁜 여자 친구도 있고, 여러 가지 상도 받고, 네 앞에는 정말 엄청난 미래가 기다리고 있으니 말야. 그렇게 성공하니 기분이 어때?" 물론 그녀는 칭찬의 말을 해준 것이었지만, 나는 내 기분이 어떤지 생각해본 적이 한 번도 없었다는 사실을 깨달았다. 그리고 그 순간 내가 느낀 것은 성취감이나 행복과는 전혀 거리가 먼 것이었다. 오히려 공허함과 외로움 그리고 허탈감 같은 기분 나쁜 예감이 들었다. 나는 항상 논리적인 사람이려고 노력했기 때문에 내가 지금까지 경험했던 것들을 머릿속에 즉시 그려보기 시작했다. 나는 목표들을 정했고, 미친 듯이 일했으며, 사람들을 매료시켜 내 이기적인 필요들을 채우는 방법들을 배웠고, 마침내 그 자리에 이르렀다. 나는 성공한 것이다!

그렇지만 내가 미처 예상하지 못했던 것은 그 성공이 얼마나 공허할 것인가 하는 점이었다. 나는 그날 집으로 돌아오면서 내가 미래를 위해 설정해둔 목표들을 생각해보기 시작했다. '그래, 넌 대학에 들어가고, 변호사가 되어서 돈을 많이 벌고, 아름다운 아가씨와 결혼을 하고, 예쁜 자식 셋을 낳고, 교외에서 살면서 비싼 차를 몰고, 비싼 양복을 입고, 지역 사회에서 리더가 되는 거야. 이것이 앞으로 10년에서 15년 사이에 거둘 성공의 모습이지.' 그런 다음 이런 생각이 들었다. '나는 그런 일들을 이루기 위해 미친 듯이 일할 거야. 그리고… 지금처럼 공허함을 느낄 거야. 아니야, 인생에는 이것 이상의 무언가가 있는 것이 분명해.'

그날 밤 나는 잠자리에 들기 전에 침대에 걸터앉아 침실 창문으로 밖을 내다보았다. 밤하늘은 별들로 가득 차 있었고, 나는 그때까지 한 번도 진지하게 물어보지 않았던 질문들을 던지기 시작했다.

'나는 궁금하다. 나는 왜 이곳에 있는 것일까? 나는 내 인생으로 무엇을 해야 하는 것일까? 만일 정말로 하나님이 존재하고 계시다면 어떻게 될까? 그렇다면 그분은 내게 무엇을 원하고 계실까?'

나는 그날 밤 창 밖을 내다보면서 내 생애 처음으로 솔직하고 성숙하게 드린 기도를 또렷이 기억한다.

"하나님, 만일 당신이 계시다면, 당신을 내게 보여주십시오. 만일 당신이 진짜 살아 계신 분이라면, 내가 이해할 수 있는 방식으로 내게 당신을 보여줄 수 있는 능력을 갖고 계심이 분명합니다. 그리고 만일 당신이 세상에 있는 모든 것을 만드셨고, 진짜 계시다면, 당신이 내게 원하시는 것은 무엇이든 하겠습니다. 그렇지만 당신이 진짜가 아니라면, 만일 하나님이 존재하지 않는다면, 만일 지금 눈에 보이는 이것이 전부라면, 나는 지옥 같은 삶을 살고, 일찍 죽고, 인생이라고 불리는 이 무의미한 것에서 가능한 많은 쾌락을 쥐어 짜내고 말 것입니다."

나의 성공은 기껏해야 나를 막다른 골목으로 이끌고 말았다. 나의 세계를 형성하고 있던 틀은 산산이 부서지고 말았다. 성공을 거두고 목표를 성취하는 것은(비록 그 과정은 신이 나지만) 내 삶의 목적이나 평화를 가져다줄 능력이 없었다.

새로운 시작

나는 그 기도를 드리고나서 몇 주 뒤에, 기독체육인협회에서 주관하는 여름 캠프에 참석했다. 방학 동안 하기로 한 아르바이트가 지연되고, 학교 감독님이 비용을 대주겠다고 제안하시는 바람에 나는 새롭고 낯선 세계에 발을 들인 것이다. 나는 성경과 티셔츠를 받아들고 세상에 그런 곳이 있는지 알지 못했던 환경에 빠지게 되었다. 사람들은 마치 하나님과 예수님이 실존하는 인물인 것처럼 이야기했다. 대학과 프로에서 활약하고 있던 선수들은 예수님과의 관계를 마치 자기 아내나 자식들과의 관계처럼 이야기했다. 한 사람은 매일 아침에 일어나면 성경을 일정 부분 읽고 그것을 알아듣기 쉽게 설명해주었다.

우리는 하루 중 대부분은 경기를 가졌고 나는 그 순간을 즐겼다. 예수님과 인격적인 관계를 맺고 있는 동료 체육인들과 나는 우정과 진솔함과 즐거움은 내게 전혀 새로운 것이었다. 정말 솔직히 말하자면, 내가 전에 가졌던 종교적인 경험들은 나를 상당히 회의적인 사람으로 만들었다. 나는 실제로 사람들이 내게 교리를 주입시켜서 나를 '예수에 미친 사람'으로 만들려 한다고 생각했다. 우리는 매일 아침 성경을 읽어야 했지만, 나는 그것이 나를 세뇌시키기 위한 그들의 방법 가운데 하나라고 생각해서 처음 3일 동안 성경 읽기를 거부했다.

그렇지만 넷째 날 어떤 일이 일어났다. 나는 성경을 펴서 최소한 성경이 무어라 말하는지 알아보아야겠다고 결심했다. 왜냐하면 사람들에게서 보이는 진지함과 서로를 향한 사랑을 부정할 수 없었기 때문이었다. 그들은 내게는 없는 무언가를 갖고 있음이 분명했고, 나는 고등학교를 졸업하던 날

침대맡에 앉아 드렸던 기도가 생각났다. "하나님, 만일 당신이 존재한다면 내가 이해할 수 있는 방식으로 내게 당신을 보여주세요."

그래서 한편으로는 지기 싫다는 경쟁심에서, 다른 한편으로는 순수한 호기심에서 나는 캠프에 들어올 때 받은 읽기 쉽게 번역된 성경을 아무데나 펴서 그 첫 장을 읽었다.

"그러므로 내 친구들이여, 우리를 향한 하나님의 크신 자비를 인하여 여러분에게 호소합니다. 여러분 자신을 하나님께 드리는 예배에 드려지도록 하나님께서 기뻐하시는 살아 있는 제물로 드리십시오. 이것이 여러분이 마땅히 드려야 할 참된 예배입니다.
여러분을 이 세상의 기준에 맞추지 말고, 하나님께서 여러분의 생각을 완전히 변화시킴으로써 여러분을 내적으로 변화시키게 하십시오. 그러면 여러분은 하나님의 뜻이 무엇인지 알게 될 것입니다. 그것은 선하고 하나님께서 기뻐하시는 것이며 완전한 것입니다."

– 로마서 12:1-2, GNT

나는 그때까지 이런 의문을 품어왔었다. "만일 하나님이 계시다면 그분이 내게 진정으로 원하시는 것이 무엇일까?" 나는 어린 시절 교회에서의 경험을 통하여 그분은 내가 수많은 규율을(그 대부분은 내 마음에 들지 않았지만!) 지키기 원하신다고 생각해왔다. 나는 하나님이 내게 사람들이 자신들이 말하는 것을 믿지 않고, 자신들이 '믿은 것'을 그대로 실천하며 살지 않는 따분한 예배에 참석하기를 원하신다고 생각했었다. 나는 그 삶이란 내 마음속에 들어 있는 목표와 꿈과 관련해서 내게 중요한 것들과 아무런 관련이 없는 것이라고 생각했다. 결정적으로 나는 하나님이 진정으로 원하시는 것이 무엇인지 알지 못했지만, 기독교 텔레비전을 본 뒤에 그분이 어쩌면 내 돈을 바라실 것이라고 생각했다.

나의 부정적인 생각과 하나님께 대한 불경을 용서하기 바란다. 그러나 그것이 바로 내가 캠프에 참석해서 스스로 성경을 펼쳐 든 그 순간까지 솔직하게 생각하고 있던 것이었다. 그리고 이제 700명의 다른 운동 선수들과 함께 오하이오 주의 한 작은 대학 잔디밭에 앉아 바로 몇 주 전에 하나님께 물어보았던 "당신이 내게 진정으로 원하는 것이 무엇입니까?"라는 질문에 대답하고 있는 성경 구절을 읽은 것이다. 그리고 그분은 대답하셨다. "내가 원하는 것은 바로 너다!" 나는 로마서 12장 1절이 사람들에게 예수님과 관계를 맺고 자신의 죄를 용서받을 수 있도록 가르쳐주는 구원 구절(salvation passage)이 아니라는 것을 잘 알고 있다. 그러나 하나님은 이 말씀을 사용하셔서 하나님이 진정으로 내게 원하셨던 것이, 그리고 지금도 당신의 모든 자녀에게 원하시는 것이 무엇인지 알 수 있도록 도와주셨다.

그것은 우리의 종교적인 행위가 아니며, 규범을 지키는 것도 아니고, 옳은 일을 행하는 책임감 많은 병사가 되는 것도 아니다. 하나님은 우리의 생명과 우리의 마음이 그분과 친밀하고, 기쁜 관계를 맺기 원하신다.

나는 그 뒤로 예수 그리스도의 복음에 관한 기쁜 소식을 들었다. 나는 하나님의 호의를 받기 위해 내가 할 수 있는 것이 아무것도 없지만, 그리스도가 내 죄를 위해 대신 죽으셨으며, 이 은혜의 선물은 오직 믿음으로만 받을 수 있다는 것을 깨닫게 되었다. 나는 많은 것을 이해하지는 못했지만 내게 구세주가 절대적으로 필요하다는 것과 그리스도가 단번에 나의 죗값을 치르셨다고 말씀하는 성경의 가르침을 분명히 깨달았다.

"너희는 그 은혜에 의하여 믿음으로 말미암아 구원을 받았으니 이것은 너희에게서 난 것이 아니요 하나님의 선물이라 행위에서 난 것이 아니니 이는 누구든지 자랑하지 못하게 함이라."

- 에베소서 2:8-9

불행하게도 많은 책과 많은 교회의 예배에서 내가 방금 나눈 내용(복음)이 그들이 전하는 메시지의 처음이자 마지막이 되고 있다. 절대 다수의 그리스도인들은 삶이란 그리스도를 인격적으로 알고, 구원을 받으며, 선한 사람이 되고, 다른 사람들이 '구원받도록' 돕는 것과 관련된 것이라고 가르침을 받고 있다. 그렇게 되면 그들은 오래지 않아 그 주된 목표가 더 많은 사람들을 하나님 나라에 들어가도록 도와주는 기계적인 종교인이 되고 만다.

내 말을 잘못 받아들이지 않도록 조심하기 바란다. 복음 전파는 정말 중요한 것이며, 사람들을 그리스도에게 인도하는 일은 하나님의 우선순위 목록에서 맨 처음에 자리잡고 있는 것이다. 그러나 그 메시지의 나머지 절반은 전적으로 무시되고 있다. 그 부분은 하나님의 꿈에 관한 것인데, 그것은 당신이 그분과 깊은 연합을 이루어 사는 소중하고 사랑하는 아들 혹은 딸이 되는 것이다.

하나님이 자신의 모든 자녀를 향해 갖고 계시는 꿈과 계획은 규율이나 종교적인 행동에 관한 것이 아니라 관계에 관한 것이다. 하나님이 바라시는 것은 우리의 업적이 아니라 우리가 이미 갖고 있는 은혜와 자비를 바탕으로 살아가는 법을 배우는 것이다. 하나님의 최우선 의제는 우리가 그분의 아들을 더 많이 닮아감으로써 하나님을 사랑하고 즐거워하며, 또한 우리의 이웃을 하나님이 그들을 사랑하시는 것처럼 사랑하는 것이다.

당신도 이런 삶을 살 수 있다. 나는 그런 삶을 맛보았고, 당신과 나와 같은 수많은 평범한 사람들이 그런 삶을 체험하는 것을 보아왔다. 나의 열정은 당신이 극적이고 흥미진진한 인생의 에지 너머로 담대하게 한 걸음을 내딛는 것이다. 그곳은 당신이 하나님과 하나가 되고, 자신이 살아 있고 활력이 넘치며, 목적으로 가득 차 있음을 느끼는 곳이다. 그리고 그 에지가 때로는 두려워 보일 때도 있지만, 그 삶은 열정과 위험과 보상으로 가득한 곳이다. 그러니 영적 안전 벨트를 단단히 조여 매고 당신을 그 에지로 인도할 믿음의 여행을 출발하자.

1부

하나님이 가장 원하시는 것을 드리는 방법

하나님께 자신을 드리라
로마서 12:1

> 만일 사람들이 자기가 우호적인 하늘 아래에서 살고 있으며, 능력과 위엄이 높으신 하늘의 하나님이 우리와 기꺼이 친구가 되기를 원하신다는 사실을 믿는다면, 인류 전체의 시각은 아마도 달라질 것이다.[1]
>
> — A. W. 토저(A. W. Tozer)

CHIP INGRAM

1장
하나님이 당신에게 가장 원하시는 것은 무엇인가?

"수고하고 무거운 짐 진 자들아 다 내게로 오라
내가 너희를 쉬게 하리라."2

— 나사렛 예수

나는 정말로 인생이 완전히 변화되었으며, 내 문제는 모두 잊혀졌고, 그리스도와의 새로운 관계가 계속해서 수많은 승리를 가져다주었다고 말하고 싶다. 그렇지만 그럴 수가 없다. 내 삶이 변화된 것은 맞다. 하나님은 내 마음 가운데 근본적인 사역을 행하셨고, 내 안에 새로운 소원들을 심어주셨다. 누구도 내게 성경을 읽어야 한다고 말하지 않았지만 읽지 않고는 견딜 수가 없었다. 나는 밤에도 아침에도 성경을 읽으면서 살아 계신 하나님이 직접 내게 말씀하시는 것 같은 느낌을 받았다. 누구도 내게 '이것이나 저것을 하지 말라'고 말하지 않았지만, 하나님이 내 소원을 변화시키셨고, 내가 한때 즐기던 범죄는 역겨운 것이 되었다. 나는 마음에 평화를 누렸고, 내 입술에서는 자주 노래가 나왔다. 나는 해방되었다. 나는 내가 지금 경험하고 있는 사랑을 모든 사람에게 전해야겠다는 자극을 받았고, 또한 그러기를 원했다.

새로운 삶 그리고 새로운 갈등

그러나 나의 새로운 삶은 또한 새로운 갈등을 불러일으켰다. 비록 어떤 죄는 신속하게 사라졌지만, 다른 죄는 도저히 극복하지 못할 것처럼 보였다. 나는 운이 좋게도 회심한 직후에 몇몇 성숙한 그리스도인들이 내 삶 가운데 개입하여 그리스도인으로서 어떻게 살아야 할지를 가르쳐주었다. 나는 조금씩 하나님을 알아가고, 그분의 말씀을 깨달으며, 그래서 그분이 다시 내게 말씀하시게 하는 법을 배웠다. 처음에는 하루하루가 전혀 알지 못했던 기쁨으로 가득했고, 한 번도 상상하지 못했던 시험들이 뒤따랐다.

나는 아침마다 신약 성경을 읽고 학교, 농구, 여자 친구에 대해 하나님과 이야기를 나누는 가운데 어떻게 삶을 살아가야 하는지에 관해 그분의 의견이 나와 조금 다르다는 것을 알게 되었다. 예수님은 분명 구세주이시지만, 그분이 내 삶의 주인은 아니었다. 나는 성장하는 가운데 혼란을 느꼈다. 나는 그리스도와의 새로운 관계 속에서 큰 기쁨을 맛보았지만 누구도 내게 무엇을 하라고 말하는 것을 좋아하지 않았다. 의식하지 못하는 가운데 나는 내 믿음에 칸막이를 치기 시작했고(어린 시절 교회 안에서 목격한 것과 마찬가지로), 하나님의 명령에 샐러드 바처럼 접근했다. 그래서 내가 좋아하고 타당하게 보이는 것만 순종했다. 그리고 내가 싫어하고 불합리하게 보이는 것은 무시하려 했다.

지금 돌이켜보면, 그것은 엉터리 같은 삶의 방식이었다. 나는 매일 아침 성경을 읽고 하나님과 근사한 시간을 가졌지만, 오후에는 내 안에 함께 계시는 성령을 어기는 행동을 하면서 극심한 후회와 죄책감을 경험했다. 나는 캠퍼스 사역 팀이 작은 거실에 모여 찬양하고, 서로의 마음을 나누는 가운데 강력하게 역사하시는 하나님의 임재를 경험하는 목요일 저녁 성경 공부 시간을 무척 기다렸다.

금요일과 토요일 밤에는 네다섯 명의 농구 선수와 함께 차를 타고 웨스트버지니아 주 휠링의 모든 선술집을 찾아다녔다. 나는 사교술이 있는 편이어서 예쁜 아가씨들에게 다가가는 '바람잡이' 역할을 맡았다. 종종 새벽에 들어오는 날이면 예배를 빼먹기도 했고, 죄책감을 갖고 용서를 구하고, 사하심을 받고, 계속해서 이런 이중적인 그리스도인의 삶을 살았다.

비록 겉으로 표를 내지는 않았지만, 내 삶은 비참했다. 시간이 지나면서 계속해서 양심에 어긋나는 행동을 하고 심지어 내가 한때 즐겼던 죄가 더 이상 나를 만족시켜주지 못했음에도 죄를 짓는 가운데 주님으로 인한 기쁨은 바래기 시작했고, 내 안에는 성령이 살아 계시다는 생각에 항상 죄책감과 부끄러움을 의식하며 살았다.

이런 식으로 2년 반에 걸친 그리스도와의 여정이 진행되고 있을 때 하나님이 두 가지 중요한 질문을 들고 나를 다시 찾아오셨다. "하나님이 내게 가장 원하시는 것은 무엇인가? 그리고 어떻게 하면 내가 그것을 그분께 드릴 수 있는가?" 이 두 질문은 나로 하여금 살아 계신 하나님과의 관계를 진지하게 다시 점검하도록 만들었다.

하나님이 진정으로 원하시는 것을 드리기

어느 날 같은 또래의 친구들과 함께 성경을 읽다가 나의 이중적이며 칸막이 처진 삶은 하나님이 원하시는 것이 아니라는 사실을 깨달았다. 그분은 나를, 내 전부를 원하셨다! 잃어버린 능력과 사라진 기쁨은 로마서 12장 1절의 진리를 깨닫고 적용했을 때, 즉 위탁에 대해 배웠을 때에만 찾을 수 있었다.

하나님은 나의 존재와 소유 모든 것을 그분께 복종시키는 수준에서 위탁하기를 원하셨다. 그분은 내 마음 가운데서 온 우주를 소유하고 계시는 것과 동등한 지위를 원하셨다. 그분은 내가 하나님은 정말 선하시고, 온유하시며, 사랑이 많으셔서 항상 내게 가장 좋은 것을 생각하고 계시다는 것을 앎으로써 내 모든 것을 그분께 의지하기 원하셨다. 그분은 나의 꿈, 나의 미래, 나의 여자 친구, 나의 농구 선수로서의 경력, 나의 학업을 그분께 모두 내어 맡기기를 원하셨다. 그분은 내가 모든 것을 그분께 드림으로써 그분이 온 우주를 다스리시는 것처럼 나를 통치할 수 있게 되기를 원하셨다.

위탁의 자리에 들어서기까지 내가 겪었던 갈등과 싸움이 어느 정도였는지 들려주기 위해 무엇부터 시작하면 좋을지 모르겠다. 내가 생각하던 하나님은 너무도 왜곡되어 있어서 그분께 내 삶을 위탁한다는 것은 내가 가장 소중히 여기는 것들과의 마지막을 의미한다고 생각했었다.

위탁과 두려움은 내 마음과 생각에 동의어였다. 나는 미혼이었고, 분명히 언젠가 결혼하기를 원했다. 그러나 나는 만일 내 삶을 하나님께 위탁한다면 그분은 혹시 내가 독신으로 남아 있기를 원하실 수도 있고, 그러면 내 삶은 비극이 될 수밖에 없을 것이라고 생각했다 아니면 더 심하게 말해서, 그분은 내게 결코 함께 있고 싶지 않은 못생긴 아가씨와 결혼을 하라고 지시할지도 몰랐다. 만일 내가 위탁하면 그분은 내게 농구를 그만두게 하고 낯선 나라에 선교사로 보낼 수도 있었다. 만일 내가 위탁하면 그분은 내가 공부하고 싶어하는 것 대신 내가 싫어하는 다른 어떤 것을 배우게 하실지도 몰랐다. 이런 생각이 계속되면서 위탁이라는 문제가 내게 가장 중요한 문제가 되었다.

그때를 돌아보면, 내가 성장하면서 가장 혐오하던 문화적으로, 육체적으로, 위선적으로만 예수님을 따르는 사람이 되게 만든 것은 바로 하나님과 위탁이라는 개념에 대한 나의 오해였음을 보게 된다.

> 그때를 돌아보면, 내가 성장하면서 가장 혐오하던 문화적으로, 육체적으로, 위선적으로만 예수님을 따르는 사람이 되게 만든 것은 바로 하나님과 위탁이라는 개념에 대한 나의 오해였음을 보게 된다.

나는 우리의 여정이 그리스도인의 삶과 관련되어 내가 겪은 갈등을 나누는 것으로 시작하기를 원했다. 그것은 믿을 만한 연구 조사와 나의 개인적인 경험에 의하면 미국과 전 세계 절대 다수의 '그리스도인들'이 이 엄청난 혼돈 가운데 살고 있기 때문이다. 하나님을 알고 그분을 사랑하면서도 아직 그분의 기쁨, 능력, 혹은 임재를 경험하지 못하는 성도들은 하나님이 원하시는 자리에서 한참 멀리 있는 것이다.

만일 당신이 모든 규범과 교리와 종교 활동에, 심지어 변화를 가져온다고 약속하지만 그것을 가져다주지 않고 있는, 그러나 의도는 선한 교회 프로그램들이 지겹다면 나와 함께 참된 변화로 인도하는 은혜, 믿음 그리고 관계의 여정을 떠나도록 초청한다. 우리는 그 여행을 통해 그리스도를 따르는 것이 정말로 어떤 모습인지 그리고 어떻게 하면 그분의 능력과 은혜 안에서 새롭고, 철저하며, 풍성한 삶을 살 수 있는지를 함께 배울 것이다.

이런 일이 일어나게 하려면 당신의 동참이 필요하다. 영적인 변화에 관해 말씀하고 있는 성경을 읽거나, 더 나아가 그 말씀에 동의하는 것으로는 그런 일이 일어나게 할 수 없다. 그래서 각 장의 마지막 부분에는 몇 가지 핵심 질문, 과제 그리고 자료를 제공하여 하나님이 당신에게 말씀하고 계시는 것을 수행하고 적용하도록 도와줄 것이다.

나는 이러한 적용을 위하여 'TRUST ME'라는 머릿글자 조합을 사용할 것이다. 그것은 하나님을 기쁘시게 하는 것은 오직 믿음뿐이라는 사실을 상기시켜준다. 이런 과정을 통해 당신은 r12 그리스도인이 무엇인지 알아가게 될 것이다. 이것은 그분의 능력과 은혜를 통해 당신의 마음과 관계 안에 만들어내기 원하시는 모습이 아니라, 당신이 성취해야 할 제자도의 단계다.

각 장의 마지막 부분에 있는 질문에 모두 대답하거나, 과제를 모두 해야 한다는 중압감은 갖지 말라. 그것은 당신이 하나님의 음성을 듣고, 흔히 일어나는 장애물을 극복하며, 당신의 마음 가운데서 행하시는 성령과 동역하도록 도와주기 위한 것이지, 반드시 해야 하는 일을 하나 추가시키려는 것이 아니다. 각 장에서(그리고 실제로 모든 상황 속에서) 당신이 제기할 수 있는 가장 중요한 질문은 "하나님을 의지한다는 것은 어떤 모습인가? 내가 방금 읽은 말씀에 비추어 하나님을 의지한다는 것은 어떤 모습인가? 내 직업, 내 인간관계, 내 미래에서 하나님을 의지한다는 것은 어떤 모습인가?"와 같은 것이다.

TRUST ME는 하나님이 당신에게 말씀하시는 것을 들을 수 있도록 도와주기 위해 당신을 은혜 중심의 과정으로 인도할 것이다. 그러면 위탁에 관한 1장을 시작하도록 하자.

12 그리스도인 되기
참된 영성

하나님은 당신에게 개인적으로 말씀하기 원하신다. 2분 정도에 걸쳐 당신의 영적 성장을 위해 마련된 TRUST ME 질문과 제안들을 천천히 읽어보라. 그런 다음 자리에 앉아 3분 동안 하나님께 어느 질문이나 행동이 당신에게 능력을 주고 용기를 북돋아줄 통로를 제공해줄 것인지 조용히 여쭈어보라. 모든 질문에 대답을 해야 한다거나, 제시된 모든 행동을 다 실천해야 한다는 중압감을 갖지 말라. 성령께 귀를 기울이고 그분의 인도하심을 따르라.

■ **생각하기**(Think)
위탁과 관련하여 내가 겪었던 갈등 가운데 어느 부분이 당신에게 와 닿았는가?

■ **묵상하기**(Reflect)
내 이야기 가운데 왜 그 부분이 당신의 마음에 와 닿았는가?

■ **이해하기**(Understand)
하나님은 당신에게 뭐라고 말씀하시겠는가? 걱정이 되는가? 확신이 서는가? 다른 사람들도 당신과 똑같은 갈등을 갖고 있다는 사실에 마음이 놓이는가?

■ **위탁하기**(Surrender)
잠시 시간을 내어 하나님께 당신이 어떤 기분인지 간략하게 말씀드리라. 당신의 두려움, 안도감 혹은 그분과의 솔직한 갈등들을 이야기하라. 그리고 당신이 위탁에 대해 더 많이 알고 싶으며, 그것이 무엇인지 바로 알기 위해 그분의 도

1장 하나님이 당신에게 가장 원하시는 것은 무엇인가? **47**

움이 필요하다고 말씀드리라.

■ 행동하기(Take Action)
다음 장을 읽고 위탁과 관련된 하나님의 마음을 들을지 결정하라.

■ 동기 부여(Motivation)
인터넷 홈페이지(LivingontheEdge.org/r12)에 접속해서 '하나님이 가장 원하시는 것을 드리는 방법(How to Give God What He Wants the Most)'이라는 14분짜리 비디오 파일을 시청하라.

■ 격려하기(Encourage someone)
1분 동안 위탁과 관련해 갈등을 겪게 될 누군가를 위해 기도하라.

2장

하나님께 위탁하는 것이 왜 그토록 어려운가?

"나는 마음이 온유하고 겸손하니 나의 멍에를 메고 내게 배우라 그리하면 너희 마음이 쉼을 얻으리니."[1]

– 나사렛 예수

나는 얼마 전에 예일 대학교 법학교수가 쓴 「위험, 이성 그리고 의사 결정 과정(Risk, Reason and the Decision-Making Process)」[2]이라는 제목의 책을 우연히 접하게 되었다. 그 책은 하버드 비즈니스 스쿨과 MIT에서 대학원생들이 훌륭한 선택을 내리는 방법을 배우도록 돕기 위해 사용되는 사례 연구 모음집이다. 그 책은 비록 세상적인 내용을 담고 있지만, 인생과 인간관계와 관련된 중요한 선택을 내리는 일을 다루는 가운데 '위탁'이라는 주제에 대해 이례적인 통찰력을 제공해주고 있다. 여기서 하나님과 이웃과의 관계에서 지혜로운 선택을 내리는 일을 고찰할 때 반드시 짚고 넘어가야 할 몇 가지 사례를 나누어보기로 하자.

사례 연구 1

존(John)은 32세의 엔지니어로, 창고 세일을 하는 집을 방문해 고가구와 그 밖에 혹시 값이 나갈 만한 물건들이 있는지 둘러보는 것을 좋아한다. 한번은 존이 미국 남부에 있는 한 집에 들른 적이 있다. 그 집에 있는 물건들은 모두 묶어 하나의 품목으로 판매하기로 되어 있었다. 방문객들은 집 안을 이곳저곳 둘러보며 여러 가지 골동품들을 감정하면서 어느 정도 가격을 제시하면 그 집에 있는 물건들을 모두 사들일 수 있는지 심사숙고했다. 존은 인터넷으로 검색을 해보고는 낙찰 가격이 9만5천 달러 선이 될 것이라고 결론을 내렸다.

그 집은 오래 되고 많이 파손된 상태였다. 이 방 저 방에 흩어진 골동품들과 건축 양식으로 미루어 그 집은 남북 전쟁 당시에 지어진 것으로 보였다. 존은 몇 년 동안 역사에 푹 빠져 있었기 때문에 그 시대에 만들어진 소총들이 소장되어 있는 것도 확인할 수 있었다.

존은 집 안의 물건들을 계속 살펴보면서 계단을 내려가 눅눅한 지하로 들어갔다. 그가 작은 휴대용 손전등을 비추자 거미줄로 잔뜩 덮인 채 구석에 놓여 있는 낡은 뚜껑이 달린 책상이 보였다. 빈약한 조명 아래서 책상을 살펴보던 존은 숨겨진 서랍을 발견했는데, 그 안에는 작은 가죽 주머니가 들어 있었다. 그 안에 어떤 보물이 있을지 생각하자 존의 심장이 빠르게 뛰기 시작했고 혈압은 점점 높아졌다. 존의 기대에 어긋나지 않게 주머니를 열자 그 안에서는 남북 전쟁 당시 남부 연합에서 주조한 22개의 희귀한 순금 동전이 들어 있었다. 그가 알기에 그 금화는 거의 수백만 달러의 가치가 있었다.

이제 존은 선택을 해야 했다. 그는 어떤 선택을 해야 할 것인가? 그에게는 은행에 저금해둔 만 달러가 있다. 그리고 자동차, 집, 소유하고 있는 모든 것을 처분한다면 낙찰 예상 금액인 9만5천 달러를 만들 수 있을 것이다. 그렇지만 그는 어떻게 해야 할까? 하버드 비즈니스 스쿨과 MIT 학생들은 이 사례를 놓고 토론을 벌이게 된다.

사례 연구 2

쉴라(Sheila)는 중서부에 있는 작은 커뮤니티 칼리지(community college, 시 단위에 있는 2년제 대학 – 편집자 주)의 미술 교수이다. 그녀는 여름에 유럽을 여행하면서 자신의 수집품에 포함시킬 만한 그림을 찾아보았다. 그리고 사람들의 방문이 적은 남프랑스의 작은 마을에서 열린 경매에 참석해 피카소의 진품과 매우 흡사한 그림을 한 점 보게 되었다. 그것은 놀라운 솜씨의 복제품이었고, 경매에 모인 사람들은 그녀에게 그 그림이 진품이 아니라고 말했다. 그 그림은 피카소의 작품을 훌륭하게 모조한 것에 지나지 않는다고 판단한 것이었다. 왜냐하면 그림에 적힌 서명이 피카소의 다른 작품들에서 나타나는 서명과 달랐기 때문이다.

쉴라는 돋보기를 꺼내서 그림을 자세히 살펴보기 시작했고, 자신이 어쩌면 희귀한 진품을 만났을 수도 있다는 사실을 깨달았다. 그녀는 전에 읽은 책을 통해 피카소의 초기 작품들 가운데 일부는 서명 대신에 그의 이니셜을 거칠게 휘갈겨 쓴 것들이 있다는 사실을 알고 있었다. 피카소는 그림을 그리기 시작한 지 일 년 뒤에 이 서명을 변경하여 작품에 자신의 풀네임(full name)을 넣기 시작했다. 만일 이것이 진품이라면 쉴라는 값을 매길 수 없는 작품 앞에 서 있는 것이다.

가격표에는 2만5천 달러가 쓰여 있었는데, 그녀에게는 엄청나게 큰 액수였다. 그러나 만일 이것이 정말로 피카소의 진품이고 그가 자기 풀네임으로 서명을 하기 이전에 그린 것으로 추정되는 두세 개의 작품 가운데 하나라면 그녀는 세상에서 가장 희귀한, 수백만 달러의 가치가 있는 미술 작품을 보고 있는 것이 된다. 쉴라는 어떻게 해야 할까?

제시된 가격인 2만5천 달러는 쉴라의 예산에 비추어서는 막대한 것이지만, 그녀의 심장은 마구 뛰면서 머릿속으로는 만일 진품일 가능성이 높은 이 작품을 구입하기 위해 자신이 그동안 수집한 그림들을 모두 팔면 얼마나 받을 수 있을지를 빠르게 계산하기 시작했다. 쉴라는 갈림길에 서 있다. 자신의 수집품을 모두 팔고 당장에 백만장자가 되거나, 혹은 수집품을 몽땅 팔았다가 그 그림이 모조품에 불과하다는 사실이 드러날 수도 있다. 그녀는 어떻게 해야 할까?

이 질문에 대답하기 위해서는 어떤 선택이 내려졌을 경우에 따르는 위험과 보상 모두를 반드시 견주어보아야 한다. 하버드와 MIT 대학원생들은 다음 네 가지 질문을 바탕으로 앞의 두 가지 사례를 검토해야 한다.

1. 위험은 무엇인가?
2. 잠재적인 보상은 무엇인가?
3. 당신이라면 어떻게 하겠는가?
4. 그 이유는 무엇인가?

위험 대(對) 보상

이 두 가지 사례 연구의 중요 쟁점에는 현명한 선택을 하기 위해 반드시 확인하고 적용해야 하는 몇 가지 핵심 요소가 포함되어 있다. 가장 먼저 고려해야 할 가장 중요한 요소는 진실됨 혹은 진정성, 다시 말해 발견한 물품이 진짜인가 하는 문제이다. 만일 금화가 정품이고, 그림이 진품이 맞는데도 존이나 쉴라가 그 물건을 사기 위해 필요한 일을 하지 않는다면 그것은 가장 어리석은 행동이 될 것이다.

두 번째 요소는 지식과 관련된 것이다. 존과 쉴라 두 사람 모두 대부분의 사람들이 갖고 있지 않은 지식에 해박하다. 존은 자신과 다른 사람 모두가 인정하는 바 역사에 푹 빠진 기인이어서, 그로 인해 소총뿐 아니라 그 집에 있는 많은 골동품들이 남북 전쟁 시기의 진품이라는 것을 확인할 수 있었다. 그는 그동안 축적한 방대한 독서와 연구로 인해 남부 연합의 초창기에 경제 여건이 변화되어 지폐가 만들어지기 전까지 금화가 주조되었다는 사실을 알 수 있었다.

마찬가지로, 쉴라의 교육적 배경은 희귀 작품일 가능성이 높은 이 그림을 알아보는 데 핵심 역할을 했다. 그녀는 미술 교사로서 피카소의 그림만 연구한 것이 아니라 그의 삶도 연구했다. 그녀가 다른 입찰자들과 달랐던 점은 이 주제와 배경에 관한 그녀의 지식이었다. 위대한 선택은 그 선택을 내리기 위해 어느 수준의 위험이 존재하는지를 명확히 인식하고 평가하기 위하여 현안에 대한 철저한 지식을 요구한다. 존과 쉴라 두 사람은 이 질문을 묻고 대답해야 한다. "이것은 진품인가? 나는 수백만 달러의 가치가 있는 금화 혹은 위대한 작품을 발견한 것인가, 아니면 잘못 판단한 것인가?" 이 특정한 경우에 그들의 특별한 지식과 배경은 그들이 발견한 것이 진품일 가능성을 매우 높여주고 있다.

세 번째 요소는 믿음과 용기의 문제다. 피카소가 그린 그림을 발견했다고 머리로 믿는 것과 그것을 구입하기 위해 그동안 힘들게 모은 미술 작품들을 모두 팔아버리는 것은 전혀 별개의 문제다. 존의 경우도 마찬가지다. 주화가 진짜임을 지적으로 확신하는 것도 중요하지만, 그것을 위해 집과 자동차와 보험에 들어둔 현금까지 모두 처분하는 것은 지적인 선택과 전혀 별개의 문제다.

나는 이 두 가지 사례 연구가 위험, 이성 그리고 의사 결정 과정이라는 쟁점과 관련해 훌륭한 토론을 이끌어내는 분명한 이유가 있다고 생각한다. 이 두 가지 사례에 대해서는 잠시 후에 다시 이야기하기로 하고, 먼저 세 번째 사례 연구를 살펴보기로 하자.

사례 연구 3

사례 연구 3은 한 고대의 보물에 관한 것으로 이 이야기는 다음과 같이 전개된다.

> "천국은 마치 밭에 감추인 보화와 같으니 사람이 이를 발견한 후 숨겨 두고 기뻐하며 돌아가서 자기의 소유를 다 팔아 그 밭을 사느니라 또 천국은 마치 좋은 진주를 구하는 장사와 같으니 극히 값진 진주 하나를 발견하매 가서 자기의 소유를 다 팔아 그 진주를 사느니라."
>
> — 예수, 마태복음 13:44-46

이 고대의 사례는 예수님이 천국을 설명하기 위해 들려주신 이야기다. 예수님은 그 당시에 흔히 있었던 장면을 묘사하고 계시다. 예수님 당시의 사람들은 노후를 위해 연금을 드는 대신에 보물을 구입한 후 그것을 안전하게 보관하기 위하여 땅에 묻어두곤 했다. 그렇지만 그 보물을 숨겨둔 장소를 가족이나 친척들에게 알리지 않고 죽는 경우가 종종 있었다. 그래서 다른 사람이 땅에 묻어둔 보물을 발견하는 경우가 그리 드물지 않았다. 이 경우에 대한 예수님의 설명은 네 부분으로 나눌 수 있다.

첫째, 이 사람은 값비싼 보화를 발견했다. 둘째, 그는 그 보물을 다시 땅에 묻었다. 셋째, 그는 정신이 없을 정도로 기뻤다. 넷째, 그는 그 보화를 사기 위해 자신의 재산을 모두 처분했다. 그리고 상당수 히브리인들의 생각과 시가집에서 볼 수 있는 두 번째 이야기는 첫 번째 이야기와 핵심이 동일하며 동일한 원칙을 강조하면서도 구체적인 부분은 다르다. 상인과 극히 값진 진주 이야기는 하나님 나라에서의 삶이 어떻게 이루어지는지를 강조한다. 우리는 예수님이 들려주신 두 가지 이야기 모두에서 훨씬 더 귀한 무언가를 얻기 위해 사람이 그가 갖고 있는 보물을 기꺼이 포기하고 단호하게 희생하는 모습을 볼 수 있다. 이것은 포기나 개인적인 희생이 아니라 재평가와 보상을 나타내는 모습이다.

그렇다면 이 세 이야기는 어떤 공통점을 갖고 있는가? 그보다 먼저, 22개의 금화는 진품이었으며, 우리의 친구인 이 엔지니어는 막대한 부를 얻게 되었다는 것을 말해두고 싶다. 마찬가지로, 쉴라는 믿음과 용기를 내어 자신의 직관을 실행에 옮김으로써 이 세상에 처음 드러난 피카소의 희귀한 작품을 소유하게 되었다. 그녀는 여전히 커뮤니티 칼리지에서 가르치고 있지만, 그녀의 남은 생애는 재정적으로 풍족하다.

그러나 밭에서 발견된 보화에 대한 예수님의 사례 연구를 살펴보기에 앞서 몇 가지 중요한 질문을 던지고 싶다. "당신은 존이나 쉴라에게 유감스러운 마음을 갖고 있는가?" 어쨌든, 존은 자기가 갖고 있는 모든 소유를 팔았고, 쉴라는 자신의 수집품 전부와 생명 보험까지 내주었으니 말이다. "당신은 그들을 덕이 있고 경건한 사람이라고 칭찬하는가?"

혹시 내가 왜 이런 질문을 하는지 되묻고 싶을지도 모르겠지만, 그 부분은 잠시 후에 말해주겠다. 나는 당신도, 나와 마찬가지로, '내가 왜 이 사람들이 덕스럽다고 생각하는 거지?'라고 중얼거릴 것이라 믿는다. 이 이야기에서 알 수 있는 사실은 그들이 똑똑하다는 것이다. 사실은 존과 쉴라의 이야기를 읽고 내 머리에 떠오른 생각은 나도 존처럼 지식이 많았으면 얼마나 좋을까, 나도 쉴라처럼 잘 알고, 또 그 마을에 갈 수 있었다면 얼마나 좋았을까 하는 것이었다. 바꾸어 말해서, 나는 그들이 덕스럽다거나, 혹은 의롭다거나, 아니면 나보다 낫다고 생각하지 않는다는 것이다. 다만 그들이 똑똑하고, 지식이 많고, 자기가 우연히 발견한 것을 통해 막대한 돈을 벌기 위하여 그 아는 것을 기꺼이 실천할 용기를 가졌다고 생각하는 것이다.

이제, 이런 사실들을 염두에 두고, 예수님이 1세기의 청중들에게 들려주신 그 사례 연구를 새로운 시각에서 바라보기 원한다. 그분은 그 이야기를 통해 하나님과 함께하는 삶이 어떤 것인지, 어떻게 하면 하나님이 준비하신 가장 좋은 것을 얻을 수 있으며 그리스도인들이 그렇게 자주 말하는 풍성하고 기쁨이 넘치는 삶을 어떻게 얻을 수 있는지를 우리에게 설명하신다. 예수님이 들려주신 이야기는 전적인 헌신이 하나님의 가장 좋은 것을 누리고, 가장 커다란 복이 흘러가는 통로임을 가르쳐준다.

헌신 그리고 위탁

내가 전적인 헌신이라는 말을 사용한 것은 '위탁(surrender)'이라는 개념보다 이해하기가 쉽기 때문이다. 전적인 헌신은 이렇게 말한다. "하나님이 나를 위해 행하신 일과 그분이 어떤 분이신지 그리고 이 새로운 생명 안에 있는 나를 위해 무엇을 예비하셨는지(내가 볼 수는 없지만) 깨달을 때, 그분이 주시는 이 엄청나고, 부요하고, 유익한 영생을 얻기 위하여 무엇이 되었든 모든 것을 기꺼이 버린다." 이것은 포기의 문제가 아니라 재평가에 관한 것이다.

따라서 위탁이라는 말은 대개 우리가 얻는 무엇이 아니라 버려야 하는 무엇과 연관되어 있다. 내가 그리스도인이 된 첫 해에 위탁과 전적인 헌신이라는 말을 들을 때면 그것은 내게 가장 중요한 것들을 희생하고, 포기하고, 분실하고, 잃어버리는 것이라는 개념만이 생각났다. 나는 대부분의 그리스도인들이 전적인 헌신에 대한 부르심을 그들에게 너무 높고 힘든 것으로 보는 믿음에 '빠져 있다고' 확신한다. 믿음 좋은 성도들이 믿음의 정체 상태에 빠져 있는 것은 그들이 전적인 헌신이란 그리스도가 그분을 따르는 모든 이들에게, 한 사람의 예외도 없이 요구하시는 것이라는 가르침을 한 번도 받아본 적이 없기 때문이다. 문화적인 흐름과 보조를 맞추고, 사람들이 교회 안에서 편안함을 갖게 만들려고 노력하는 가운데 이 주제에 대한 설교와 가르침이 생략되고 만 것이다.

> 전적인 헌신은 하나님의 가장 좋은 것과 가장 커다란 복이 흘러가는 통로다.

위탁은 입에 담기에 곤란한 말이 아니며, 전적인 헌신은 영적인 유명인사, 목회자, 선교사 그리고 당신이나 나와 같은 평범한 사람들보다 '더 영적인 사람들'에게만 해당되는 말이 아니다. 전적인 헌신은 하나님의 가장 좋은 것과 가장 커다란 복이 흘러가는 통로다. 다음 장에서는 하나님의 가장 좋은 것을 우리에게 주실 수 있도록 그분이 정말로 원하시는 것을 드리기 위해 하나님께 위탁한다는 것이 어떤 의미인지 재정립하도록 도와줄 것이다.

그리스도인 되기

하나님은 당신에게 개인적으로 말씀하기 원하신다. 2분 정도에 걸쳐 당신의 영적 성장을 위해 마련된 TRUST ME 질문과 제안들을 천천히 읽어보라. 그런 다음 자리에 앉아 3분 동안 하나님께 어느 질문이나 행동이 당신에게 능력을 주고 용기를 북돋아줄 통로를 제공해줄 것인지 조용히 여쭈어보라. 모든 질문에 대답을 해야 한다거나, 제시된 모든 행동을 다 실천해야 한다는 중압감을 갖지 말라. 성령께 귀를 기울이고 그분의 인도하심을 따르라.

■ **생각하기**(Think)
이 장의 중심 메시지는 무엇인가?

■ **묵상하기**(Reflect)
당신은 전에 위탁이나 '전적인 헌신'이라는 개념을 어떻게 생각했는가?

■ **이해하기**(Understand)
존과 쉴라의 이야기는 위탁에 관한 당신의 마음의 렌즈를 어떻게 변화시키는가?

■ **위탁하기**(Surrender)
만일 당신이 하나님께 전적으로 헌신하는 마음으로 모든 것을 위탁한다면, 그 때문에 잃어버릴까 두려워하는 것들이 있는가? 그것들을 하나님께 아뢰라.

■ **행동하기**(Take Action)

작은 메모장에 '전적인 헌신'의 정의를 적고, 매일 밤 잠자리에 들기 전에 소리 내어 읽으라.

■ **동기 부여**(Motivation)

하나님이 당신의 삶에 가장 좋은 것을 주기 원하신다는 사실(롬 8:32, 시 37:4)을 당신이 확신하기 위해서 하나님이 무엇을 하셔야 하는가?

■ **격려하기**(Encourage someone)

당신이 알고 있는 가장 헌신된 그리스도인에게 전화나 편지를 통해 그가 보여 준 훌륭한 본보기에 감사하라.

3장

하나님이 당신을 위한 최선의 것을 생각하고 계시다는 것을 믿는가?

"이는 내 멍에는 쉽고 내 짐은 가벼움이라."[1]
– 나사렛 예수

앞장에서는 전적인 헌신 혹은 위탁을 바라보는 우리의 비뚤어진 시각에 도전을 제기하는 세 가지 사례 연구를 소개했다. 앞장을 읽은 사람들 가운데 존이나 쉴라, 혹은 밭에서 보화를 발견한 사람에 대해 안됐다는 생각을 한 사람은 없을 것이다. 그럼에도 불구하고 25년 동안 목회자의 자리에 있어보았기 때문에 말할 수 있는데, 대부분의 사람들은 전적인 헌신에 대해 극도의 두려움을 갖고 있다. 그 전적인 헌신이 일생을 약속하는 결혼 서약의 배우자이든, 혹은 우리의 마음을 다해 우리의 소유와 존재 모든 것을 위탁하겠다고 약속하는 하나님에 대한 헌신이든 말이다. 어쩌면 당신이 390쪽의 미주를 읽고 눈치챘을지도 모르지만, 나는 예수님의 가르침으로부터 내용을 빌어와 당신이 하나님의 시각에서 위탁을 바라보는 데 도움을 주기 위해 하나의 비유(『위험, 이성 그리고 의사 결정 과정』이라는 책)를 만들어냈다. 그러니, 아마존이나 인터넷 서점에서 검색해보지 말라. 찾을 수 없을 것이다!

나는 전적인 헌신이라는 주제에 대하여 지금까지의 가르침은 대개 예수님이 지적하신 것처럼 우리가 받을 기쁨과 보상의 차원보다는 우리에게 요구되는 희생과 자기 부인의 차원을 강조해왔다고 생각한다. 그렇다고 내 말을 오해하지는 말라. 희생이 없다는 말이 아니다. 다만 그것은 값을 매길 수 없는 진짜 진주 목걸이를 걸기 위해 값싼 플라스틱 진주 목걸이를 벗어버리는 것과 같다는 것이다.

전적인 헌신의 원리

그러면 지금까지 생각해오던 개념은 벗어버리고 이 질문에 답해보라. "전적인 헌신이란 정확히 무엇이며 그 원리는 무엇인가?" 우선, 사전적인 정의를 살펴보자.

> 전적인 헌신은 구체적인 사명을 성취하거나, 구체적인 임무를 완수하거나, 구체적인 사람을 따르기 위해 자신의 동기, 자원, 우선순위 그리고 목표를 다시 맞추는 것이다.
>
> — 웹스터 사전

그러므로 전적인 헌신이란 절대적인 위탁을 의미한다는 것이 분명하다.

그 말은 당신의 의지, 당신의 생각, 당신의 감정, 당신의 소유 그리고 당신의 인간관계들을 하나의 사람, 목표, 혹은 명분을 중심으로 재조정하는 것을 의미한다. 로마서 12장 1절에서, 하나님은 우리에게 우리의 몸(우리 자신)을 산 제물로 드리라고 명령하신다. 그분은 당신이 받으실 만한 예배는 위탁(혹은 전적인 헌신)이라는 행동과 함께 시작된다고 말씀하신다.

이런 말을 들으면 감정적으로 움츠러들고 그에 대한 대가가 너무 크다거나, 그런 것은 "내가 절대 할 수 없는" 어떤 것이라고 생각하기가 쉽다. 그러나 전적인 헌신이라는 부르심에 대해 우리가 처음으로 갖는 이러한 정서적인 반응은 하나님에 대한 우리의 왜곡된 시각과 무엇이 전적인 헌신이고 무엇이 아닌지에 대한 대한 우리의 잘못된 시각에 근거한 것이라고 주장하고 싶다. 전적인 헌신은 지혜롭고 현명해지는 것과 관련된 것이지, 고상하고 덕스러움을 필요로 하는 것이 아니다. 그것은 자기 부인이라기보다는 오히려 논리적이고 상식적인 것이다. 그것은 당신이 잃어버릴 것에 대해서가 아니라 당신이 얻을 것에 대한 이야기다.

> 그것은 당신이 잃어버릴 것에 대해서가 아니라 당신이 얻을 것에 대한 이야기다.

나는 당신이 이런 식으로 생각하도록 도와주고 싶다. 이것을 위해 내가 표를 만들었는데, 그 표는 긍정적인 시각과 부정적인 시각을 통해 헌신 혹은 위탁의 문제를 바라본다. 왼쪽에는 긍정적인 시각이, 오른쪽에는 부정적인 시각이 적혀 있다. 긍정적인 시각은 위탁(혹은 전적인 헌신)을 밭에서 보화를 발견한 사람이나, 금화를 발견한 엔지니어, 혹은 피카소의 진품을 발견한 미술 교사처럼 바라본다. 그래서 지혜롭고, 논리적이고, 재빠르고, 더 큰 보상을 바라보고, 현재의 소유를 재평가하는 것을 특징으로 한다. 도표의 오른쪽은 부정적인 시각에서 전적인 헌신이나 위탁을 바라보는 것이다. 이것은 우리가 잃어버리는 것에 초점을 맞춘다. 희생, 자기 부인, 고귀함, 순교 그리고 포기와 같은 것들이 전적인 헌신에 대한 부정적인 시각의 특징을 이룬다.

긍정적인 시각 대 부정적인 시각	
지혜롭다	희생하다
논리적이다	자기를 부인하다
재빠르다	고귀하다, 순교자
재평가	포기

하나 묻고 싶다. 당신은 그리스도와의 관계와 관련해서 전적인 헌신을 어떻게 생각하고 있는가? 당신이 소유하고 있는 모든 것과 존재 전부를 그분께 위탁드릴 때 무엇이 가장 두려운가? 그리스도께 전적으로 헌신한다고 생각할 때 당신을 두렵게 만들거나 다른 생각을 갖게 만드는 어떤 모습들이 머릿속에 떠오르는가?

하나님에 대한 잘못된 시각

나는 내가 가진 문제는 하나님에 대한 잘못된 시각에서 비롯되었음을 알고 있다. 만일 전적인 헌신을 한다면, 하나님은 내 모든 즐거움을 거두어가시고, 내 삶 속에서 가장 좋은 것들을 누리지 못하게 하실 것이라고 생각했다. 이런 잘못된 가정의 이면에는 하나님과 전적인 헌신의 의미에 대한 철저한 오해가 자리잡고 있었다.

어찌된 일인지 나는 하나님은 인색하고, 몰인정하시며, 당신의 기준에 부합하지 못하는 내 모든 삶을 벌주려고 지켜보시는 분이라는 생각을 갖고 있었다. 나는 이런 생각들이 잘못된 신학에 근거했으며 그리스도와 상관없이 자라고 있음을 알고 있다. 그렇지만 심지어 훌륭한 기독교 가정에서 자란 사람들을 만나보아도 그리스도를 따르는 대부분의 사람들은 하나님이 정말 좋은 분이라고 믿고 있지 않다는 것을 발견할 수 있었다. 보물을 손에 쥐고 자녀들이 당신에게 위탁하기를 – 전적으로 헌신함으로써 그분이 갖고 계신 가장 좋고 가장 커다란 복을 주실 수 있기를 – 원하고 기다리시는 하나님 대신에, 우리는 마치 하나님께 대한 전적인 헌신이 우리의 개인적인 꿈과 미래의 행복을 한 방에 날려버리는 몽둥이찜질이라도 되는 것처럼 살고 있다.

깨달음에 이르다

내가 이 위탁의 문제를 놓고 씨름하다가 번쩍하고 깨달음을 얻었던 때가 기억난다. 이 책을 읽고 있는 많은 사람들처럼, 나도 하나님이 정말로 요구하고 명하시는 전적인 헌신이란 내 삶을 그분께 영적인 예배로 드리는 것이라는 사실을 깨달은 순간이 있었다. 그러나 내 속사람은 그분의 영이 이끄시는 것에 저항했다. 내가 세상과 말씀 모두에 발을 걸치고 살기 시작한 지 2년쯤 되었을 때 한 젊은 부부가 나를 자기 집으로 저녁 식사에 초대했다. 두 사람은 이제 막 그리스도를 영접한 초신자였고, 어린 두 자녀가 있었다. 우리는 저녁을 먹고 주님과의 관계에 대해 이야기를 했는데, 그때 두 사람이 서로를 바라보는 눈빛을 보며 나도 언젠가는 결혼을 해서 아내가 있었으면 하는 바람을 가지고 있다는 것을 어렴풋이 느끼게 되었다. 나는 자녀를 향한 두 사람의 사랑을 보면서 그들이 비록 재정적으로 매우 어려운 상황 가운데서도 '만일 내가 한 번이라도 본 적이 있었다면 바로 이것이었을 보물'인 기쁨과 따뜻함을 갖고 있다는 것을 깨달을 수 있었다.

그날 밤은 제대로 설명할 수는 없지만 특별한 밤이었다. 한 가지 분명한 것은 그들이 그리스도인으로서의 삶 가운데 소유하고 있던 것은 내가 나의 삶 속에서 찾고 있던 것이라는 사실이다. 그것은 하나님과 또한 이웃과 함께하는 삶이라는, 아무리 많은 돈으로도 사지 못하는 보화였다. 나는 작은 시골 농가에서 근사한 식사를 마치고 후식으로 아이스크림을 곁들인 애플 파이를 먹은 다음 식탁에 둘러앉아 멋진 기도 시간을 가진 뒤에 캠퍼스로 돌아왔다. 차를 운전하고 오면서 그 젊은 부부에게서 본 것을 내게도 달라고 하나님께 요청하다가 성령이 내 마음 가운데 직접 말씀하시는 것을 들었다. "칩, 나는 네게 가장 좋은 것을 주기 원한다. 그렇지만 너는 내가 그렇게 하지 못하게 만드는구나. 네가 네 삶을 계속해서 주관하는 한 내가 네게 정말 주고 싶은 것이 아니라, 언제나 네 힘으로 가능한 것만을 너는 네 인생에서 얻을 수밖에 없단다."

그리고 너무도 익숙해 있던 전적인 헌신, 혹은 위탁과 관련된 싸움이 시작되었다. 하나님의 영은 내게 당신이 내 삶을 온전히 주관하실 수 있도록 결단할 것을 애타게 원하고 계셨고, 내 육체는 내가 그런 헌신을 하게 되면 받아들여야 할 모든 희생과 자기 부인과 상실을 주장하고 있었다.

그러나 자동차가 캠퍼스로 들어서고 기숙사가 있는 언덕을 천천히 내려가고 있을 때 하나님의 영이 내가 최근에 암송하고 있던 한 구절을 생각나게 하셨다. 그것은 로마서 8장 32절이었다. "자기 아들까지도 아끼지 않으시고 우리 모든 사람을 위해 내어주신 하나님이 어찌 그 아들과 함께 다른 모든 것도 우리에게 아낌없이 주시지 않겠습니까"(현대인의 성경)?

내 소형 폭스바겐이 언덕 아래에 도착했을 때 그 구절의 의미가 처음으로 내 마음속에 울려퍼지기 시작했다. 그것은 마치 하나님이 "칩, 만일 내가 내 아들을 너 대신 죽게 할 정도로 너를 사랑한다면, 너를 향한 나의 계획이 네가 혼자서 세울 수 있는 그 어떤 것보다 훨씬 더 좋다는 것을 왜 믿지 못하는 거냐?" 그 순간 나는 하나님과의 관계에서 빚어지는 진정한 문제는 위탁과 관련해서 내가 겪고 있는 갈등보다 훨씬 더 심각한 수준의 것임을 깨달았다. 진짜 문제는 하나님이 진정으로 나를 사랑하신다는 것, 혹은 그분이 선하신 분이라는 사실을 내가 실제로 믿지 않았다는 것이다.

> 진짜 문제는 하나님이 진정으로 나를 사랑하신다는 것, 혹은 그분이 선하신 분이라는 사실을 내가 실제로 믿지 않았다는 것이다.

그리스도인 되기

　만일 당신이 하나님은 진정으로 당신 편이시며, 당신의 가장 깊은 소원과 숨겨진 두려움을 이해하고 계시다는 사실을 믿기 시작한다면 당신의 삶에 어떤 일이 일어나겠는가? 만일 하나님을 당신으로 하여금 가장 좋은 것을 누리게 하시는 너그럽고 다정하신 분으로 보게 되면 어떻게 될까? 만일 삶을 위탁하라는 하나님의 명령이 당신의 영적인 건강이나 희생의 정도를 가늠하는 척도가 아니라, 말할 수 없는 기쁨과 한없는 복으로 초대하는 길이라면 어떻겠는가? "내가 영원한 사랑으로 너를 사랑한다! 너는 내 눈동자와 같이 소중한 존재다. 나는 너의 행복 가운데서 거룩한 기쁨을 맛본다. 나는 너를 잠잠히 사랑하며, 너로 말미암아 즐거이 부르며 기뻐할 것이다"라고 말씀하시는 분께 당신이 가진 모든 것과 당신의 존재 전체를 드리는 것이 그토록 어려운 일일까?

　그런 하나님께 전적으로 헌신한다는 것은 어떤 모습일까? 우리는 존과 쉴라가 물질 세계에서 경험한 것을 영적으로 어떻게 경험하게 될까? 어떻게 우리의 두려움을 이겨내고 우리가 항상 원했던 그런 삶을 경험하기 시작하며 하나님이 세우신 통로, 즉 그분이 위탁이라고 부르신 것을 통해 그분의 가장 크고 가장 좋은 복을 받을 수 있을까? 그 답은 다음 장에서 찾아보도록 하자.

■ 생각하기 (Think)

이 장의 내용 가운데 당신에게 와 닿는 부분은 무엇인가?

■ 묵상하기 (Reflect)

당신이 예수 그리스도께 전적으로 헌신하는 것을 방해하는 두 가지 가장 커다란 장애물(두려움)을 한 문장으로 적어보라.

■ 이해하기 (Understand)

하나님에 대한 시각이 당신의 삶을 그분께 맡기는 능력에 어떤 영향을 미치는가? 당신은 평일에 하나님을 어떻게 바라보는가? 부드러운 분인가, 아니면 부담스러운 분인가?

■ 위탁하기 (Surrender)

하나님은 당신의 두려움을 이해하신다. 때때로 우리는 우리가 무엇을 해야 하는지 알지만(지적으로), 정작 그렇게 할 수 없을 때가 있다. "나의 믿음 없는 것을 도와주소서"라고 기도했던 어떤 사람처럼 예수님께 당신이 그분을 의지하고 정확히 볼 수 있도록 도와달라고 기도하라.

■ 행동하기 (Take Action)

로마서 8장 32절을 메모장에 기록하고, 이번 주간 매일 아침 그 구절을 천천히 읽으면서 그 말씀을 믿을 수 있도록 도와달라고 하나님께 구하라.

■ 동기 부여 (Motivation)

하나님을 바라보는 당신의 시각을 재조정하기 위해 LivingontheEdge.org/r12

사이트에서 '하나님의 선하심(Goodness of God)'에 관한 메시지를 들어보라.

■ **격려하기**(Encourage someone)

지난 몇 주 동안 하나님이 당신을 위해 행하신 한 가지 일을 친구들과 나누라. 그리고 그들에게는 어떤 일들이 있었는지 물어보라.

4장
순종하는 삶은 어떤 모습인가?

"내가 진실로 진실로 너희에게 이르노니 한 알의 밀이 땅에 떨어져 죽지 아니하면 한 알 그대로 있고 죽으면 많은 열매를 맺느니라."[1]

― 나사렛 예수

대부분의 그리스도인들은 하나님과의 관계에서 위탁이 어떤 의미인지 크게 혼동한다. 그들은 위탁의 원리를 전혀 알지 못한다. 그저 위탁이란 고귀하고 덕스러운, '자기보다 훨씬 더 영적인' 극소수의 사람만 도달할 수 있는 어떤 것이라고 생각한다.

그러나 전적으로 헌신된 그리스도인들은 지금 하나님의 가장 크고 가장 좋은 복을 경험하고 있는 지극히 평범한 사람들이다. 더구나, 그들이 전적으로 헌신하는 이유는 그들이 뛰어나게 덕스럽거나 영적이어서가 아니다. 오히려 그들은 지혜롭고 논리적이며, 삶의 원리를 이해하기 때문에 전적으로 헌신한다. 그렇다 해도 문제는 여전히 남아 있다. 전적으로 헌신한다는 것은 정확하게 어떤 모습을 가리키는가? 하나님과 우리와의 관계에서 위탁은 어떤 모습으로 비쳐지고, 그 원리는 무엇인가?

해답 = 로마서 12:1

"그러므로 형제들아 내가 하나님의 모든 자비하심으로 너희를 권하노니 너희 몸을 하나님이 기뻐하시는 거룩한 산 제물로 드리라 이는 너희가 드릴 영적 예배니라."

— 로마서 12:1

나는 이 구절과 관련해 매우 유용하다고 생각되는 두 가지 조언을 하고자 한다. 첫째, 본문의 구조를 살펴보라는 것이다. 그 안에는 명령, 동기 부여 그리고 이유가 있다. 명령은 우리의 몸을 드리는 것이다. 동기는 하나님의 자비하심이다. 그리고 이유는 그것이 하나님이 기뻐하시는 영적인 예배 행위이기 때문이다.

둘째, 본문의 맥락을 이해하기 바란다. 우리는 지금 로마서 12장을 살펴보고 있는데, 그렇다면 그것은 그 앞에 11개의 장이 놓여 있다는 것을 의미한다. 사실, 나는 당신이 이번 주간에 시원한 아이스 티나 따뜻한 커피를 한 잔 준비하고 자리에 앉아 로마서 1장부터 11장까지를 빠르게 읽어볼 것을 강력하게 권한다. 그 부분은 성경 가운데 다른 어떤 곳보다 하나님이 행하신 일을 가장 명확하게 설명하고 있다. 로마서 12장은 하나님이 당신과 나를 위해 행하신 위대한 일에 대한 우리의 반응이라는 사실을 볼 수 있도록 로마서 1장부터 11장까지의 윤곽을 간략하게 보여주고자 다음과 같이 정리해 놓았다. 하나님께 "너희 몸을 드리라"는 명령은 그분의 인정을 받기 위한 한 가지 방편을 알려주는 것이 아니다. 그것은 하나님이 우리를 위해 행하신 일에 비추어볼 때 우리가 그분께 감사를 드리는 방법이다.

로마서 1-11장: 은혜에 대한 하나님의 메시지				
	1-3장	4-5장	6-8장	9-11장
주제	인간의 문제	하나님의 해결책	하나님의 공급하심	하나님의 신실하심
신학	죄	구속	성화	주권
상태	잃어버림	발견됨	능력받음	선택됨
행동	고백하다	믿다	간주하다	찬양하다

이 간략한 개요에서 1-3장은 모든 인류의 문제가 무엇인지 규정한다. 즉, 우리가 범죄하여 하나님의 영광에 미치지 못한 것이다. 이어서 4장과 5장에서는 하나님이 우리의 문제를 해결하시려고 당신의 아들, 예수님을 보내셔서 우리의 죗값을 치르기 위해 우리 대신 십자가에서 죽게 하신 것을 볼 수 있다. 우리는 믿음으로 이 구원이라는 은혜의 선물을 받았다. 그리고 6-8장에서 사도 바울은 이 새로운 초자연적인 생활 방식이 어떻게 구현되는지를 설명한다. 이 부분에서 그분이 설명하시는 그리스도인의 삶은 단지 어려운 것이 아니라 아예 불가능한 것이다. 우리 안에 거하시는 하나님의 영만이 우리의 죽을 몸 안에서와 몸을 통하여 나타나시는 그리스도의 능력과 임재를 증거할 힘을 갖고 계시다. 마지막으로 9-11장에서는 하나님이 우리의 삶을 향한 계획을 갖고 계실 뿐 아니라, 다윗의 보좌와 아브라함에게 약속된 땅과 관련해서 이스라엘 백성에게 주신 당신의 약속을 성취하시기

위한 미래의 계획도 갖고 계시다는 것을 배운다.

당신이 다른 무엇보다 반드시 알아야 할 것은, 로마서 12장의 바탕에는 당신을 향한 하나님의 크신 사랑과 은혜의 열 한 장들이 펼쳐져 있다는 것이다. 당신이나 내가 하나님의 호의를 스스로의 힘으로 얻을 수 있는 길은 없다. 다만 우리는 하나님의 은혜에 감사하고 그분의 은혜에 올바로 반응함으로써 그분으로부터 오는 가장 좋은 것을 얻고, 그분은 우리를 통해 영광을 받으시게 하라는 명령을 받았다. 이것이 로마서 12장 1절의 주제다.

그럼 이제 위탁이나 전적인 순종이 어떠한 모습인지 이해할 수 있도록 로마서 12장 1절을 분석해보자.

> "그러므로 형제들아 내가 하나님의 모든 자비하심으로 너희를 권하노니 너희 몸을 하나님이 기뻐하시는 거룩한 산 제물로 드리라 이는 너희가 드릴 영적 예배니라."
>
> – 로마서 12:1

1절에서 하나님이 명하시는 것이 무엇인지 확인하라.

■ 명령 = "너희 몸을 산 제물로 드리라"

이 명령은 우리의 몸을 드리는 것이 구체적인 시점에 일어나고 있음을 말해주는 헬라어 동사의 시제로 되어 있다. 이 구절은 사람이 어떻게 하나님과의 구원의 관계로 들어가는지를 말하는 것이 아니라, 이미 그분을 개인적으로 안 이후에 어떻게 하나님이 가장 원하시는 것을 우리의 영적 예배로 드리는지를 말하고 있다.

내 경우에는, 그리스도인이 되고 2년 반 정도가 지나고나서야 전적인 헌신 가운데 내 몸(삶)을 그리스도께 위탁했다. 나는 그리스도인으로 살아가면서 필사적으로 몸부림쳤다. 내 삶의 방식은 내 입에서 나오는 말과 달리 그리스도의 진정한 제자의 모습과 전혀 상반된 모습을 드러냈다. 나는 진리가 무엇인지 알았지만 그렇게 살지 않았던 것이다!

당시 나는 한 선교 단체에서 주최한 강습회에 참석하여 펜실베이니아 주립 대학에 있었는데, 거기서는 대학생들에게 영적 성장의 '다음 단계'로 나아갈 수 있는 방법을 가르쳐주었다. 나는 아브라함의 삶을 다룬 2시간짜리 세미나에 참석했는데, 그곳에서 하나님이 당신의 믿음의 학교 안에서 어떻게 우리를 개발시켜나가시는지를 배웠다.

나는 교실 뒤편에 앉아서 아브라함의 삶이라는 시각을 가지고 나의 영적 여정을 살펴보았다. 하나님은 아브라함의 삶 가운데서 믿음을 종교적인 업적이나 윤리적인 순종보다 더 높이 평가하시는 것이 분명했다. 믿음의 중심적 역할에 대해 강조하는 그 세미나 가운데 하나님은 창세기 22장에서 나의 온 마음을 사로잡으셨다. 나는 아브라함이 자신의 하나밖에 없는 아들 이삭을 하나님께 제물로 드리기 위해 산으로 데리고 가는 이야기를 들었다. 이 아들은 아브라함에게 가장 소중한 존재였다. 이 열두 살짜리 소년은 하나님이 아브라함에게 하신 모든 약속을 지탱하고 있었다. 이삭은 하나님이 최종적으로 아브라함에게 주신 약속의 아들이었는데, 지금 하나님은 아브라함에게 그를 되돌려달라고 요구하시는 것이다.

아브라함은 순종하는 마음으로 아침 일찍 일어나 그 아들을 데리고 산으로 올라가 돌로 단을 쌓은 다음, 나뭇가지와 장작으로 불을 지필 준비를 했다. 그리고 이삭을 그 단 위에 올려놓고 칼을 들어 자기 아들의 심장을 막

찌르려는 순간 하늘로부터 음성이 들려왔다. "아브라함아, 아브라함아! 그 아이에게 손을 대지 마라. 그에게 아무 짓도 하지 마라. 네가 네 아들 네 독자까지도 아끼지 않았으니 네가 하나님을 경외하는 줄을 이제 내가 알겠다" (창 22:11-12, 저자 의역).

우상은 여러 가지 형태로 찾아온다. 아브라함에게 있어서 그 아들 이삭은 하나님과의 관계를 무너뜨리는 애정의 정점이었다. 하나님은 아브라함에게 그의 삶 가운데서 가장 소중한 것을 포기하라고 명하셨다. 이것은 아브라함에게서 그것을 빼앗으시려는 것이 아니라, 그가 가장 좋은 것을 갖고 있다는 사실을 확인시켜주시기 위한 것이었다. 나는 세미나실 뒤에 앉아서 우리 모두는 저마다의 삶 가운데 이삭을 갖고 있음을 깨달았다. 내게 있어서 그 이삭은 농구와 또한 그 당시 데이트를 하던 아름다운 아가씨였다.

설령 하나님이 내 삶 가운데 무언가를 요구하신다 하더라도 최소한 그 두 영역을 건드리지 않으신다면 무엇이든 좋았다. 그리스도를 내 구세주로 의지하는 것과 일반적으로 내 믿음을 따라 사는 것은 얼마든지 받아들일 수 있었지만, 그 두 영역은 하나님의 감독이나 통제가 미쳐서는 안 되는 '제한 구역'이었다. 사실상 그 둘은 내게 정체성과 안전감을 제공해주는 내 인생의 우상이었다.

나는 그 교실 뒤편에서 내가 인생의 갈림길에 서 있음을 깨달았다. 예수님은 '모든 것'의 주님이 되셔야지, 그렇지 않으면 '무엇에도' 주님이 되시지 못했다. 나는 생애 처음으로 위탁이란 어떤 좋은 것을 내게로부터 거두어가는 것이 아니라, 하나님의 가장 크고 좋은 복이 내 안으로 흘러들어오는 통로라는 것을 깨달았다.

나는 마침내 '나의 이삭들'을 산 위로 데리고 가서 그것들을 제물로 드려야 한다는 사실을 깨달았다. 그것은 결코 가볍게 받아들일 수 없는 대단히 중요한 순간이었다. 나는 교실 뒤에서 기도하면서 농구와, 나의 미래의 아내와, 나의 미래의 직업 그리고 나의 존재 전부를 새롭고 구체적인 방식으로 하나님께 산 제물로 드렸다. 나는 그것이 어떤 의미인지 잘 알았고, 나 자신을 드린 이 제물이 날마다 새로워져야(즉, 살아 있는 제물이 되어야) 한다는 것을 깨달았다. 나는 주님의 주 되심을 향해 나아갔는데, 이것은 일반적인 기준에서 근본적으로 벗어난 거룩한 삶을 의미했다.

그날, 그 교실 안, 펜실베이니아 주립 대학 캠퍼스 안에서 나는 그리스도인으로서의 나의 삶에서 가장 의미 있는 순간을 맞이했다. 수많은 두려움과 엄청난 불확실성에도 불구하고 나는 '내 전부'를 그분께 드렸다. 그날 이후 내 삶의 모든 영역과 관련된 미래의 선택들이 지대한 영향을 받았다. 나는 그분이 항상 나를 위한 가장 좋은 것을 생각하고 계시다는 사실을 믿음으로 신뢰하면서 '하나님이 지시하신 것이면 무엇이든' 하기로 마음을 정했다. 쉬운 일이라고? 그렇지 않다! 똑똑하다고? 그렇다! 문화적인(겉모습만의) 그리스도인에서 예수 그리스도의 진정한 제자로서의 여행이 펜실베이니아에서의 그 역사적인 날에 시작되었다.

오늘날 그리스도의 몸인 교회 안에서 완전히 상실된 것이 바로 이 단계이다. 내게는 이 구절을 라디오와 TV를 통해 수백만 명의 사람들에게 전할 기회가 주어졌는데, 수많은 사람들이 이메일을 통해 이제껏 한 번도 그리스도께 온전하게 위탁하는 것이 어떤 의미인지 깨닫지 못했었노라고 말하곤 한다. 그리고는 이 깨달음이 어떻게 그들의 삶에 변화를, 그것도 구원에 비길 만큼 엄청난 변화를 가져왔는지에 관한 놀라운 이야기를 들려주었다. 값비싼 진주를 사기 위해 자기가 가진 모든 것을 판 상인이나, 22개의 금화를 구입하기 위해 자신의 소유를 모두 처분한 엔지니어 존과 마찬가지로, 하나님은 우리가 그분에 대한 감사 가운데 우리의 삶을 살아 있고 거룩한 제물로 드릴 것을 명하신다. 당신에게 이렇게 묻고 싶다. "당신은 그렇게 했는가?"

■ 동기 = '하나님의 자비'

자신의 모든 것을 왜 하나님께 위탁드려야 하는지 의문이 드는가? 로마서 12장 1절은 이렇게 말씀한다. "그러므로 형제들아 내가 하나님의 모든 자비하심으로 너희를 권하노니 너희 몸을 하나님이 기뻐하시는 거룩한 산 제물로 드리라." 당신도 알다시피, 하나님께 위탁하는 우리의 동기는 무언가를 얻기 위함이 아니다. 우리의 동기는 천국에서 높은 점수를 따거나 하늘의 별을 얻기 위한 것이 아니다. 다만 그분의 자비에 대해 응답하는 것이다. 우리의 죄가 제거되었다는 것은, 곧 우리가 용서받고, 사랑받고, 양자가 되고, 성령으로 채워지고, 영원 무궁히 천국에서 살게 되었다는 사실은 숨이 막힐 만큼 놀라운 일이다. 그리고 그것이 바로 우리가 하나님이 기대하시는 대로 하나님께 감사를 돌려드리는 동기가 되는 것이다. 하나님의 은혜와 자비에 감사하는 것은 "나는 당신이 너무도 사랑이 많으시고 선하시다고 믿기에 당신이 원하시는 것을 드리려 합니다. 그런데 그것은 바로 저 자신입니다! 제 모든 것을 하나도 남김 없이 모두 드립니다"라고 말하는 것이다.

■ 이유 = '우리의 영적 예배'

하나님께 온전히 위탁하는 것이 그렇게 중요한 이유는 무엇인가? 이 구절의 마지막 부분이 그 이유를 말해주고 있다. 그것이 우리가 드려야 할 영적 예배인 것이다. 바꾸어 말하면, 그것이 바로 하나님이 진정으로 원하시는 것이라는 말이다. 그분이 원하시는 것은 당신이 교회에 출석하는 것, 율법을 지키는 것, 도덕성, 종교 행위가 아니라 바로 당신 자신이다.

하나님은 당신과의 관계를 원하신다. 하나님은 당신의 마음을 원하신다. 하나님은 당신을 사랑하시고 또한 당신에게서 사랑받기를 원하신다. 하나님은 그분 자신을 위하여 어떤 대의명분을 성취할 작은 종교적인 투사를 찾고 계시는 것이 아니다. 하나님은 그분의 선함과 사랑을 깊이 신뢰하여 "나의 존재와 소유 모든 것은 당신의 것입니다. 당신을 사랑합니다 주님!"이라고 거침없이 포기를 선언할 아들과 딸을 찾고 계신다.

무엇보다 이것은 감정적인 선택이 아니라 논리적인 것이다. 영적 예배라는 말에서 '영적'으로 번역된 말은 재미있는 단어다. 헬라어 '로기조마이(logizomai)'는 문자적으로 '합리적인 혹은 논리적인 것'을 의미한다. 그러나 이 말은 구약 성경의 헬라어 번역에서는 제사장이 성전에서 드리는 제물, 즉 영적 제물과 동의어가 되었다. 그 결과, 번역가들은 이 낱말의 온전한 의미를 어떻게 담을지를 놓고 분열되었다. 영어 성경 NIV는 이 말을 '영적(spiritual)'으로 번역하는(하나님이 진정으로 원하시는 것에 무게를 둠) 반면, NASB는 '합리적인(reasonable)'으로 번역하고(그 말의 문자적인 의미인 논리적인, 똑똑한 그리고 매우 합리적인이라는 뜻에 더욱 무게를 둠) 있다. 다시 말해서, 위탁은 하나님이 그리스도 안에서 우리를 위해 행하신 것에 비추어볼 때 논리적이고 현명한 일인 것이다.

'하나님 나라'는 예수님이 말씀하신 것처럼 참된 생명이 무엇인지 깨닫고, 그것을 얻는 유일한 길은 자신을 내어드리는 것이라는 사실을 배우는 것이다. "내가 진실로 진실로 너희에게 이르노니 한 알의 밀이 땅에 떨어져 죽지 아니하면 한 알 그대로 있고 죽으면 많은 열매를 맺느니라"(요 12:24). 예수님은 이것을 모든 성도들에게 요구하신다. 이러한 주 되심의 단계는 실제로 예수님의 능력과 임재를 초자연적이고 변형적인 방식으로 경험할 수 있는 문을 열어준다. G. K. 체스터튼(G. K. Chesterton)은 말했다. "기독교는 노력함으로써 얻는 것이 아니라 발견하는 것이다. 즉, 기독교는 발견되는 것이지 노력하는 것이 아니다."

> 하나님은 그 일을 온전히 하나님의 소유가 된 이들에게만 행하실 자유를 갖고 계시다.

알다시피 지난 세월 동안 우리가 듣고 배워온 대부분의 내용에는 로마서 12장 1절의 위탁하라는 부르심을 놓치거나 빼뜨리고 있다. 성실하지만 지식이 부족한 그리스도인들은 그리스도인의 삶이란 단지 기도 드리고 종교적인 예배에 참석하는 것에 지나지 않는다고 믿도록 이끌려가고 있다. 진정한 제자는 하나님의 능력과 임재를 초자연적으로 체험하는데, 그것은 하나님이 그 일을 온전히 하나님의 소유가 된 이들에게만 행하실 자유를 갖고 계시기 때문이다.

012 그리스도인 되기
참된 명성

당신은 하나님의 능력을 이런 식으로 체험하는 것이 어떤 것인지 궁금해본 적이 있는가? 당신은 이런 선택에 온몸을 내던지는 것이 어떤 것인지 알고 싶은가? 당신은 어떻게 당신의 지적인 믿음을 살아 있는 실재로 변환시키겠는가? 다음 장에서 함께 살펴보기로 하자.

■ 생각하기(Think)
당신의 삶에서 '이삭'은 무엇, 혹은 누구인가?

■ 묵상하기(Reflect)
당신은 자신의 '이삭(우상)'을 내어놓고 그리스도가 당신 삶의 주님이 되게 하시는 일과 관련해 무엇이 가장 두려운가? 그 이면에 어떤 문제점들이 자리잡고 있는가? 안전? 의미? 지배당하는 것?

■ 이해하기(Understand)
당신이 가족이나 혹은 다른 사람들과의 관계 속에서 겪은 어떤 일이 당신이 하나님을 신뢰하는 것을 어렵게 만드는가? 과거에 경험한 버림받음, 무시당함, 혹은 이혼이 해결되지 못한 문제가 되어 하나님을 신뢰하는 것을 어렵게 만들고 있는가?

■ 위탁하기(Surrender)
지금 당장 시간을 내어 당신이 생각하고 있는 것, 느끼고 있는 것들을 하나님께 아뢰고, 당신이 다음에 내디뎌야 하는 걸음을 인도해달라고 기도하라.

■ **행동하기**(Take Action)

종이나 일기장에 당신의 삶에서 '이삭'이 될 수 있는 사람이나 사물을 적어보라. 때로 해결하기 어렵고 뿌리 깊이 박힌 고통스러운 문제들이 종이에 기록된 것을 볼 때 그것을 해결할 수 있는 힘을 얻고, 문제를 정확히 인식하게 된다.

■ **동기 부여**(Motivation)

LivingontheEdge.org/r12 사이트에서 '하나님이 가장 원하시는 것을 드리는 방법(How to Give God What He Wants the Most)'에 관한 음성 파일 전체를 내려받으라.

■ **격려하기**(Encourage someone)

당신이 사랑하는 사람에게 r12 홈페이지(LivingontheEdge.org/r12)를 방문해보라고 말하라. 그리고 하나님이 그들의 삶에 대한 꿈을 갖고 계시다는 사실을 알려주라.

5장
당신은 '모든 것을 걸고' 있는가?

"한 사람이 두 주인을 섬기지 못할 것이니
혹 이를 미워하고 저를 사랑하거나 혹 이를 중히 여기고 저를 경히 여김이라
너희가 하나님과 재물을 겸하여 섬기지 못하느니라."[1]

– 나사렛 예수

혹시 수표에 사인을 해본 적이 있는가? 내가 집 밖으로 걸어나가는 동안 어머니가 들려주신 마지막 말씀은 이것이었다. "무슨 일을 하든, 수표를 잃어버리지 마라!" 누가 칩 가문이 아니랄까봐 나는 학교 수업료를 내야 하는 마지막 날이 되어서야 어머니께 그 사실을 알려드렸고, 만일 날짜를 어기면 중학생 전체가 소풍을 가는 날 혼자 집에 돌아와야 한다고 알려드렸다. 정확한 금액은 기억할 수 없지만 그 금액은 겨우 몇 달러 정도에 불과했다. 어머니는 현금이 없었기 때문에 수표를 끊어주셨다.

한 가지 문제는, 내가 정확한 금액이 얼마인지 모르는데다가 수취인을 누구로 해서 수표를 발행해야 하는지 몰랐다는 것이다. 우리 어머니의 가장

좋은 점은 나를 깊이 믿으셨다는 것인데, 내가 그렇게 생각하는 이유는 지금 돌이켜보면 우리 어머니는 다른 어떤 부모님들도 하지 않을 일들을 하셨기 때문이다. 어머니는 수표 하단부에 발행인 서명만 하시고 나머지 부분은 전부 빈칸으로 남겨두셨다. 그것은 곧 만일 누군가 이 수표를 갖게 되거나, 내가 그 상단에 내 이름을 적게 되면 어떤 금액이든 현금으로 받을 수 있게 된다는 의미였다.

나는 어머니가 나에 대해 조금도 걱정을 하지 않으신다는 것을 알았다. 하지만 수표에 서명을 하시면서 어머니가 은행 계좌에 넣어두신 모든 금액은 누구든 수표의 상단에 이름을 쓰는 사람이 그 수표에 적힌 금액 전부를 현금으로 인출할 수 있다고 끝없는 잔소리를 하셨다. 다행히 나는 수표를 잃어버리지 않았고, 정확한 금액을 기입했으며, 소풍에 갈 수 있었다. 그러나 이 일화는 그리스도께 위탁하는 것이 실제로 어떤 것인지에 관해 생각할 때마다 떠오르곤 한다.

그렇다. 우리는 위탁하는 우리의 동기가 우리를 향한 하나님의 크신 사랑과 자비라고 배웠다. 그리고 또한 위탁은 하나님의 가장 크고 가장 좋은 복이 흘러나오는 통로라는 것도 배웠다. 그러나 이 모든 것은 어떻게 작용하는 것일까? 어떻게 하면 당신이 살아 있는 제물이 되어 거룩하고 하나님이 받으실 만한 것이 될 수 있도록 믿음의 방아쇠를 당기게 되는 것일까?

아쉽게도 나는 대부분의 시간을 하나님을 기쁘시게 하려고 '열심히 노력'하는 데 보내지만, 자신이 그 수준에 이르렀다는 느낌을 한 번도 가져본 적이 없는 많은 그리스도인들을 알고 있다. 그리스도인으로 살아가는 그들의 삶은 단지 하나님의 인정을 받기 위해 자기 노력을 다양하게 시도하는 것에 지나지 않는다. 또 어떤 이들에게 그리스도인의 삶은 주일에 예배에 참석하고 주위 사람들보다 좀 더 도덕적인 삶을 살려고 노력함으로써 의무와 책임을 이행하는 것과 같다. 두 접근 방식 모두 그분의 자녀들을 향한 하나님의 마음과 의도에서 완전히 벗어나 있다.

당신은 수표에 서명했는가?

당신이 지금까지 어떻게 생각해왔든, 하나님이 당신에게서 가장 찾으시고 원하시는 것은 당신, 즉 당신의 존재와 소유 전부이다. 여기서 당신의 삶 전체를 한 장의 백지 수표라고 생각해보자.

수표 하단에는 서명을 하고, 하나님이 당신이 행하기 원하시는 것, 당신이 가기 원하시는 곳, 당신이 결혼하기 원하시는 사람, 혹은 당신이 갖기를 원하시는 직업이 기록될 윗부분은 빈칸으로 비워두었다고 상상해보자. 그런 다음, 마음의 눈으로 그 수표를 들고 하나님의 집무실 앞에 가서 "주님, 저는 저의 존재와 소유 전부를 오늘 이 안에 담아 당신께 드립니다"라고 말하며 문 밑으로 살짝 밀어넣는다.

여러 가지 면에서 이것은 결혼식과 비슷하다. 결혼식은 매우 특정한 날에 하는 구체적인 헌신의 다짐으로, 두 사람이 맺어온 관계의 깊이와 친밀함이 이전과는 전혀 새로운 단계로 접어드는 의식이다. 앞에서 말한 것처럼, 나는 그리스도인이 되고나서 2년이 조금 넘은 뒤에야 수표 하단부에 서명을 하고 내 삶을 예수 그리스도께 온전히 위탁했다. 그리고 그렇게 했을 때, 예수님과 신약 성경이 말하고 있는 그리스도인의 삶을 경험했다. 당신에게 물어볼 질문은 간단하다. 당신은 백지 수표에 서명을 하고, 그것을 하나님께 드린 적이 있는가?

당신은 겸손하고 솔직하게 그분께 이렇게 말씀드린 적이 있는가? "주님, 제 모든 존재와 소유, 혹은 제가 갖고 싶은 모든 것은 당신의 것입니다. 저를 당신이 생각하는 가장 좋은 방법으로 사용해주십시오." 만일 해본 적이 없다면, 지금 당장 몇 분 정도 시간을 내어 해보기를 바란다. 그 선택은 올바로 수행되기만 하면 당신의 삶의 방향을 완전히 바꾸어놓을 것이다.

어쩌면 당신은 이렇게 생각할지도 모른다. '너무 걱정이 돼. 지금 당장은 할 수가 없어. 내 삶을 그리스도께 복종하는 것이 왜 그렇게 중요하지? 그냥 나 나름대로 그리스도인이 되면 안 되나?' 그 답은 '아니다' 이다. 당신이 당신 나름대로의 방식으로는 진정한 그리스도인이 될 수 없는 두 가지 이유가 있다.

1. 하나님이 당신을 위해 가장 좋은 것을 원하시기 때문이다. 위탁이야말로 하나님의 가장 좋은 것과 가장 커다란 복이 흘러 들어오는 유일한 통로이다. 하나님은 당신을 사랑하시고, 당신 편이시며, 당신이 가장 잘되기를 원하신다.

2. 당신의 삶은 그리스도의 이름에 영광을 가져오든지, 아니면 수치를 가져온다. 우리가 '그리스도를 영접'하고나서 그분을 따르고 그분의 명령을 지키는 데 실패한다면 우리를 보고 있는 세상 앞에서 그분을 올바로 드러내지 못하게 된다. 오늘날 많은 사람들이 기독교를 거부하는 것은 어떤 논리나 교리 때문이 아니라 스스로 그리스도인이라고 주장하는 사람들의 표리부동과 위선 때문이다. 이것은 그만큼 중요한 것이다.

이제 여기서 당신에게 위탁의 비밀을 들려주려고 한다. 앞장에서 살짝 살펴보기는 했지만 대부분의 그리스도인들이 자신의 삶을 위탁하지 못한 채, 하나님의 선하시고 기뻐하시며 온전한 뜻을 놓치게 만드는 것이 무엇인지 알려주고자 한다.

위탁의 비밀

당신이 자신의 삶을 그리스도께 위탁하는 것은 당신의 삶과 미래를 그분께 의지한다고 선언하는 것이다. 내가 이러한 선택과 '내 삶에 대한 지배권을 잃는 것'에 대한 두려움을 놓고 씨름하고 있을 때, 하나님은 시편 84편 11절을 통하여 내 마음 안에서 그 계약을 확정지으셨다. 나는 그것을 그리스도의 주인 되심을 인정하는 구절로 삼고, 하나님이 내게 하라고 명하신 일에 대해 순종할지를 놓고 갈등할 때면 자주 그 구절을 인용하거나 기도한다.

"여호와 하나님은 해요 방패이시라 여호와께서 은혜와 영화를 주시며 정직하게 행하는 자에게 좋은 것을 아끼지 아니하실 것임이니이다."

흥미롭게도 이 구절의 처음 부분은 하나님의 이름과 그분의 특징을 언급하고 있다. 여호와 혹은 야훼라는 낱말은 주님의 언약의 이름으로, 그분은 인격적이시고, 전능하시며, 자존하시다는 것을 의미한다. 여기서 '하나님'으로 번역된 말은 아도나이(Adonai)인데, 이 말은 창조와 공급의 하나님을 가리킨다. 생각해보라. 모든 지혜와 모든 능력을 갖고 계시고, 자존하시며, 인격체이시고, 우주를 창조하시며 보존하시는 분이 위탁이라는 백지 수표에 서명한 이들에게 해와 방패 같은 분이시라는 것을. 이것은 지금 혹은 앞으로 십 년 뒤에 당신이 처한 상황이 제아무리 힘들고 어려워도 당신을 위해 무제한의 자원을 갖고 계시며, 한없는 보호를 베푸시는 하나님의 모습이다.

이 구절의 다음 행은 당신의 삶을 향한 하나님의 소망과 꿈이 무엇인지 밝혀준다. "그분은 은혜와 영화를 주신다." 당신이 지금껏 하나님을 믿게 된 여러 이유들, 혹은 마음속으로 은밀하게 걱정하는 것과 달리 하나님은 당신이 상상할 수 있는 것보다 훨씬 더 당신이 잘되기를 원하신다. 그분은 당신이 다른 사람들과 풍성하고 깊은 관계를 누리기 원하신다. 그분은 당신이 번창하고 하는 일에 만족감을 얻도록 그분이 특별히 계획하신 직업과 직장을 갖기 원하신다. 그분은 당신이 항상 꿈꾸어왔던 초자연적인 사랑과 소속감을 실제로 경험하는 믿음의 공동체와 지역 공동체의 일원이 되기를 원하신다. 하나님은 우주의 CEO이시자 주님이시며, 그분이 당신의 마음과 삶 가운데 제1순위가 되고자 하시는 소망은 그분의 은혜와 영화를 경험하는 열쇠이다.

이 구절의 마지막 행은 내가 두려워할 때 성경의 다른 어느 구절보다 믿음의 걸음을 내딛도록 도와준 말씀이다. "정직하게 행하는 자에게 좋은 것을 아끼지 아니하실 것임이니이다." 순종함으로 그리스도를 따르는 것은, 특별히 당신이 그렇게 하고 싶지 않을 때에도, 하나님께로부터 오는 가장 좋은 것을 받는 통로이다. 하나님은 당신이 언제 어디서나 그분께 위탁함으로써 행할 때 결코 당신에게 좋은 것을 아끼지 않으실 것이다.

수표에 서명했을 때 내게 일어난 일

내가 그 수표에 서명할 때는 갈등과 두려움이 있었다고 고백했지만, 이제 내가 최종적으로 나의 뜻이 아니라 그분의 뜻에 기꺼이 의지하게 되었을 때 내게 주어진 하나님의 선하심과 복의 크기가 어떠했는지 언급하지 않을 수 없다. 대학 농구 선수로서 나의 경력은 여러 차례의 부상과 감독의 잦은 교체로 인해 엉망진창이었다. 그 결과 나는 명성과는 전혀 거리가 먼 선수였다. 마침내 내가 승리의 순간을 향해 나아갔을 때 중대한 부상이 내 발목을 붙잡아서(그것도 두 번이나!) 나머지 시즌은 경기에 나가보지도 못했다. 또 다른 순간에는, 이제 조금 상승세를 타기 시작했을 때 4주만에 3차례나 감독이 경질되었다. 하나님의 영광을 위해 스타 농구 선수가 되겠다는 꿈이 좌절된 것은 말할 것도 없다.

나는 4학년 중반이 되어 결국 농구를 하나님께 위탁드리면서, 만일 두 번 다시 농구를 하지 않게 되어도 좋다고 하나님께 말씀드렸다. 그것은 내가 선택할 일은 아니었지만, 만일 하나님이 내게 그렇게 하라고 명하신다면, 나는 기꺼이 받아들이려 했다.

4학년이 끝나던 해 나는 마지막 몇 차례 시합에 나가 경기를 하면서 커다란 평화를 맛보았다. 그리고 연말쯤 되었을 때 스포츠 대사(Sports Ambassadors)라는 한 단체로부터 편지를 받았다. 그들은 내게 전국에 있는 다른 대학 농구 선수들과 함께 농구를 통해 복음을 전하며 전세계를 다니는 일에 함께하지 않겠느냐고 제안했다. 1976년과 77년 여름에 남아메리카의 모든 나라에서 올림픽 대표팀과 경기를 치렀다. 나는 미국 전역에 있는 주요 대학 농구 팀에 속한 헌신된 그리스도인 선수들과 함께 경기를 하며 경기 중간 휴식 시간에는 우리의 믿음을 나누는 특권을 누렸다. 나는 그해 여름에 내가 대학 4년 동안 치른 것보다 더 많은 경기를 치렀으며, 우리는 남아메리카 전역에 흩어진 최고의 팀들과 매일 한두 차례 경기를 가졌다.

그리고 1978년 겨울에 하나님은 호주 팀과 함께 아시아 전역을 도는 농구 경기를 할 수 있도록 또 하나의 문을 열어주셨다. 우리는 그리스도에 대해 서로 나누었고, 나는 그 어느 때보다 즐거운 시간을 보냈다. 당신도 알다시피 문제는 농구 그 자체가 아니라 농구가 내 마음과 인생에서 우상이 되어버렸다는 사실이었다.

그리고 이와 비슷한 방식으로 나는 연애 문제도 주님께 놓아드렸다. 이것은 내가 정말 사랑했지만 삶의 비전과 방향이 하나님이 내 삶 가운데 부르신 소명과 분명히 달랐던 여자 친구와의 헤어짐을 의미했다. 그 상처는 너무 깊었고 그 아픔을 이겨내는 데 거의 일 년이 걸렸다. 그러나 그 외롭고 가슴 아팠던 일 년 동안 나는 그때까지 한 번도 알지 못했던 그리스도와의 친밀함을 경험했다. 그리고 그 기간은 이성과의 관계를 세워나갈 때 무엇보다 우선적으로 예수 그리스도께 초점을 맞추는 새로운 가치관과 접근 방법을 배운 시간이었다. 그분이 내 삶의 그 영역을 이끄시도록 내어드리는 것은 고통스러운 일이었지만, 그것은 내가 내린 가장 훌륭한 선택 가운데 하나였다.

나의 선택과 당신의 선택은 항상 한정되어 있고 또한 한계가 있다. 우리 스스로의 힘으로는 항상 우리 자신을 위하여 최고가 아닌 두 번째의 것만 선택하게 될 것이다. 이 땅에는 모든 실제적이고 가능한 것을 아시며 우리를 정말 깊이 사랑하셔서 가장 좋은 것을 우리에게 주려고 작정하신 분이 오직 한 분 계시다. 비록 그것이 우리의 우상을 제거함으로써 우리에게 아픔과 좌절을 가져오는 것을 의미할 때라도 말이다.

위탁은 하나님이 주시는 가장 좋은 것을 얻는 비밀이다. 위탁은 능력의 열쇠이다. 위탁은 하나님의 가장 커다란 복을 받는 통로이다. 위탁은 내가 전 세계를 돌아다니며 농구를 할 수 있게 해주었고, 나중에 테레사(Theresa)를 만나고 결혼할 수 있게 해주었다. 위탁이야말로 오늘날 그리스도의 몸인 교회에 가장 많이 필요한 것이다. 하나님의 영화롭고 놀라우신 은혜에 대한 응답으로 자기 삶의 어느 특정한 순간에 "나의 모든 존재와 소유는 당신의 것입니다"라고 말하는 그리스도인은 하나님이 '자기들에게 좋은 것을 아끼지 않으실 것'을 알고 평안을 누리는 사람이다.

나는 모든 것을 걸었다!

이 중요한 장을 마무리하면서, 수많은 사람들에게 매일매일의 삶 가운데 위탁이 어떠한 모습인지 쉽게 이해할 수 있도록 도와준 결정적인 그림언어 하나를 소개하고 싶다. 오늘날 가장 인기 있는 TV 스포츠 가운데 하나는 포커이다. 나는 결코 포커를 스포츠로 여기지 않지만, ESPN과 Travel Channel을 비롯해 거의 대부분의 방송이 일주일에 몇 차례씩 밤 시간대에 방영하는 것을 보면 포커가 재미있다고 말해도 크게 틀리지 않다고 생각한다. 최근에 미국인들을 사로잡은 듯 보이는 게임은 '텍사스 홀뎀(Texas hold'em)'이라는 것이다. 텍사스 홀뎀에서 가장 흥미진진한 순간은 세 단어로 이루어진 짧은 말이 나왔을 때이다. "내 전부를 걸었어!(I'm all in!)"

그 순간 한 선수는 자기 앞에 쌓아둔 칩을 전부 모아 탁자 중앙으로 밀어넣는다. 이때부터 흥미진진한 드라마가 시작된다. 남은 사람들은 자기 카드의 앞면을 뒤집어서 누가 어떤 패를 가졌으며, 이 판에서 이기기 위해서는 어떤 카드가 필요한지 원하는 사람은 모두 볼 수 있게 만든다. 그러면 딜러는 마지막 두 장 혹은 세 장의 카드를 하나씩 조심스럽게, 그리고 가슴 졸이게 뒤집으면 승자가 결정되게 된다. "올인"을 외친 사람은 자기가 소유한 모든 칩을 걸었기 때문에 크게 한판 이기든가, 아니면 이제 게임에서 빠져야 한다.

텍사스 홀덤은 당신의 삶을 그리스도께 위탁하는 것이 어떤 의미인지를 내가 아는 그 어떤 것보다 잘 보여준다. 당신이 하나님께 "모든 것을 걸었습니다!"라고 말하기 전까지는 일이 실제로 시작되거나 행동이 실천으로 이어진 것이 아니다. 당신의 삶이 진정으로 흥미진진해지는 것은 당신이 당신의 가족, 당신의 미래, 당신의 돈, 당신의 은사, 당신의 꿈들 그리고 당신이 소유한 모든 것을 탁자 가운데로 밀어 넣으며 이렇게 말할 때이다. "좋아요, 주님, 이제 주님 차례입니다."

> '위탁' 혹은 주 되심이라 불리는 이 변화는 믿음 생활에 불을 붙인다.

'내 전부를 걸었다'는 말은 '하나님이 기뻐하시는 거룩한 산 제물'이 되었다는 것과 동일한 의미다. 그것은 한 그리스도인이 자신을 스스로 지배하다가 예수 그리스도의 지배를 받기로 변화되는 순간이다. '위탁' 혹은 주 되심이라 불리는 이 변화는 믿음 생활에 불을 붙인다. 그래서 당신이 "주님, 당신은 저의 일, 저의 미래, 저의 결혼, 저의 독신, 저의 영적 은사, 저의 돈을 가지고 제 안에서 그리고 저를 통해 당신의 뜻과 목적을 이루기 위해 제가 무엇을 행하기 원하십니까?" 라고 물어보는 순간 당신의 삶은 이전과 180도 변하게 된다. 당신이 하나님의 음성을 듣고, 우상과 씨름하며, 그분의 임재를 경험하고, 기도의 생생한 응답을 증거하려고 애쓰기 시작할 때 새로운 모험이 시작된다.

하나님은 하나님께 이렇게 말하는 사람을 항상 찾아오셨고 또한 찾으실 것이다. "저는 당신을 가장 크게 신뢰하고, 제 모든 것을 걸었습니다. 저는 당신의 길이 제 길이 되기를 원합니다. 당신의 계획과 당신의 지혜가 제 것보다 나은 것을 믿습니다. 앞으로 오직 믿음으로 살겠습니다!" 우리가 이 단계에 도달할 때 우리의 삶은 이전과 완전히 달라지게 될 것이다.

그리스도인 되기

나는 당신이 위탁에 관한 문제를 생각하는 동안, 당신의 두려움과 의심을 믿을 만하고 성숙한 친구에게 털어놓기를 권면한다. 우리는 보통 말로 표현하기 전까지 실제로 어떤 일이 진행되고 있는지를 잘 모른다. 만일 친구를 찾는 것이 불가능하다면 공책을 한 권 구해 당신의 생각, 두려움, 동요 그리고 의심들을 기록하라. 그때부터 당신은 지금까지 알지 못했던 새로운 방식으로 당신의 삶이 기쁨과 능력으로 채워지는 것을 기록하게 될 것이다. 그러나 그 순간은 또한 중요한 시험과 영적인 반대에 부딪히는 시간이기도 하다. 삶이 진정으로 변화된 그리스도인들은 우리의 영혼을 대적하는 자에게 위협이 된다. 제2부에서는 우리의 대적이 누구이며, 어떻게 그와 그가 지배하는 세상을 이길 수 있는지 배우게 될 것이다.

▪생각하기(Think)

하나님은 로마서 12장 1절을 통해 당신에게 무엇이라 말씀하시는가?

▪묵상하기(Reflect)

왜 하나님은 '당신의 모든 것'을 원하시는가? 이것이 당신에게 도전이 되는, 혹은 되지 않는 이유는 무엇인가?

▪이해하기(Understand)

당신의 속마음과 감정을 드러내는 데 가장 좋은 사람이나 사물은 무엇인가? 일기? 멘토? 긴 산책?

■ **위탁하기**(Surrender)

일단 시도하라! 백지 수표에 서명을 하라. 오늘 당장 하나님께 '제 모든 것을 걸었습니다'라고 말씀드리라.

■ **행동하기**(Take Action)

당신이 가진 성경에 로마서 12장 1절이 말씀하는 대로 하나님께 위탁드린 날짜를 기록하고, 그 사실을 다른 한 사람에게 이야기하라.

■ **동기 부여**(Motivation)

시편 84편 11절을 메모장에 기록한 후 지갑이나 손가방에 넣어 가지고 다니며 이번 주에 무언가를 살 때 그것을 꺼내 읽어보라.

■ **격려하기**(Encourage someone)

이 주간 동안 시편 84편 11절을 이메일, 쪽지 혹은 편지를 통해 다른 두 사람과 나누라.

2부

당신의 삶을 향한 하나님의 가장 좋은 것을 얻는 방법

세상의 가치관과 구별되라
로마서 12:2

하나님의 위대하심은 우리 안에 두려움을 불러일으키지만,
그분의 선하심은 우리가 그분을 걱정하지 않도록 격려한다.
두려워하지만 걱정하지 말라. 이것이 믿음의 역설이다.[1]
― A. W. 토저

CHIP INGRAM

6장
당신은 하나님의
가장 좋은 것을 얻고 있는가?

> "또 무리에게 이르시되 아무든지 나를 따라오려거든
> 자기를 부인하고 날마다 제 십자가를 지고 나를 따를 것이니라
> 누구든지 제 목숨을 구원하고자 하면 잃을 것이요
> 누구든지 나를 위하여 제 목숨을 잃으면 구원하리라."[2]
>
> – 나사렛 예수

나는 당신이 "나는 모든 것을 걸었습니다"라고 하나님께 말씀드림으로써 위탁에 관해 다룬 앞장을 완벽하게 터득하게 되기를 바라고 또한 기도한다. 그것은 하나님이 당신에게서 가장 원하시는 것일 뿐 아니라, 그분의 가장 좋은 것을 얻는 비결이다.

하나님의 가장 좋은 것을 얻는 방법

2부에서는 로마서 12장 2절 연구를 통해 이 질문을 다루려 한다.

"너희는 이 세대를 본받지 말고 오직 마음을 새롭게 함으로 변화를 받아 하나님의 선하시고 기뻐하시고 온전하신 뜻이 무엇인지 분별하도록 하라."

이 구절은 많이 인용되는 것이므로 당신은 아마 이 말씀을 들어보았을 것이다. 그러나 내가 들어보면 그 강조점이 대개 처음 다섯 어절에 놓여 있는 경우가 많다. "너희는 이 세대를 본받지 말고." 이 말씀은 매우 중요하며 우리는 자세히 연구해야 한다. 그러나 뒤의 열네 어절은 자주 간과되곤 한다. "오직 마음을 새롭게 함으로 변화를 받아 하나님의 선하시고 기뻐하시고 온전하신 뜻이 무엇인지 분별하도록 하라."

여기서 잠시 이 구절의 처음 부분은 잊으라. 당신은 하나님이 우리로 하여금 우리의 삶을 향한 그분의 뜻이 얼마나 선하고, 기쁘고, 온전한지 '분별'(test and approve, NIV, 이 개념은 충만하고 완전하게 경험한다는 뜻이다)할 수 있도록 약속하신 일들을 우리가 실제로 행할 수 있다고 상상할 수 있겠는가? 한번 생각해보라! 우와! 정말 멋지지 않은가? 하나님은 당신이 당신의 결혼, 직장 그리고 당신의 미래 가운데서 그분의 선하시고 기쁘신 뜻을 경험하기 원하신다. 그분은 심지어 당신이 어려운 상황 속에서도 당신을 붙드시는 하나님의 지혜와 은혜를 기다리고, 배우고 또한 보는 법을 배워가는 가운데 그분의 온전하신 뜻을 경험하기 원하신다.

내가 하려는 말은 이것이다. 하나님은 당신에게 가장 좋은 것을 주기 원하신다. 나는 가장 쉬운 것이라고 말하지 않았으며, 여기서 말하는 '가장 좋은 것'을 당신이 생각하고 있는 그것과 혼동하지 말라. 그러나 우주의 창조주는 당신의 이름을 아시고, 당신의 마음을 보시며, 당신의 고통을 아신다.

그분은 자신의 선하고, 기쁘고, 온전한 뜻을 당신의 삶과 관계의 모든 영역 가운데 퍼부어주기를 바라신다.

슬프게도, 대부분의 그리스도인들은 하나님의 가장 좋은 것을 경험하지 못한다. 많은 그리스도인들은 유혹과 거짓 속임수에 넘어가 세상을 본받게 되고, 결국 하나님이 그들에게 주기 원하시는 놀라운 것들을 모두 놓치고 만다.

하나님의 가장 좋은 것을 얻기 위한 진짜 싸움

처음 그리스도인이 된 후 나는 두 세계 사이에서 반으로 나뉘어 있었다고 앞에서 말한 적이 있다. 내 삶은 엉망진창이었다. 성경 공부와 술집이 함께 존재했다. 아침에는 하나님과 함께하는 거룩한 순간이, 그리고 저녁에는 성적 환락이 찾아왔다.

나는 '중간에 끼어' 아무 곳에도 갈 수 없는 상황에서 과연 벗어날 수 있을지 솔직히 의심이 들었다. 나는 변하려고 노력했다. 하나님께 앞으로는 변화되겠다고 거듭 약속을 드렸고 진심으로 변하기를 원했지만, 어떻게 하면 되는지 알지 못했다. 로마서 12장 2절의 처음 부분을 이해하지 못한 것이다. 나는 세상의 방식이 어떤 것인지, 또한 그것이 어떻게 작용하는지 이해하지 못했다. 내가 두 세계 사이에 끼어 꼼짝도 못하고 있는 이유는 물론이고, 마음을 새롭게 하는 것이 어떤 의미인지 알지 못했다. 당신은 어떤가? 당신은 어떻게 하고 있는가? 당신을 붙잡고 뒤로 잡아당기는 것은 무엇인가?

나는 내 경험이 일반적인 것이 아니기를 바라지만, 열 명 가운데 아홉 명의 그리스도인들은 로마서 12장 2절의 뒷부분 열네 어절을 경험하지 못하도록 가로막는 길 어딘가에서 '걸려 넘어지고' 있는 것이 현실이다. 믿음이 정체되어 있고, 어떻게 하면 앞으로 나아갈 수 있는지 알지 못하는 신실한 성도들로부터 온 수백 통의 이메일을 볼 때마다 마음이 찢어지는 것 같다.

오늘 아침 방송을 통해 '로마서 12장 그리스도인 되기(Becoming a Romans 12 Christian)' 시리즈를 들을 수 있어서 감사드립니다. 나는 열세 살 때 구원받았지만 대학 시절에 수많은 어려운 시기를 겪었고, 하나님과의 관계는 오르락내리락하기를 반복하고 있습니다. 최근에는 하나님으로부터 멀리 떨어진 느낌이 들고, 극심한 무기력감을 느끼고 있습니다. 오늘 아침에 일어나면서 나 자신에게 이렇게 물어보았습니다. "만일 내가 오늘 죽는다면, 사람들은 나에 대해 뭐라고 말할까?" 솔직히 말해서 사람들이 나를 추억하면서 가장 먼저 '그리스도인'이니, 혹은 '하나님의 사람'이라는 말을 사용할 것 같지 않았습니다. 아니 그런 말은 한 마디도 나오지 않을 것 같았습니다.

그때 설거지를 하다가 우연히 당신이 진행하는 프로그램을 들었는데, 그것은 내게 진정한 축복이었습니다. 나는 그동안 알코올 중독과 부도덕한 성생활로 인해 심한 갈등을 겪어왔습니다. 하지만 오늘 내 모든 자아를 하나님께 드리고 나 자신을 완전히 그분께 위탁드리기로 결심했습니다. 그래서 당신에게 감사드립니다. 하나님이 당신에게 복 주시기를!

이 여성은 맨 처음 단계인 위탁의 과정을 거쳤지만, 앞으로 계속적인 변화가 일어나려면 로마서 12장 2절에서 배우게 될 영적인 과정이 그 순간에 반드시 뒤따라야 한다. 나는

> 오늘 내 모든 자아를 하나님께 드리고 나 자신을 완전히 그분께 위탁드리기로 결심했습니다.

어제 '도와주세요!'라는 제목의 한 이메일을 받았다. 이 이메일에는 한 남성이 지난 1월부터 몇 달 동안 자신의 삶에 극적인 변화를 불러일으킨 매우 구체적인 단계들을 경험한 내용이 적혀 있었다. 그는 자신을 계속 미끄러지게 하고, 과거의 파괴적인 생활 방식으로 곤두박질치게 만드는 속임수에 관해 들려주었다.

내가 말하고자 하는 핵심은 이것이다. 당신과 나는 영적 싸움 가운데 있다. 우리는 모두 전투중이다. 우리 모두는 믿음의 여정을 걷는 가운데 실수하고 또 실패한다. 그렇지만 하나님은 당신이 하나님의 선하시고, 기뻐하시고, 온전하신 뜻을 경험하기 원하신다.

당신이 계속 성숙해가는 가운데 그 싸움의 모습은 변하겠지만, 진정한 변화는 얼마든지 가능하다. 나는 아직도 생각의 분야에서 전투를 벌이고 있다. 나는 눈에 보이는 메시지에 쉽게 영향을 받기 때문에 보는 것이나 내 눈길이 머무는 것들을 매우 조심해야 한다. 나는 내 믿음의 여정 가운데서 일 중독, 사람들을 기쁘게 하는 것 그리고 자기 의와 싸움을 벌이고 있다. 나는 내 삶 속에서 하나님의 일을 하면서 기쁨을 얻지만, 한편으로는 세상의 가치관이 나를 맹공격하는 가운데 아직도 날마다 유혹과 도전을 받고 있다. 그럼에도 불구하고 나의 동기, 언어, 행동 그리고 인간관계들에 깊이 있고, 항구적이며, 중대한 변화가 일어나고 있음을 당신에게 말해주고 싶다. 그리고 그 변화는 내가 상상하는 것 이상으로 더욱 깊어지고 더 좋아지고 있다.

하나님의 선하고 온전하신 뜻은 달콤하다.

당신도 그런 삶을 살 수 있으며, 그 삶은 당신을 기다리고 있다. 당신이 믿음으로 로마서 12장 2절의 처음 다섯 어절을 실천에 옮길 때, 그 뒤의 열네 어절은 당신의 삶을 묘사하는 말이 될 것이다. 이어지는 네 장에서는 그것을 함께 살펴봄으로써, 당신의 삶 가운데 역사하시는 그분의 선하시고 기뻐하시고 온전하신 뜻을 실제로 경험하는 방법을 배워보기로 하자.

12 그리스도인 되기

하나님은 당신에게 개인적으로 말씀하기 원하신다. 2분 정도에 걸쳐 당신의 영적 성장을 위해 마련된 TRUST ME 질문과 제안들을 천천히 읽어보라. 그런 다음 자리에 앉아 3분 동안 하나님께 어느 질문이나 행동이 당신에게 능력을 주고 용기를 북돋아줄 통로를 제공해줄 것인지 조용히 여쭈어보라. 모든 질문에 대답을 해야 한다거나, 제시된 모든 행동을 다 실천해야 한다는 중압감을 갖지 말라. 성령께 귀를 기울이고 그분의 인도하심을 따르라.

■ 생각하기(Think)
로마서 12장 2절, 특히 뒤의 열네 어절에 초점을 맞추어 천천히 읽으라.

■ 묵상하기(Reflect)
당신은 하나님의 일을 행한다고 생각할 때 어떤 생각이 드는가? '어렵다', '고통스럽다', '불쾌하다'와 같은 말들에 무게가 실리는가, 아니면 당신은 그분의 뜻이 '좋은 것', '기쁜 것', 그리고 '당신의 유익과 기쁨을 위해 특별히 마련된 것'으로 보이는가? 왜 그런가?

■ 이해하기(Understand)
당신이 그리스도와 동행하는 믿음의 길 가운데 어디에서 그리고 어떤 것이 가장 큰 갈등을 일으키는가? 어떤 습관, 죄, 혹은 실패가 당신과 그리스도와의 관계를 방해하는가?

■ **위탁하기**(Surrender)

당신의 삶을 향한 그분의 선하고 기쁘신 뜻에 당신의 눈과 마음을 열게 해달라고 요청하라.

■ **행동하기**(Take Action)

로마서 12장 2절에 관한 12분짜리 비디오 파일인 '당신의 삶을 향한 하나님의 가장 좋은 것을 얻는 방법(How to Get God's Best for Your Life)'을 시청하라. LivingontheEdge.org/r12를 방문하라.

■ **동기 부여**(Motivation)

다음의 기도문을 종이에 적은 다음 거울에 붙이라. "아버지 하나님, 이 세상이 저를 자기 형상대로 빚어내지 못하게 하시고, 제가 당신의 말씀을 묵상하고 제 삶에 적용할 때 저를 안으로부터 변화시켜주십시오."

■ **격려하기**(Encourage someone)

그리스도를 알고는 있지만 그분과 동행하고 있지 않는 누군가에게 짧은 쪽지를 보내라. 당신이 그들에게 관심을 갖고 있고, 그들을 위해 기도하고 있음을 알려주라.

7장
그리스도인으로서 사는 것이 왜 이렇게 힘이 드는가?

"사람이 만일 온 천하를 얻고도
자기를 잃든지 빼앗기든지 하면 무엇이 유익하리요."[1]

– 나사렛 예수

많은 그리스도인들은 왜 그리스도인으로서 사는 것이 그렇게 힘들고 어려운지 전혀 알지 못한다. 우리는 앞장에서 모든 성도들이 날마다 부딪히는 전투에 관해 이야기했다. 그러나 만일 그 전투가 어떤 것이고, 당신이 마주하고 있는 대적이 누구이며 그리고 그 전투가 벌어지고 있는 곳이 어디인지를 이해하지 못한다면 당신은 영적으로 패배하고, 낙심하고 결국 절망하고 말 것이다. 나는 대부분의 그리스도인들이 그리스도를 따르기 원한다고 믿는다. 그런데 한 가지 문제가 있다. 우리는 우리의 영적 건강에 해가 되는 환경 가운데 살고 있다는 것이다. 이 유독한 환경을 구성하는 것은 각각 누구, 어디 그리고 무엇이다.

당신의 대적을 바로 알라

위에서 말한 '누구'는 바로 사탄이다. 그는 이 악하고 해로운 환경을 만든 장본인이다. 그의 원래 이름은 루시퍼였다. 그는 하나님이 창조하신 모든 피조물 가운데 가장 아름답고 총명한 자였다. 성경은 사탄의 죄가 자신의 교만과 뛰어난 아름다움에 치우친 것이라고 말씀한다. 이 때문에 그는 만물의 통치자요 임금이신 하나님의 자리를 넘보게 되었다. 이 이야기는 이사야 14장과 에스겔 28장에 간략하게 기술되어 있다. 사탄은 천사들의 3분의 1을 이끌고 하나님께 영적인 반역을 일으켰다. 그는 악을 만들었으며, 그의 반역에 동참한 천사들은 '귀신' '권세자들' '어둠의 세력들'로 성경에 언급되고 있다.

사탄의 목표에 대해 예수님은 "도둑이 오는 것은 도둑질하고 죽이고 멸망시키려는 것뿐"(요 10:10)이라고 분명히 규정하고 계신다. 그리스도의 제자인 당신에게 영적 대적이 있다는 사실을 깨닫는 것은 매우 중요하다. 사도 바울이 에베소서에서 동일한 경고를 했다.

> "우리의 씨름은 혈과 육을 상대하는 것이 아니요 통치자들과 권세들과 이 어둠의 세상 주관자들과 하늘에 있는 악의 영들을 상대함이라."
>
> – 에베소서 6:12

당신은 영적 전투 가운데 있으며 그 위험성은 매우 높다. 당신의 적은 당신의 삶과 인간관계들과 예수 그리스도에 대한 증거를 무너뜨리는 것에 그 목표를 두고 있다.

세상이 매일 당신에게 하는 말이 무엇인지 인식하라

그러나 당신은 단순히 당신의 대적이 누구인가를 넘어, 그가 어디에서 그리고 어떻게 활동하는지를 이해해야 한다. 사탄이 활동하는 곳은 이른바 '세상(the world)', 혹은 흔히들 세상 질서(the world system)라고 부르는 곳이다. 헬라어 코스모스(cosmos, 롬 12:2에서 사용됨)는 당신의 눈에 보이는 물리적인 세계를 가리키는 것이 아니라, 영적인 세상 질서를 가리킨다. 이 세상 질서는 당신의 마음을 하나님께로부터 멀어지도록 꼬드기고, 다른 사람들과의 관계를 무너뜨리며, 또한 당신의 마음을 정죄하게 만들고, 하늘 아버지와의 교제를 부서지게 만드는 죄로 인도한다.

이 세상 질서는 성경에서 육신의 정욕, 안목의 정욕 그리고 이생의 자랑이라고 규정되어 있다(요일 2:15-17). 다음 장에서는 이 세상 질서가 정확하게 무엇이며, 그것이 어떻게 당신의 생각을 왜곡시키고, 당신의 눈을 가리며, 당신의 영혼을 유혹하는지 살펴볼 것이다. 그렇지만 세상 질서가 무엇인지 조사하기에 앞서, 당신의 영적 싸움의 누구(사탄)와 어디(세상 질서)라는 문제뿐 아니라 그것이 무엇에 관한 것인지에 대해서도 이해할 필요가 있다.

당신 안에서 진행되고 있는 전투를 인식하라

'무엇'에 대해 성경은 '육체(the flesh)'라고, 혹은 어떤 번역본에서는 우리의 '옛 자아' 혹은 '옛 사람'이라고 말하고 있다. 많은 그리스도인들은 그리스도를 알게 된 이후에도 여전히 자기 자신이 옛 죄악들과 그리고 습관적으로 반복되는 죄와 씨름하게 되는 것을 보면서 혼란을 일으키고 또한 실망한다. 만일 우리가 죄사함을 받고 그리스도 안에서 새로운 피조물이 되었다면, 왜 우리는 여전히 옛날의 삶의 방식들과 갈등을 빚고 그곳으로 되돌아가는 것인가? 더 중요한 것은, 그런 일이 일어날 때 우리는 무엇을 할 수 있는가? 이런 질문에 답하기 위해서는 우리가 그리스도를 의지할 때 정확히 어떤 일이 일어나며, 어떤 장애물들이 여전히 남아 있는 것인지를 분명하게 깨달아야 한다.

당신이 예수 그리스도를 구세주로 믿을 때 당신의 삶 가운데 많은 중대한 일들이 일어난다.

- 당신의 모든 죄는 즉시 용서받았다.
- 예수 그리스도의 의가 당신에게 전가되었다.
- 당신은 하나님의 가족이 되었다.
- 당신은 어둠의 나라에서 옮기워 빛의 나라로 들어갔다.
- 성령이 당신의 육신의 몸 안으로 들어오셨다.
- 당신은 오직 십자가와 부활이라는 예수 그리스도의 사역을 통하여 당신에게 베푸신 하나님의 은혜로 말미암아 살아 계신 하나님의 아들 혹은 딸이 되었다.

이 영원하고 영적인 결과는 당신이 예수 그리스도의 복음이라는 기쁜 소식을 듣고 믿음으로 구원의 선물을 받아들였을 때 일어났다. 성경은 이것을 '거듭남' 혹은 '위로부터' 난 것이라고 설명한다. 사도 바울은 이 결과를 그리스도의 피라는 값을 주고 하나님이 당신을 다시 사신 구속 사역으로 묘사한다(고전 6:19-20). 그 결과, 당신은 지금 하나님이 주신 네 가지 엄청난 선물을 소유하게 되는 것이다.

- 당신은 이제 하나님의 아들 혹은 딸이다.
- 당신은 하나님과 화목해졌다.
- 성령이 당신을 영원히 인치시고 당신 안에서 영원히 거하신다.
- 죄의 형벌은 용서되었고, 죄의 능력은 부서졌다.

많은 성도들이 이해하지 못하는 것은 모든 성도가 아직도 죄를 지을 가능성을 갖고 있다는 것이다. 비록 우리의 죄가 용서받았고 우리는 이제 유혹을 이길 힘을 갖고 있지만, 그럼에도 우리는 영원히 죄와 싸울 것이다. 왜냐하면 우리는 아직도 성경이 '육체'라고 말하는 것을 갖고 있기 때문이다. 이것은 이전의 생활과 이전의 방법들을 향해, 그리고 하나님이 우리 삶에 대해 정하신 규칙에서 벗어나 살고자 하는 욕망을 향해 기울어져 있는 모든 하나님의 자녀들 안에 잠재하고 있는 것이다. 이것은 내가 앞에서 언급한 바 있다. 사도 바울은 이 싸움을 갈라디아서 5장 17절에서 이렇게 요약한다.

> 모든 성도는 아직도 죄를 지을 가능성을 갖고 있다.

"육체의 소욕은 성령을 거스르고 성령은 육체를 거스르나니 이 둘이 서로 대적함으로 너희가 원하는 것을 하지 못하게 하려 함이니라."

이 두 힘은 서로 끊임없이 대적하며, 당신의 선택은 이 갈등에서 절대 자유로울 수 없다. 그래서 당신이 보다시피, 그리스도의 진정한 제자들은 적대적이고 해로운 환경 가운데서 그분을 따르는 것이다. 사탄은 자신이 만들어낸 세상의 질서를 이용하여 하나님의 자녀들이 자신의 육체의 소욕을 따라 스스로 멸망에 빠지도록 유혹하기 위해 거짓말하고 속인다. 안타깝게도 대부분의 그리스도인들은 자신이 부딪히고 있는 싸움이나 자신이 대면하고 있는 대적, 혹은 하나님이 이 세상 질서의 유혹과 기만을 이겨내도록 제공해주신 수단들을 깨닫지 못하고 있다. 그 결과, 대부분의 그리스도인들은 비록 성실하기는 하지만, 이중적이고 타협하는 삶을 살고 있는 자신을 발견하게 되는 것이다.

> 이 두 힘은 끊임없이 서로 대적하며, 당신의 선택은 이 갈등에서 절대 자유로울 수 없다.

대부분의 성도들은 신약의 계명들에 순종하고 예수님의 삶을 본받으려고 온갖 노력을 기울이지만 결국 실패하고 낙심하게 된다. 올바른 일을 하기 위해 힘써 노력하고 종교적인 행위를 수행하는 것은 유혹을 이기고 세상 질서의 속임수를 이기는 데 효과적이지 못한 수단이다. 나는 지난 25년간의 목회 생활 속에서 죄책감과 수치심으로 뒤엉킨 내적 삶을 살고 있는 그리스도의 제자들을 얼마나 자주 만나보았는지 이루 말할 수가 없다. 대부분의 사람들은 몇 년 동안의 자기 노력과 영적 실패 후 그들의 생활 방식이 믿지 않는 친구들과 별다른 차이를 드러내지 못하는 가운데, 예수님을 믿는 믿음에 대해 피상적인 인식을 갖게 된다. 이 문제는 새로운 것이 아니다. 그것은 초대 교회에서도 마찬가지로 성행하던 문제였다. 하나님이 이 딜레마에 대한 해답을 로마서 12장 2절에서 제공하신 것이 바로 이런 이유에서이다.

"너희는 이 세대를 본받지 말고 오직 마음을 새롭게 함으로 변화를 받아 하나님의 선하시고 기뻐하시고 온전하신 뜻이 무엇인지 분별하도록 하라."

우리는 로마서 12장 1절에서 하나님이 가장 원하시는 것을 드리는 방법에 대해 배웠다. 그것은 우리 자신을 그분께 위탁하는 것이다. 이 헌신은(대부분의 사람들에게) 구원 이후에 우리 삶의 어느 특정한 순간에 일어난다. 우리는 예수님을 우리의 모든 존재와 모든 소유의 주님이시라고 선언한다. 이렇게 주님의 주인 되심을 선언하는 사건에는 하나의 과정이 뒤따르게 된다. 이 과정은 로마서 12장 2절에 그 윤곽이 제시되어 있다. 이 과정은 두 개의 명령과 하나의 목적절을 특징으로 한다는 것에 주목하라.

두 개의 명령과 하나의 목적

■ **부정적인 명령: "이 세대를 본받지 말고"**

"본받지 말라(Do not be conformed)"

- 수동태
- 명령형
- 현재 시제

확장된 해석: "이 세상 질서의 영향력과 압력에 의해 여러분의 모양이 빚어지도록 내버려두지 말라."

- **긍정적인 명령: "마음을 새롭게 함으로 변화를 받아"**

"변화를 받아(Be transformed)"

- 수동태
- 명령형
- 현재 시제

확장된 해석: "오직 매순간 온 마음을 다해 성령의 새롭게 하시는 과정에 협력함으로써 하나님이 여러분의 마음속 생각과 겉으로 드러난 행동을 완전히 변화시키시도록 하라."

- **목적절: "하나님의 선하시고 기뻐하시고 온전하신 뜻이 무엇인지 분별하도록 하라"**

확장된 해석: "그럼으로써 우리의 삶(우리의 생활 방식 전체)이 하나님의 뜻이 진정 무엇인지 경험하고 그것을 드러내게 하라. 그 뜻은 선하시고 기뻐하시며 온전하신 것이다."

첫 번째 명령은 부정 명령이다. "더 이상 세상의 틀에 맞추지 말라." 두 번째 명령은 긍정 명령이다. "오직 마음을 새롭게 함으로써 변화되라(안으로부터 변하라)." 목적절은 왜 하나님이 우리가 이 세상 가치관이 유혹하는 거짓 말들과 전쟁을 선언하기 원하시고, 우리가 하나님의 말씀과 하나가 되어 우리의 마음을 새롭게 하기를 원하시는지 그 이유를 드러내준다. "그럼으로써 우리의 삶(우리의 생활 방식 전체)이 선하시고 기뻐하시며 온전하신 하나님의 뜻이 진정 무엇인지 경험하고 드러나게 하는 것이다."

나는 지난 몇 년 동안 여러 가지 중독에 빠져 죄악된 생활 습관에 사로잡힌 동료 그리스도인들을 목격하고 얼마나 마음이 아팠는지 모른다. 그들은 자신의 기쁨을 빼앗기고, 직장을 잃고, 가정이 파괴되고, 욕망의 죄수가 되었다. 그들은 사탄이 어떻게 세상 질서를 이용하여 그들의 사고방식에 영향을 끼쳐 하나님과의 관계를 무너뜨리고, 그분과의 친밀함을 무너뜨리는지 깨닫지 못했다. 만일 그들이 로마서 12장 2절을 적용하는 법을 알고만 있었다면, 그들의 삶은 전혀 달라졌을 것이다. 그러니 이제 이 말씀을 좀 더 자세히 살펴보도록 하자.

"본받지 말라"는 말에서 동사는 수동태, 즉 주어가 행동을 받는 것을 가리키는 상태로 되어 있어서, 세상이 능동적으로 우리의 모양을 빚어내고 있음을 가리킨다. 이 문장에는 또한 명령형이 포함되어 있다. 명령형이란 명령, 금지를 가리키는 것으로 우리의 의지로 해야 하는 것을 말한다. 마지막으로 이 동사는 현재 시제로 되어 있다. 이는 금지되는 상태가 현재 교회 안에서 실제로 일어나고 있음을 말한다. 이런 문법 강의는 몇 가지 흥미로운 결과를 제공해준다. 이 구절을 내가 확장하여 해석한 내용은 이런 문법적 통찰을 드러내준다.

> 당신은 우리가 살고 있는 이 세상의 영향력과 압력에 의해 모양이 빚어지도록 내버려두는 일을 멈추라. 사탄이 매혹적이지만 결국에는 실망과 실패와 암울함만을 가져다주고 당신을 죄의 종으로 삼고 마는 세상 질서를 통하여 당신을 속이고, 당신을 꾀고, 당신을 이용해먹고, 당신을 놀리고, 당신에게 생명과 사랑과 능력을 주겠다고 약속하도록 허락하지 말라.

당신은 그리스도의 제자로서 얼마나 오랫동안 성(性), 연봉 그리고 지위가 우리를 '훌륭한 사람'으로 만든다는 거짓말에 속아넘어갈 것인가? 어느 때에야 거짓 휘장을 벗어버리고 하나님을 떠난 쾌락과 소유와 지위는 결코 당신 영혼의 깊은 갈망을 채워줄 수 없다는 사실을 깨닫겠는가?

나는 앞장에서 이 영역에 대한 나의 갈등과 믿음의 여정을 이야기했다. 비록 나는 하나님의 참된 자녀였지만 나의 생각은 탐욕이 지배하고 있었다. 나의 생각과 행동은 성적인 만족과 스타 플레이어로서의 인기가 영원한 행복과 만족을 가져다줄 것이라는 거짓된 믿음에 뿌리내리고 있었다. 나는 나를 우상으로 섬기고 있었고, 이성을 진정한 사랑과 깊은 관계를 위한 기회가 아니라 자기만족을 위한 수단으로 이용했다. 더욱이 농구는 대학에서 치러지는 하나의 경기 그 이상이었다. 그것은 다른 사람들의 눈에 비치는 나의 지위를 얻으려는 시도였고, 나의 실력을 통해 내가 중요하고 주목받을 만한 가치가 있는 존재임을 입증하는 것이었다. 나는 삶을 내가 어떻게 보이는지, 어떻게 행동하는지, 누구에게 깊은 인상을 심어줄 수 있는지, 내가 원하는 것을 어떻게 얻을지에 쏟아부었다.

나의 입술과 나의 삶은 두 개의 서로 다른 이야기를 하고 있었다. 그리고 가장 솔직한 순간에 죄책감과 이중성이 나를 짓눌렀다. 나는 이런 이중적인 삶을 사는 가운데 계속해서 바삐 움직이면서 성령의 확신을 짓눌러야 했다. 속으로의 나는 비참했고, 겉으로의 나는 십자가 위에서 나를 위해 자기 생명을 바치신 그분의 이름을 잘못 드러낸 채 더럽히고 있었다. 되돌아보면 모든 것이 분명하지만, 그 당시에는 왜 그리스도인의 삶이 그렇게 힘들고, 놀라움과 충만한 기쁨으로 시작했으나 대부분은 패배하고 마는 형편없는 싸움으로 변하고 말았는지 그 이유를 정말 몰랐다.

그리스도인 되기

당신은 어떤가? 당신은 그 싸움을 어떻게 수행하고 있는가? 당신은 자신의 삶 가운데 어떤 이중성을 보고 있는가? 당신은 하던 일을 멈추고 어쩌면 자신의 삶을 향한 하나님의 가장 좋은 것을 놓치고 있지 않은지 생각해본 적이 있는가? 당신은 변하고 싶은가? 이 세상 질서가 정확히 어떤 것인지 그리고 그것이 주님을 향한 당신의 마음과 애정을 훔치는 일에 왜 그토록 강력한지 그 이유를 알고 싶은가?

바로 그것이 앞으로 다룰 내용이다. 다음 장에서는 이 '세상 질서'가 정확히 어떤 것이며, 그것이 당신과 나의 삶 가운데 날마다 어떻게 작용하는지 탐구할 것이다.

■ **생각하기**(Think)

이 장에서 새롭게 깨달은 것은 무엇인가?

■ **묵상하기**(Reflect)

그리스도인으로서 사는 것은 왜 그렇게 어려운가? 당신의 대적이 세상 질서 안에서 사용하는 구체적인 전략들 가운데 당신에게 가장 커다란 유혹이 되는 것은 무엇인가?

■ **이해하기**(Understand)

당신이 그리스도와 동행하는 믿음의 길 가운데 어디에서 그리고 어떤 것이 가장 큰 갈등을 일으키는가? 어떤 습관, 죄, 혹은 실패가 당신과 그리스도와의 관계를 방해하는가?

■ **위탁하기**(Surrender)

당신이 현재 가장 크게 갈등하고 있는 삶의 분야를 하나님께 솔직하게 말씀드리라. 그리고 조용히 자리에 앉아 누구든 혹은 무엇이든 현재 당신과 그리스도와의 관계를 가로막고 있는 것은 모두 드러나게 해달라고 기도하고 귀를 기울이라.

■ **행동하기**(Take Action)

당신이 기도하고 귀 기울일 때 하나님이 밝혀주시는 모든 것을 그대로 실행하라. 하나님께 용서를 구하고 요한일서 1장 9절 말씀을 주장하라.

■ **동기 부여**(Motivation)

LivingontheEdge.org/r12에서 로마서 12장 2절에 대한 '당신의 삶을 향한 하나님의 가장 좋은 것을 얻는 방법(How to Get God's Best for Your Life)' 설교 전체를 들으라.

■ **격려하기**(Encourage someone)

영적으로 고민하고 있는 누군가를 집에서의 저녁 식사나 성경 공부, 혹은 '가볍게' 커피 한 잔 마시자고 초대하라.

8장
당신의 사랑은 신실한가?

"그 때에 예수께서 성령에게 이끌리어 마귀에게 시험을 받으러 광야로 가사
사십 일을 밤낮으로 금식하신 후에 주리신지라
시험하는 자가 예수께 나아와서 이르되
네가 만일 하나님의 아들이어든 명하여 이 돌들로 떡덩이가 되게 하라."[1]

– 예수님의 시험

데이빗(가명)은 너무나 큰 충격을 받았다. 지난 24시간 동안 있었던 이야기를 들려주면서 그의 안색은 하얗게 변했다. 자기 아내가 부정을 저질렀다는 사실을 알게 되었다고 고백하는 그의 두 뺨에는 눈물이 흘러내렸다. 전날 밤, 지역 경찰관이 인적이 드문 곳에 불이 꺼진 채 세워져 있는 밴 한 대를 발견했다. 경찰이 현장을 조사한 결과 데이빗의 아내가 밴 뒷자리에서 다른 남자와 정사를 벌이고 있었던 사실이 드러났다. 그의 감정은 분노에서 당혹감으로 그리고 다시 강한 부정으로 걷잡을 수 없이 흘렀다. 목회자로서 수많은 문제들을 다루어보았지만, 자신의 배우자가 간통을 저질렀다는 사실을 알게 되었을 때 당사자가 받는 아픔과 참혹함에 비교할 수 있는 것은

그리 많지 않다.

부정은 안 돼!

내가 이 이야기를 들려준 것은 다른 사람들과의 관계에서 배신을 당했을 때 사람들의 마음에 일어나는 감정의 깊이와 고통과 거절의 수준이 어느 정도인지 당신이 공감해주기를 바라는 마음에서이다. 불륜은 관계를 무너뜨린다. 불륜은 신뢰를 부순다. 사람 사이의 관계에서 어느 한 사람이 상대방이 모르게 이중적인 생활을 하고 있으면서 그에게 신실한 척할 때 어떤 관계도 지속될 수 없다. 우리는 배우자의 수많은 불완전함은 얼마든지 참을 수 있지만, 분명히 선을 긋고 '다른 사람을 사랑하는 것은 안 돼!' 라고 말하는 영역이 존재한다.

이것이 본질적으로 로마서 12장에서 하나님이 취하신 입장이다. "이 세대를 본받지 말고…"는 하나님과 우리의 관계가 건강해지기 위한 하나님의 선언이다. 그분은 '다른 애인'은 용납하지 않으신다. '이 세대' 혹은 코스모스(cosmos)는 물리적 세상을 가리키는 것이 아니라, 세계관 혹은 세상 질서를 가리키는 것으로 그것의 설계자는 사탄이다. 하나님이 우리에게 '본받지 말라', 혹은 세상의 가치관이 우리를 그 틀에 넣고 짓누르게 하지 말라고 명령하시는 것은 영적 신실함에 대한 명령이다. 하나님은 구약에서 여러 차례 하나님을 떠나 우상을 섬긴 자기 백성을 영적으로 간음한 자로 부르셨다. 이 구절에서 사도 바울은 '세상'이라는 말을 사용하여 동일한 것을 강조하고 있는데, 그 말은 바울의 편지를 받은 1세기 독자들과 우리 모두에게 중요한 의미를 담고 있다.

하나님은 '세상'을 어떻게 규정하시는가?

'세상'이란 정확히 무엇인가? 그것은 무엇으로 이루어졌는가? 어떻게 그것이 우리의 삶을 틀에 넣어 빚어내고 영향을 끼치는 능력을 갖는가? 어떻게 그리스도의 신실한 제자들이 '세상'과 그 가치관에 미혹을 받아 영적 간음을 저지를 수 있는가? 우리는 어떻게 해야 세상에 미혹되었을 때 개인과 관계 모두에 나타나는 파괴적인 결과를 피할 수 있는가? 이 장에서는 이 질문들에 대한 답을 찾아볼 것이다.

때때로 성경의 가장 훌륭한 주석은 성경 그 자체일 때가 있다. 바꾸어 말하면, 여기서 말하는 세상이라는 구절에 대해 성경 다른 곳에서 그 구절의 의미를 구체적으로 설명하고 있다는 것이다. 요한일서 2장 15-17절이 바로 그 구절이다.

> "이 **세상**이나 **세상**에 있는 것들을 **사랑**하지 말라 누구든지 **세상**을 **사랑**하면 아버지의 **사랑**이 그 안에 있지 아니하니 이는 **세상**에 있는 모든 것이 육신의 정욕과 안목의 정욕과 이생의 자랑이니 다 아버지께로부터 온 것이 아니요 **세상**으로부터 온 것이라 이 **세상**도, 그 정욕도 지나가되 오직 하나님의 뜻을 행하는 자는 영원히 거하느니라."

이 세 개의 절에서 사랑이라는 낱말이 몇 번이나 나왔는지 주목하라. 당신이 빨리 알아보도록 그 말은 굵은 글씨체를 사용했다. 이 말씀은 사랑에 관한 것이며, 또한 관계에 관한 것이다. 그리고 당신이 이 본문의 주제는 우리의 사랑이 세상과 그것이 제공하는 모든 것과 또한 하나님과 그분이 제공하시는 모든 것이라는 둘 사이에서 벌이고 있는 경쟁임을 볼 수 있게 하려고 세상이라는 말을 강조했다. '세상에 있는 모든 것' 뒤에는 세상 질서 혹은 세상의 가치관을 구성하는 세 가지 구체적인 내용이 등장한다. 그것은 육신의 정욕, 안목의 정욕 그리고 이생의 자랑이다. 이 말은 우리가 일상에서 매일 사용하는 용어가 아니므로 당신이 알기 쉽게 풀이하면 다음과 같다.

- 육신의 정욕 = '느끼고자' 하는 욕망 – 이것은 쾌락주의이다.
- 안목의 정욕 = '갖고자' 하는 욕망 – 이것은 물질주의이다.
- 이생의 자랑 = '되고자' 하는 욕망 – 이것은 이기주의와 자기중심주의이다.[2]

세상의 질서와 그 가치관들은 이 세 가지 욕망 가운데 분명히 표현되어 있다. 그것들은 우리에게 의미와 안전 그리고 행복을 주겠다고 약속하는 쾌락과 소유와 지위를 얻고자 하는 과잉된 욕망들이다. 모든 상업용 카피와 거의 대부분의 광고들이 이면에 담고 있는 메시지는 이런 욕망들 가운데 하나를 이용하려 한다. 육신의 정욕은 섹스와 관련된 것이다. 이것은 감각적 쾌락을 가져다줄 어떤 것을 통해 우리의 욕구를 채우는 것과 관련되어 있지만, 그것은 결코 채울 수 없는 더 많은 것에 대한 욕구를 함께 가져온다. 안목의 정욕은 봉급과 돈이 가져다줄 수 있는 권력과 통제에 관한 것이다. 이생의 자랑은 지위와 우월감에 관한 것이다. 이것은 우리가 얼마나 가치 있는 인물이며, 높은 지위를 갖고 있고, 중요한 사람인지를 말해주는 눈에 보이는 증거들을 얻거나 획득하는 것과 관련되어 있다.

좋은 것을 나쁜 방법으로

그러나 이러한 세상의 가치관들은 하나님이 우리 인간에게 주신 적법한 욕구와 열망에 뿌리를 두고 있음을 조심스럽게 인식하기 바란다. 먹을 것에 대한 욕구, 성에 대한 갈망, 여가와 오락은 모두 중요한 의미를 가지며, 악한 것으로 여겨서는 안 된다. 그러나 세상의 질서는 당신에게 좋은 것을 주되 나쁜 방식으로 혹은 나쁜 시간에 주려고 한다.

예를 들어, 섹스는 하나님이 결혼한 두 사람을 위해 창조하신 선물이다. 그것은 즐거움과 출산 그리고 자기 배우자를 향한 사랑과 헌신을 열정적으로 상호 소통하는 수단으로써 주어진 것이다. 그렇지만 바로 그 성에 대한 적법한 욕구가 결혼이라는 테두리 밖에서 일어나면 그 자체가 수단이 아니라 목적이 된다. 우리는 완전히 성에 물들어버린 사회 안에서 살고 있다. 슈퍼마켓 계산대 옆에 놓인 낯 뜨거운 사진이 실린 잡지이든, 당신으로 하여금 섹시하게 보이고 섹시함을 느껴야 한다고 강요하는 물품이든, 혹은 컴퓨터 화면에 짜증나게 떠오르는 성인 사이트 광고 팝업창이든, 성이야말로 이 세상의 생각과 태도와 행동을 지배하고 있다. 그리스도인들이라고 해도 하루에도 수백 번 이상 공습을 가하는 성적인 메시지의 유혹과 손짓으로부터 면역력을 갖고 있는 것은 분명 아니다. 하나님은 성행위가 충족감을 가져다 준다고 약속하는 거짓된 가치관들이 당신의 마음과 생각을 얻기 위해 직접적인 경쟁을 벌이고 있다고 경고하신다.

마찬가지 방식으로, 우리가 살아가는 데 필요한 것들을 얻고 소유하는 것은 분명 잘못된 일이 아니다. 집이나 자동차를 소유하거나 은행에 돈을 저금해놓는 것은 잘못이 아니다. 그러나 안목의 정욕이란 우리의 가치를 입증하고, 안전감을 제공하며, 주위 사람들에게 좋은 인상을 주기 위한 노력으로 더 많은 것, 더 큰 것, 더 좋은 것을 소유하려는 욕심이다.

안목의 정욕은 일중독과 쇼핑 중독을 일으킨다. 바로 이 세속적인 욕망이 오늘날 많은 그리스도인들이 부담을 진 채 살아가고 있는 막대한 개인 부채와 재정적 압박의 원인이다. 이 모든 것은 우리의 마음이 다른 애인, 곧 다른 신인 돈에 미혹되어 있다는 사실을 보여주는 표시다. 당신은 필요하지도 않은 물건들을 구입하기 위해, 알지도 못하는 사람들에게 좋은 인상을 주기 위해, 자신의 건강과 가족과 영적 성장을 희생하면서까지 과도하게 일하는 사람들을 얼마나 많이 알고 있는가?

세상 질서 가운데서 세 번째로 미혹하는 것은 이생의 자랑이다. 이것은 '되고자' 하는 욕망이다. 중요하고, 의미 있고, 유명하고, 앞서고, 특별한 대접을 받고, 남들보다 훌륭하게 보이고 싶은 것이다. 이것은 당신의 자아와 욕구를 우주의 중심으로 삼는다. 일등이 되고, 출세하고, 경쟁자를 물리치고, 세상에 자신의 우월함을 보여주고자 하는 이 욕망은 청소년 스포츠에서부터 지상에서 가장 높은 지위에 이르기까지 어느 곳에서나 나타난다.

사람들은 영향력을 발휘하고, 권력을 휘두르고, 인기를 얻는 자리를 차지하기 위해서 거짓말을 하고, 모함하고, 뇌물을 제공하는 것을 비롯해 거의 모든 일을 한다. 그것이 TV 프로그램에서 방영되는 리얼쇼이든, 국회의 상원 의석을 차지하기 위해 하는 노력이든 우리 자신의 영광을 위해 물불을 가리지 않는 욕망은 예수 그리스도와의 관계를 폐허로 만든다.

하나님은 흐릿한 어조로 말씀하지 않으셨다. "나는 여호와이니 이는 내 이름이라 나는 내 영광을 다른 자에게, 내 찬송을 우상에게 주지 아니하리라"(사 42:8). 우리는 우리의 일과 가족과 사역과 스포츠와 인간관계들을 순수한 동기를 가지고 시작하지만, 점점 시간이 지나면서 그것들이 '우리의 전부'가 되게 한다. 이것이 바로 세상 질서가 당신과 나 같은 사람들에게 작용하는 방식이다.

성, 연봉 그리고 지위… 당신의 문 앞에 있다

나는 이런 세 가지 세속적인 가치가 다양한 방식으로 묘사된 것을 많이 들어보았다. 그러나 당신이 다음에 제시된 도표를 보면서 놓치지 말아야 할 것은, 이렇게 과도한 욕망들이 TV와 영화, 광고, 패션, 잡지 그리고 대중문화를 통하여 날마다 전 세계에 펼쳐지고 있다는 사실이다. 그것들은 당신의 마음을 그리스도에게서 빼앗기 위하여 전략적으로 설계되었다. 사탄은 이 타락한 세상 가운데서 당신의 육체에 흥미를 불러일으키고, 또한 느끼고 소유하고 되고자 하는 갈망과 적법한 욕구를 충족시키라고 부추기는 일련의 가치관들을 만들어냈는데, 그것은 결국 하나님으로부터 당신을 완전히 멀어지게 만든다. 다음의 도표를 보면서 세 가지 세속적인 가치 가운데 당신이 어느 것에 가장 취약한지 보여달라고 성령께 요청하라.

	세상의 욕망		세상의 유혹	
'느끼고 싶다'	성	쾌락	여성/남성	음식
'갖고 싶다'	봉급	소유물	황금	재산
'되고 싶다'	지위	자리	영광	명성

　50년 전에는 그리스도인들이 이러한 목록들 가운데 몇 가지 죄악에 대하여 다양한 설교를 통해 정기적으로 들었었다. 그러나 지금 우리가 처한 이런 상태는 옛 근본주의 운동에 빠진 근본주의자들의 잔재를 떨쳐내고 '문화적 시류'에 맞춰나가기 위한 노력으로 말미암은 것이다. 근본주의에서 강조하는 것들은 하나님이 제정하신 쾌락과 성적 친밀함이 주는 매력, 그리고 건강한 청지기 직분과 소유의 즐거움이 갖는 역할을 정죄함으로써 '중요한 것을 쓸모없는 것과 함께 버리는' 우를 종종 범했다. 나는 '규칙'은 높고 '즐거움'은 낮은 기독교에 대한 반발 때문에 지금의 그리스도인들이 성, 봉급 그리고 지위야말로 충만하고 행복한 삶의 진정한 열쇠라고 확신하는 세대가 되어가는 것은 아닌지 걱정이 든다.

　최근의 연구 조사에 의하면, 보통의 성도들은 그리스도 밖에 있는 사람들과 한눈에 알아볼 수 있을 정도로 다른 방식으로 살지 않는다. 세상 문화가 약속하는 열정적인 섹스, 커다란 집, 훌륭한 직업 그리고 신분 상승은 그리스도의 이름을 부른다고 주장하는 사람들 사이에 유례없는 이혼율, 재정 파탄, 버림받은 아이들 그리고 광범위한 우울증이라는 결과를 빚어냈다. 21세기의 교회는 연약하고 또한 세상적이다.

　그리스도인들의 가치관이 전통적인 기독교의 수준에 미치지 못하게 된 이유를 생각해보라. 키네먼(Kinnaman)과 라이언(Lyons)은 그들의 저서 「나

뽄 그리스도인(unChristian, 살림)」에서 다음과 같은 자료를 제시하고 있다. 그들은 거듭난 청장년층(23-41세)과 거듭난 중년층(42세 이상)을 조사했다.

다음 도표의 오른쪽 수치는 왼쪽 항목을 도덕적으로 받아들일 수 있다고 생각하는 사람들의 비율이다.

나이	23-41세	42세 이상
• 동거	59%	33%
• 도박	58%	38%
• 성적인 생각이나 누군가에 대한 상상	57%	35%
• 혼외 정사	44%	23%
• 음란물 보기	33%	19%
• 낙태	32%	27%
• 동성애적 행위	28%	13%

상당한 비율의 그리스도인들이 성경에 어긋나는 견해들을 갖고 있다. 그리고 젊은 그리스도인들이 성경적 가치관에 대해 갖는 시각을 보면 상황이 더 좋아지고 있지 않다고 말할 수 있다. 이것은 그들을 정죄하기 위한 말이 아니라, 애석하고 정신이 번쩍 드는 사실인 것이다.[3]

당신이 진정으로 사랑하는 이는 누구인가?

나와 함께 요한일서 2장 15절을 천천히 주의 깊게 읽어보자. "이 세상이나 세상에 있는 것들(당신의 마음속 가장 깊은 욕망을 충족시키는 수단이 되는 세상적인 가치관)을 사랑하지 말라." 왜 그런가? "누구든지 세상을 사랑하면 아버지의 사랑이 그 안에 있지 아니하니." 이 말이 어떤 의미인지 이해하겠는가? 당신은 누군가를 깊이 사랑해서 당신이 가진 모든 것을 버리고, 그들을 위해 불공평하게 고통을 당하며, 조롱과 멸시 가운데 당신이 사랑하는 그들로부터 배척을 당하고, 마침내 그들을 대신해서 기꺼이 죽는다. 그러나 그들이 다른 애인의 품에 안기는 것을 지켜보며 그들로부터 거부와 배신을 당하게 된다는 것이 어떤 의미인지 조금이라도 이해할 수 있겠는가? 그 애인이 바로 사탄이 직접 설계하고 건축한 세상이다.

만일 당신이 혹시라도 내가 너무 지나친 생각을 밀어붙이는 것은 아닌가 하는 마음이 든다면, 예수님의 이복동생인 야고보가 진정한 제자와 이 세상 질서와의 관계에 대해 논의하면서 기록한 말씀을 생각해보라.

> "간음한 여인들아 세상과 벗된 것이 하나님과 원수 됨을 알지 못하느냐 그런즉 누구든지 세상과 벗이 되고자 하는 자는 스스로 하나님과 원수 되는 것이니라 너희는 하나님이 우리 속에 거하게 하신 성령이 시기하기까지 사모한다 하신 말씀을 헛된 줄로 생각하느냐."
>
> — 야고보서 4:4-5

나는 가끔씩 이 구절을 읽을 때마다 교회가 처한 상황에 정말로 눈물을 흘린다. 또 어떤 때는 이 구절을 읽고 나 자신의 마음을 돌아보며 슬퍼한다. 당신도 알다시피, 세상 질서는 어느 곳에서나 작동하고 있다. 당신은 하나님의 일을 행하는 자랑스러운 목회자가 될 수 있지만, 더 큰 집이나 더 큰 기업이 아니라 더 큰 목회가 당신의 '안목의 정욕'이 될 수 있다. '세상적이 되는 것(옛날 사람들이 흔히 말하던 것처럼)'은 겉으로 드러난 행동이나, 무엇은 할 수 있고 무엇은 해서는 안 된다는 규칙이 담긴 목록과 관련된 것이 아니다. '세상적'이라는 말의 중심에는 인생의 가장 깊은 욕구를 채우기 위해 누구를 의지하고 누구를 사랑하는지가 놓여 있다. 이런 식으로 바라보면 무엇이 용납되고 용납되지 않는지에 관한 외부적인 논쟁에 덜 신경을 쓰게 되고, 그보다는 예수님과 내가 맺는 사랑의 관계에 더욱 초점을 맞추게 된다. 당신은 무엇을 바라보는가? 당신은 어떻게 지내고 있는가? 세상 질서가 당신의 마음을 앗아갔는가? 당신은 어떻게 바뀌었는가? 그 대답은 무엇인가?

나는 개인적으로 우리가 가진 세속성은 대부분 진정한 문제에 대한 전적인 오해라고 확신한다. 자신의 실제 행동이 문제라고 생각하기 때문에 거듭 반복되는 죄의 순환에 빠진 사람들이 너무 많다. 행동은 거의 언제나 겉으로 드러난 증상일 뿐이다. 진짜 문제는 훨씬 더 깊은 곳에 있다.

> '세상적'이라는 말의 중심에는 인생의 가장 깊은 욕구를 채우기 위해 누구를 의지하고 누구를 사랑하는지가 놓여 있다.

만일 다른 연인의 품으로 달려가는 것에 대해 깊이 슬퍼하고, 이것이 우리를 사랑하시고 우리에게 가장 좋은 것을 주기 원하시는 하나님을 얼마나 마음 아프게 만드는지 깨닫기 시작한다면 그리스도인처럼 사는 그리스도인들을 훨씬 더 많이 보게 될 것이다.

나는 우리가 죄 가운데서조차 '우리 중심의 것'으로 만드는 방법을 찾고 있다는 사실에 놀랐다. 나의 죄, 나의 문제, 나의 행동, 나의 중독, 나의 갈등, 나의 힘든 배경 등은 모두 우리 자신에게 초점을 맞춘 말과 표현이다. "이 세상이나 세상에 있는 것들을 사랑하지 말라. 그것은 육신의 정욕과 안목의 정욕과 이생의 자랑이다." 왜 그런가? 그것은 왜냐하면 우리가 세상을 사랑하는 것은 영적으로 간음을 저지르는 것이기 때문이다. 그것은 신뢰를 무너뜨리고, 우리 자신과 다른 사람을 파괴하는 것이다. 그러나 무엇보다도 우리가 세상을 사랑할 때 하늘에 계신 우리 아버지와의 교제를 깨뜨리게 되고, 우리의 마음을 새롭게 하는 대신 우리가 범한 죄의 결과를 받게 된다.

12 그리스도인 되기
참된 영성

당신은 어떻게 이 세상의 가치관과 싸워 승리를 경험하겠는가? 어떻게 세상 문화에 물들지 않고 영적으로 순결을 지킬 수 있겠는가? 어떤 죄에 깊이 안주하고 있다면 거기서 어떻게 벗어나겠는가? 다음 장에서 함께 이야기해보기로 하자.

■ **생각하기**(Think)

하나님은 이 장의 어느 부분에서 당신에게 말씀하셨는가? 당신의 삶에서 가장 크게 부각되는 한 가지 문제는 무엇인가?

■ **묵상하기**(Reflect)

'세상'을 유혹하는 여자로 볼 때 세상이 주는 매력을 어떻게 다르게 인식할 수 있는가? 죄를 '규칙을 어기는 것'이 아니라 '관계의 문제'로 인식한다면 당신이 죄를 지을 때 어떤 기분이 들겠는가?

■ **이해하기**(Understand)

당신은 세상의 속임수 가운데 어느 것에 가장 취약한가?
- 육신의 정욕
- 안목의 정욕
- 이생의 자랑

■ **위탁하기**(Surrender)

사실에 대한 부인과 합리화에서 벗어나 당신 자신과 하나님께 대하여 단호하게 솔직해질 수 있도록 용기를 달라고 기도하라. 솔직해지고, 자신의 문제를 인정하며, 회개하고, 하나님의 용서를 받으라.

■ **행동하기**(Take Action)

3일이나 5일 혹은 7일 동안 미디어 금식을 하라. TV와 영화, 업무와 관련이 없는 모든 컴퓨터 활동을 멈춘 후 어떤 일이 일어나는지 지켜보라(롬 13:14).

■ **동기 부여**(Motivation)

LivingontheEdge.org/r12에서 삶의 변화라는 기적(The Miracle of Life Change) 시리즈 가운데 '파괴적인 생활 습관에서 벗어나는 방법(How to Break Out of a Destructive Lifestyle)'을 듣거나 읽으라.

■ **격려하기**(Encourage someone)

당신이 생각하기에 도움이 될 만한 사람을 위해 위의 사이트에서 설교나 말씀을 내려받으라.

9장
정신으로 섭취하는 것이 당신의 영혼을 죽일 수 있는가?

> "기록되었으되 사람이 떡으로만 살 것이 아니요
> 하나님의 입으로부터 나오는 모든 말씀으로 살 것이라 하였느니라."[1]
>
> – 나사렛 예수

최근에 한 친구가 자신이 아이들과 함께 시청했다는 다큐멘터리에 관해 이야기를 해주었다. 어떤 사람이 미국에서 가장 유명한 패스트푸드점 가운데 한 곳의 품질을 시험해보기로 했다. 그 계획은 30일 동안 아침, 점심, 저녁 모두 다른 음식은 먹지 않고 오직 패스트푸드만 먹는 것이었다. 그리고 실험을 하기 전과 실험을 마친 뒤에 각각 비만의 정도, 중성 지방의 수치, 체중의 증감 그리고 전체적인 건강 상태를 검사했다.

아쉽게도 그 실험은 30일을 채우지 못했다. 20일 동안 계속해서 패스트푸드만 먹었던 그 남자의 몸이 견디지 못한 것이다. 고당도에 고지방 그리고 기름에 튀기고 가공 처리된 음식은 몸에 독소를 쌓기 시작하여 그는 결국 병원에 입원해야만 했다. 역설적으로 음식의 맛은 매우 좋았지만, 비참하게도 그 사람을 거의 죽음에 이르게 만들었다.

맛은 훌륭하지만 그것이 당신을 죽일 수 있다

때로 훌륭한 맛을 내는 음식이 당신에게 대단히 좋지 않을 수 있다. 그리고 학자들의 연구에 의하면 특정한 음식(설탕과 단것 같은)의 맛은 중독을 일으킬 수 있다고 한다. 그런 음식은 보기에는 좋아 보이고 식욕을 돋구는 냄새에다 맛도 좋지만, 그렇다고 몸에 좋은 것은 아니다. 그런 음식들은 한결같이 쾌락과 즐거움과 재미를 약속하지만(가끔씩 먹는 버거류는 결코 사람을 해치지 않는다), 고칼로리와 고지방 그리고 저영양의 음식들만 계속 제공되는 식단은 말 그대로 당신을 죽일 수도 있다. 누군가 지혜롭게 말한 것처럼, "우리가 먹는 것이 우리 자신이다(We are What we eat)!"

대부분의 그리스도인들은 이런 일이 영적인 면에도 적용된다는 사실을 깨닫지 못하고 있다. 만일 우리의 생각을 세상적인 가치 체계(앞장에서 논의한 육신의 정욕, 안목의 정욕, 이생의 자랑 같은)로 가득 채운다면, 우리는 죽게 될 것이다. 하나님과 우리 자신과 다른 사람들과의 관계가 단절되거나 죽음을 맞이하게 될 것이다. 패스트푸드와 마찬가지로 그런 것들도 맛이 좋고, 겉으로는 좋아 보이며, 근사한 시간을 약속하지만, 오직 죽음만을 가져올 뿐이다. 우리가 하나님이 주시는 가장 좋은 것을 얻고 누리기 위해서는 우리의 식단을 변화시킬 필요가 있다. 우리는 앞에서 두 장에 걸쳐 로마서 12장 2절의 부정적인 명령인 "이 세대를 본받지 말라"에 관해 이야기했다. 이번 장에서는 긍정적인 명령인 "마음을 새롭게 함으로 변화를 받으라"에 대해 살펴볼 것이다.

진정한 변화를 위한 하나님의 해결 방법은 여러 가지 규칙들이 아니다. 하나님의 방법은 단지 우리가 해서는 안 되는 것들에 대한 강조가 아니다. 또한 자기 노력을 통해 영적으로 처신을 잘 하거나, 더욱 도덕적이 되려고 애쓰는 것도 아니다. 실제로 하나님의 방법은 주로 종교적인 활동이나 프로그램과 관련되어 있지 않다. 비록 그런 것들이 올바로 이해되면 나름대로 자기 역할이 있고 유익을 주기는 하지만, 교회에 단지 출석하는 것이나 교회 프로그램들은 그 자체로나 혹은 그 안에 영원한 삶의 변화를 가져올 능력이 없다.

그렇다. 초자연적인 변화는 우리의 영적 식단에 바탕을 두고 있다. 당신 영혼의 싸움터(앞장에서 배운 것처럼)는 당신의 생각 안이다. 사탄은 세상 질서를 이용해 무엇이 당신의 마음속 가장 깊은 욕구들을 만족시키고 채워줄지에 대해 거짓말과 속임수를 통하여 당신의 육체를 미혹한다. 당신의 마음으로 들어가는 입구는 바로 당신의 생각이다. 당신이 매일 내리는 가장 중요한 선택은 당신의 생각에 무엇이 들어가게 하느냐이다! 혹시 내가 지나치게 과장하는 것이라고 생각된다면, 로마서 12장 2절의 긍정적인 명령을 자세히 살펴보라. "너희는 이 세대를 본받지 말고 오직 마음을 새롭게 함으로 변화를 받아." 여기서 동사 '변화를 받다(transformed)'는 헬라어 메타모포시스(metamorphosis)에서 온 것이다. 접두어 메타(meta)는 '함께'를, 그리고 모포시스(morphosis)는 '변화하다'를 의미한다.

메타모포시스: 영적 식단의 결과물

메타모포시스는 안으로부터 일어나는 변화의 과정이다. 모든 사람이 그 빛나는 색상과 화려한 무늬에 감탄하는 아름다운 나비는 처음에는 나뭇가지에서 기어다니는 작은 녹색 벌레였다. 그러다 그 벌레가 누에고치라는 전혀 새로운 환경 속으로 들어간 뒤 얼마 있지 않아 변화의 과정이 시작된다. 그 녹색 벌레는 시간이 지나면서 안으로부터 아름다운 나비로 변한다. 이것이 과학자들이 말하는 메타모포시스, 즉 변태이다. 이 생소한 낱말은 마가복음 9장에서 "예수께서… 그들 앞에서 변형되사"라고 말할 때 사용되었다.

예수님은 가장 가까운 세 제자를 데리고 산으로 올라가셨는데, 그들은 그곳에서 모세와 엘리야를 만나고, 예수님이 하나님의 아들이심을 인증하는 하나님의 음성을 듣게 된다. 본문은 그 사건 가운데서 예수님이 그들 앞에서 "변형되셨다(metamorphosised)"고 말씀한다. 이 말씀은 하늘에서 밝은 빛이 예수님께 비쳤다고 가르치지 않는다. 다만 그분이 자신의 영광과 신성을 베드로와 요한과 야고보에게 드러내시자 해보다 더 밝은 빛이 '그분에게서 나와' 빛났다고 가르친다. 내가 지적하고 싶은 요점은 삶의 변화, 즉 진정한 영적 성숙은 외부적인 자기 노력의 결과가 아니라, 안으로부터 나오는 초자연적인 과정이라는 것이다. 이 과정이 어떻게 진행되는지 더 쉽게 이해하기 위해서 2절의 문법을 자세하게 살펴볼 필요가 있다.

> "너희는 이 세대를 본받지 말고 오직 마음을 새롭게 함으로 변화를 받아 하나님의 선하시고 기뻐하시고 온전하신 뜻이 무엇인지 분별하도록 하라."
>
> — 로마서 12:2

■ 긍정적 명령: "오직 마음을 새롭게 함으로 변화를 받아"

"변화를 받아"

- 수동태
- 명령형
- 현재 시제

　이 동사, "변화를 받아(motamorphosis)"는 수동태이다. 즉, 이 일을 우리의 삶 가운데서 행하시는 이가 하나님이시라는 사실을 가리킨다. 그 동사는 또한 명령형이다. 그래서 우리는 이 변화의 과정 안에서 하나님과 협력해야 할 실제적인 의무가 있다. 그리고 마지막으로 이 동사는 현재 시제로 되어 있어서 계속 진행되는 과정을 가리킨다. 다음에 나오는 풀어쓴 번역은 본문의 문법 구조가 무엇을 가리키는지 가르쳐줄 것이다.

　풀어쓴 번역: "다만 매순간마다 성령의 새롭게 하시는 과정에 전심으로 협력함으로써 하나님이 당신의 내적인 생각과 외적인 행동을 완전히 바꾸시게 하라."

　많은 사람들이 깨닫지 못하고 있는 것이 하나 있는데, 그것은 우리는 항상 우리의 생각 가운데 변하고 있다는 사실이다. 그 변화가 세상의 가치 체계에 의해서이든, 혹은 하나님 말씀의 진리에 의해서이든 말이다. 세상의 가치관은 매일 광고판, 영화, 노래, 비디오 게임, TV 프로그램처럼 삶이란 우리를 중심으로 돌아가는 것이라는 세계관을 한결같이 강요하는 수많은 메시지를 앞세워 우리에게 공습을 가하고 있다. 나의 삶은 내가 얻을 수 있는 것이 무엇인지, 내가 성취할 수 있는 것은 무엇인지, 내가 좋은 인상을 심어주어야 할 사람은 누구인지, 내가 소유할 수 있는 것은 무엇인지, 내가 살 곳은 어디인지, 어떤 차를 몰 것인지, 얼마나 많이 교육을 받을 것인지, 얼마나 많은 돈을 벌 것인지, 내 이름을 알고 있는 사람은 누구인지, 그리고 내가 얼마나 성공했는지를 중심으로 이루어지며, 이런 목록은 끝도 없이 이어진다.

이와 달리 하나님은 하나님의 영, 하나님의 말씀, 본질, 위대한 책들 그리고 동료 성도들 간의 진정한 공동체를 사용하여 우리에게 삶이란 '그분'에 관한 것임을 일깨워주신다. 그리고 그리스도 안의 삶은 내가 줄 수 있는 것은 무엇인지, 내가 사랑할 사람은 누구인지, 하나님은 나를 어떻게 사용하실 수 있는지, 그리고 내가 무엇을 이루었는지, 어디서 사는지, 어떤 차를 운전하는지, 내 이름을 아는 사람들은 누구인지와 상관없이 내가 얼마나 소중하며 있는 그대로 받아들여지고 있는가를 중심으로 이루어진다.

새롭게 함: 영적 변화를 위한 건강 식품

당신과 나는 우리의 마음과 생각을 얻기 위해 끊임없이 벌어지고 있는 쟁탈전 가운데 살고 있다. 의미, 안전감 그리고 소속감 같은 하나님이 주신 우리의 욕구들은 세상을 통해서나 혹은 말씀을 통해서 충족되기 위해 계속해서 어느 쪽으로든 이끌려지고 있다. 왜 대부분의 그리스도인들이 이중적이며 일관성 없는 삶을 사는지에 대한 가장 명료한 해답은 그들이 영적으로 먹는 음식 가운데서 찾을 수 있다. 만일 내가 섭취하는 것이 황금 시간대의 TV 프로그램과 영화, 잡지, 자기 개발 서적, 애정 소설 같은 것들로만 이루어져 있다면 나는 세상이 '나를 중심으로' 돌아가고 있다고 믿게 되고, 내 삶이 내게 '이익이 되도록' 하는 데 필요한 것들을 성취하고, 행하며, 일하려고 할 것이다. 나는 진정으로 거듭나고, 교회에 출석하며, 입으로 하나님을 향한 내 사랑을 표현하고(진심으로), '좋은 그리스도인'이 되겠다는 진지한 의도와 소원을 가질 수는 있지만, 실제 나의 삶은 예수 그리스도와 거의 닮지 않은 모습일 수 있다. 왜 그런가? 그것은 진정한 하나님의 자녀의 변화는 우리가 어떻게 '우리의 마음을 새롭게' 하는지와 전적으로 연관이 있기 때문이다. 그러면 이 말의 의미를 자세하게 살펴보도록 하자.

> 왜 대부분의 그리스도인들이 이중적이며 일관성 없는 삶을 사는지에 대한 가장 명료한 해답은 그들이 영적으로 먹는 음식 가운데서 찾을 수 있다.

- 마음을 새롭게 하는 것은 로마서 12장 1절의 관점에 계속해서 초점을 맞추는 것이다. 하나님의 말씀을 받아들이고, 본질을 묵상하며, 예배와 기도하는 시간을 갖고, 동료 성도들과 교제하는 이 모든 것은 내게 그분은 우주의 CEO시요 주님이시라는 사실을 깨닫도록 돕는다. 나는 매일 어느 한 순간 내가 그분께 위탁되어 있다는 사실을 깨닫지만, 내 것이 아닌 그분의 뜻을 이루어드리고 그분의 목적을 성취하기 위하여 오늘 또다시 내 삶을 새로이 그분께 위탁드린다.

- 마음을 새롭게 하는 일에는 언제나 전투가 포함된다. 이 세계 질서는 사탄이 세운 것으로 내가 누구이고, 누구의 것이며, 왜 이곳에 존재하는지에 관해 나를 기만하려고 내 육체와 함께 음모를 꾸민다. 마음을 새롭게 하는 것은 영적 전투를 수행하고, "모든 생각을 사로잡아 그리

스도에게 복종하게"(고후 10:5) 하는 일을 요구한다.

- 마음을 새롭게 하는 것은 하나님의 영이 하시는 초자연적인 사역이다. 내게는 나의 생각을 위의 것에 두어야 하는 의무가 있지만(골 3:1-4), 나의 생각이 실제로 변화되는 것은 하나님의 영이 하시는 사역이다. "너희 안에서 행하시는 이는 하나님이시니 자기의 기쁘신 뜻을 위하여 너희에게 소원을 두고 행하게 하시나니"(빌 2:13). 우리는 단순히 머릿속에 성경 말씀을 채우거나, 세상의 악으로부터 자신을 멀리하는 것이 반드시 우리 안에 그리스도의 생명을 만들어낸다는 잘못된 생각에 빠지지 않게 조심해야 한다.

- 마음을 새롭게 하는 것은 항상 사랑과 관계에 초점을 두는 것이다. 마음을 새롭게 하는 것의 중심에는 예수님을 알고 기뻐하려는 바람이 놓여 있다. 영성이란 원칙적으로 우리의 외적인 행위와 관련된 것이 아니라, 내적인 관계와 관련이 되어 외적인 행동으로 흘러나오는 것이다. 예수님 당시의 종교 지도자들은 하나님의 말씀을 지적으로 흡수하는 놀라운 능력을 보여주었지만, 하나님과의 관계는 철저히 놓치고 말았다. 나는 사도 바울이 다음과 같이 기록했을 때 우리의 마음을 새롭게 하는 것과 예수님을 아는 것 사이의 관계가 어떤 것인지 가장 잘 파악해놓았다고 생각한다.

"우리가 다 수건을 벗은 얼굴로 거울을 보는 것같이 주의 영광을 보매 그와 같은 형상으로 변화하여 영광에서 영광에 이르니 곧 주의 영으로 말미암음이니라."

— 고린도후서 3:18

당신도 알다시피, 하나님의 말씀을 읽고 공부하는 것과 다른 성도들과 공동체 안에서 삶을 나누는 것의 핵심은 '예수님이 누구신지를 보는 것', 즉 그분을 알고, 그분을 즐거워하며, 그분을 사랑하고, 그분으로부터 사랑을 받는 것이다. 우리가 변화되는 것은 바로 이렇게 예수님을 실제로 보고 만나는 과정 안에서 이루어지는 것이다. 예수님의 가장 가까운 제자 가운데 한 사람은 나중에 이렇게 기록했다.

"사랑하는 자들아 우리가 지금은 하나님의 자녀라 장래에 어떻게 될 지는 아직 나타나지 아니하였으나 그가 나타나시면 우리가 그와 같은 줄을 아는 것은 그의 참모습 그대로 볼 것이기 때문이니."

— 요한일서 3:2

그리스도인들은 성경을 읽는 것이 중요하다는 말을 자주 듣지만, 내가 보기에 대부분의 사람들은 그 이유를 알지 못하고 있음이 분명하다. 많은 이들에게 성경 읽기는 의무를 이행하고, 죄책감에서 벗어나며, 좋은 일을 가져다주는 묘약에 불과한 것이 되고 말았다. 그러면 우리는 어떻게 관계에 초점을 맞춘 방식으로 하나님의 말씀과 교제할 수 있겠는가? 세상이 주는 메시지를 제한하면서도 세상으로부터 격리되지 않고, 세상과의 접촉을 끊지 않으며, 종교적인 기인(奇人)이 되지 않도록 균형을 잡을 수 있겠는가?

우선은, 현실로 돌아오자. 당신의 정신적인 식단은 어떠한가? 당신은 당신의 생각에 어떤 것들을 집어넣는가? 당신의 생각은 당신이 하나님의 말씀이나 진리를 듣는 데 들이는 시간과 TV, 영화, 컴퓨터를 통해 세상으로부터 듣는 메시지를 받아들이는 시간의 비율에 의해 결정된다.

마지막 몇 가지 질문에 솔직히 답해보라. 나는 당신을 깎아내릴 생각이 전혀 없고, 하나님도 마찬가지시다. 이 질문들은 당신에게 죄책감을 주려는 것이 아니라, 당신의 정신적인 식단이 어떤 상황인지 정확히 평가하도록 돕기 위한 것이다. 당신이 섭취하는 것이 바로 당신이다! 지난 몇 년 동안 나는 많은 사람을 상담했고, 그 가운데 정신의 식단에 변화를 주었는데도 근본적이고 놀라운 삶의 변화를 체험하지 못한 사람은 아무도 없었다.

정신이 섭취해야 할 새로운 식단을 시작하는 법

나는 8장에서 내가 경험한 욕망과의 갈등을 이야기했었다. 나는 죄수였고 내가 노력한 그 어떤 것도 나를 구해주지 못했다. 아무리 여러 번 하나님께 간구하고, 용서를 구하며, 앞으로 실천할 행동을 약속했어도 정신의 식단을 바꾸기 전까지는 계속해서 패배만을 경험했다. 당시의 나는 지금 당신에게 알려주려고 하는 변화의 영적 원리들을 깨닫지 못했었다. 나는 그 원리를 우연히 발견하게 되었다.

그 당시 나와 같은 방을 쓰던 친구는 선교 기관의 여름 훈련 프로그램에 참가하려고 준비하던 중이었다. 그 훈련 프로그램에 참가하기 위해 필요한 한 가지는 네비게이토에서 만든 '주제별 성구 암송' 60 구절을 외우는 것이었다. 그것은 명함보다 작은 카드에 그리스도의 삶을 30가지 주제로 분류하여 말씀을 기록한 것이다. 각 주제에는 두 개의 핵심 구절이 들어 있었는데, 친구는 그 구절과 출처(책과 장절)를 암송해야 했다. 나는 왜인지는 잘 모르겠지만, 어느 날 친구가 방을 비웠을 때 그 카드를 꺼내 내 암기장에 적은 뒤 친구보다 먼저 그 구절들을 암송해버렸다. 비록 그 일의 동기는 나의 영적 삶을 개선하고자 하는 것과는 상관없이, 오로지 같은 방 친구와 경쟁을 벌여 이기겠다는 마음뿐이었지만, 하나님은 그것도 선하게 사용하셨다.

대학에서 들은 너무도 따분한 강의 덕분에 나는 강의실 뒤에 앉아 강의를 듣는 척하면서 매일 한 구절씩을 암송하고 이미 외운 말씀을 복습했다. 그 훈련 프로그램의 요구 사항은 외운 구절들을 60일 동안 매일 복습함으로써 암송한 것을 100퍼센트 유지하는 것이었다. 그러던 중 21일째 되던 날 벌어진 일을 나는 결코 잊지 못할 것이다. 나는 성경 구절 21개를 마음속으로 외우면서 캠퍼스를 걷다가 전에 반한 적이 있던 대단히 매력적인 한 여학생과 부딪히고 말았다. 나는 그녀로 인해 상당히 큰 죄책감을 느끼고 있었는데, 그것은 그녀가 매우 경건한 사람이자 또한 내 욕망의 중요한 대상이었기 때문이다. 그때 우리가 무슨 이야기를 했는지 기억이 나지는 않지만 나는 완전히 충격을 받은 채 기숙사 방으로 돌아왔던 것을 생생하게 기억할 수 있다. 그녀에게 아무런 욕망도 품지 않은 것이다. 내 눈은 한 사람으로서의 그녀에게 초점을 맞추었지 욕망의 대상으로 바라보지 않았다. 그녀와 이야기하는 동안 혹은 그 직후에 평소에 했던 어떤 생각이나 갈등이 내 생각 속으로 들어오지 않았다. 나는 승리를 경험했다! 평소에는 99퍼센트 지기만 했던 싸움에서 이긴 것이었다. 무슨 일이 일어난 것일까? 그것은 놀라운 일이었다. 가능하구나! 내가 정말 욕망의 지배를 받지 않아도 된다는 사실을 그때 깨달았다.

그리고 오래지 않아 새롭게 성취한 승리와 성경을 암송하는 일을 서로 연결시키게 되었다. 나는 이러한 승리를 욕망의 영역뿐 아니라 다른 사람을 기쁘게 하는 일, 일중독, 교만, 질투, 근심 그리고 수많은 다른 문제들 가운데서도 경험할 수 있다는 사실을 배웠다. 시간이 지나면서 나는 성경을 암송하는 것과 그것을 혼자 힘으로 공부함으로써 내 마음을 새롭게 하는 것을 매우 중요하게 여기기 시작했다. 나는 나의 삶 가운데 부족함이 있는 구체적인 부분과 관련해 내가 주장하고, 암송하고, 묵상할 수 있는 약속들을 하나님의 말씀 안에서 찾고, 이어서 변화가 일어나는 것을 지켜보기 시작하였다.

변화는 단지 가능한 것이 아니라 하나님의 명령이다. 그리고 하나님은 언제나 우리에게 무언가를 명령하실 때 그것을 성취할 수 있는 능력과 자원을 함께 제공하신다. 내가 그 뒤로 욕망을 품거나, 근심하거나, 교만이나 질투심을 드러낸 적이 있을까? 물론, 그런 일들이 여전히 내 삶 가운데 가끔씩 그 추한 고개를 드러내기는 하지만, 그것은 예외적인 한 순간일 뿐이지 그것이 나를 지배하지 못한다. 나는 더 이상 그런 것들의 죄수가 아니며, 그것들은 더 이상 내 일반적인 삶의 모습이 아니다. 우리는 이 땅에서 사는 동안 결코 완벽할 수 없지만, 거룩함과 사랑 안에서 성장하는 가운데 점진적으로 그리고 꾸준하게 변화되어갈 수 있다.

그리스도인 되기

그러면 그 변화의 원리는 무엇인가? 당신은 어디서 시작할 것인가? 무엇을 읽을 것인가? 무엇을 공부할 것인가? 다른 사람 앞에서 어떤 구절들을 암송해야 하는가? 이것이 율법주의가 되지 않도록 어떻게 피해야 하는가? 당신의 삶이 이미 해야 할 일들로 차고 넘치는데, 어디에서 마음을 새롭게 할 시간을 찾을 수 있겠는가? 이것은 다음 장에서 다루기로 하자.

■ **생각하기**(Think)

로마서 12장 2절에서 언급된 변화를 초래하는 행동은 무엇인가? 그 행동은 당신이 그리스도를 더욱 닮기 위해 시도했던 일들과 어떻게 다른가?

■ **묵상하기**(Reflect)

당신의 지적 식단과 영적 식단은 어떤 특징을 갖고 있는가? 당신이 '갈등'하고 있는 영역과 생각 속에서 진행되고 있는 일 사이에 어떤 상관관계가 존재하겠는가?

■ **이해하기**(Understand)

당신의 마음을 새롭게 하는 데 가장 커다란 장애물은 무엇인가?

- 어디서 시작해야 할지 모르는 것?
- 계획이 없는 것?
- 자제력이 없는 것?

■ **위탁하기**(Surrender)

당신의 마음속에 하나님과 그분의 말씀을 원하는 마음을 달라고 요청하라. 하나님께 성경 어느 곳을 읽어야 할지 보여달라고 요청하라.

■ **행동하기**(Take Action)

앞으로 2주일 동안 매일 알람 시계를 20분 당겨 맞추고 하나님을 만나는 것으로 하루를 시작하라.

■ **동기 부여**(Motivation)

LivingontheEdge.org/r12에서 하나님의 음성을 듣는 간단하면서도 강력한 방법을 보여줄 '우선순위를 세운 삶의 평화와 능력(Peace and Power of a Prioritized Life)'을 들으라.

■ **격려하기**(Encourage someone)

당신과 함께 앞으로 2주 동안 매일 하루의 첫 시간을 가장 먼저 하나님을 만나는 일에 헌신하자고 누군가에게 요청하라. 느슨해지지 않도록 서로를 붙잡아 주기 위해 정오에 문자를 보내라.

10장

당신은 '열심히 노력하는' 가운데 지쳤고 죄책감을 느끼는가?

"너희가 내 말에 거하면 참으로 내 제자가 되고
진리를 알지니 진리가 너희를 자유롭게 하리라."[1]

— 나사렛 예수

사도 바울은 자신의 믿음의 아들인 디모데에게 보내는 매우 개인적인 편지에서 그 시대의 도덕적인 쓰레기 더미 가운데서도 하나님과 동행하라고 촉구하고 있다. 젊은 목회자였던 디모데는 홍등가로 유명한 도시에서 사역하고 있었다. 신전들로 연결되는 모든 골목마다 남자와 여자 매춘부들이 밤낮으로 대기하고 있어서 어떤 형태의 성관계든 원하는 대로 충족할 수 있었다. 에베소라는 도시에서 사는 것은 XXX 등급의 음란 사이트를 당신의 컴퓨터에 화면 보호기로 사용하는 것과 같은 것이다.

그리고 바울은 이런 환경 가운데서 이렇게 편지를 쓰고 있다. "우리를 구원하여 거룩한 삶을 살도록 택하신 분은 하나님이시다." 그리고 "자신이 주님의 것이라고 주장하는 이들은 모든 악에서 벗어나야 한다." 도덕적 타협은 신약 교회에서 선택하고 말고 할 수 있는 사항이 결코 아니었다. 사도 베드로는 자신의 편지에서 이렇게 똑같이 강조하고 있다. "너희가 순종하는 자식처럼 전에 알지 못할 때에 따르던 너희 사욕을 본받지 말고 오직 너희를 부르신 거룩한 이처럼 너희도 모든 행실에 거룩한 자가 되라 기록되었으되 내가 거룩하니 너희도 거룩할지어다 하셨느니라"(벧전 1:14-16). 세상을 변혁시킨 초대 교회에는 다음과 같은 두 가지 두드러진 특징이 있었다.

1. 서로를 향한 근본적이고 자기를 희생하는 사랑.
2. 자기 의나 율법주의 없이 기쁨으로 살아가는 가운데 드러나는 거룩함과 도덕적으로 순결한 생활 방식.

문제는 그들이 어떻게 그렇게 할 수 있었는가 하는 것이다. 그것이 바로 우리가 이 장에서 이야기하고 싶은 것이다. 나는 25년 동안 많은 개인적인 실패와 여러 그리스도인들과의 상담을 경험한 뒤, 사람들은 대부분 거룩한 삶을 살기 위한 노력의 일환으로 의지력, 자기 노력, 종교 행위 등에 의존한다고 확신하게 되었다. 그런 다음 결국 그런 것들이 효과가 없음을 알게 되면 다음 두 가지 가운데 하나를 행하게 된다. 첫째는 우리 자신이 거룩한 척 하기 시작하고 이중성과 위선의 삶을 펼쳐나가거나, 아니면 함께 모여 '거룩함의 기준'이 너무 높다는 데 동의하게 된다. 하나님은 우리가 그런 불가능한 기준의 삶을 살기를 기대하지 않으신다고 자기 스스로와 다른 사람들을 납득시킨다.

이 시대에 거룩함은 상대적인 것이 되어서, 우리가 임의대로 그 기준을 낮추고, 우리가 순종할 수 있는 계명들을 골라 선택하도록 허용하고 있다. 그렇게 지내온 지난 몇십 년 동안의 결과는 참혹하다. 불신자들은 TV 설교자와 그 동료들의 부도덕함을 비웃는다. 살아 움직이던 신약 시대의 기독교는 이 시대 사람들에게 요구하는 것은 거의 없으면서 터무니없이 많은 것을 약속하는 최소한의 공통분모로 재포장되어 시장에 놓여졌다. 성경에서 "고아와 과부를 그 환난 중에 돌보고 또 자기를 지켜 세속에 물들지 아니하는 그것"(약 1:27)으로 정의되고 있는 참된 종교(우리말 성경에 '경건'으로 번역된 말을 대부분의 영어 성경은 religion으로 번역하고 있음 – 역주)로서의 기독교는 문화적인 기독교로 대치되었다. 그리고 예수님은 세속적인 성공과 자기 실현 그리고 무엇보다 '개인의 행복'을 얻기 위한 자기 계발을 도와주는 램프의 요정 지니로 전락하고 말았다. 이렇게 우리의 역사적 믿음에 덧씌워진 왜곡된 꼬리표는 하나님과의 친밀함을 고대하는 진정한 신자들과 또한 불신자들에게는 '우리 안에 계신 그리스도가 영광의 소망'이라는 혁명적인 메시지를 그들에게 전해줄 '살아 있는 편지'를 거의 남겨두지 않게 되었다.

나는 대다수 그리스도의 제자들이 의도적으로 살아 계신 주님에게서 등을 돌리게 되었다고는 믿지 않는다. 우리는 우리가 듣고 우리가 믿는 것의 산물이다. 많은 이들의 경우 그들이 받은 영적 가르침과 경험은 바른 진리나 진정한 변화를 위한 도구들을 전해주지 않았다. 그들은 진정으로 변하고 싶다는 영적 갈망과 소원을 갖고 있지만, 어떻게 하면 좋을지 알지 못한다. 다른 이들의 경우, 작은 타협들이 몇 년에 걸쳐 눈뭉치 구르듯 커져서 그들에게 상처를 입히고 냉소적인 사람이 되게 만들었다. 또 어떤 이들은 자기가 속한 제도권 교회 안에서의 위선과 그리스도인답지 않은 태도에 심하게 상처입고 환멸을 느껴 그냥 '교회를 포기'하게 되었지만, 여전히 하나님을,

그리고 예수님이 약속하신 삶을 절실히 갈망하고 있다.

영적 성장 ≠ 열심히 노력하는 것

그렇다면 어떻게 해야 진정한 삶의 변화(사랑과 거룩한 삶을 만드는 영적 변화)가 정말로 일어나는 것인가? 만일 대부분의 그리스도인들이 '그리스도인처럼' 살지 않는다면, 영적인 삶에 대한 우리의 이해에 무언가 근본적인 결함이 있는 것이다. 나는 당신이 영적 성장에 대해 다르게 생각하도록 도와주기를 원한다. 그래서 영적 성장이란 행위 지향적인 것이 아니라 관계 중심의 것이라는 사실을 깨닫게 되기를 원한다. 그리고 하나님과 그분의 약속을 신뢰하는 것과 '좋은 그리스도인'이 되기 위해 스스로의 힘으로 열심히 노력하는 것과의 차이를 배우기 원한다. 나는 당신이 문화적 기독교라는 낡은 가죽 부대에서 벗어나 당신의 영혼 가운데 깊이 스며 있는 하나님의 무한한 은혜와 넘치는 사랑을 체험하기 원한다. 그러면 나와 함께 영적 성장이 어떻게 이루어지는지 자세하게 살펴보기로 하자.

우선 영적 성장이란 무엇이며, 무엇이 아닌지 간단히 살펴보자.

1. 영적 성장은 행위에 초점을 맞추는 것에서 시작되지 않는다.
2. 영적 성장은 우리의 태도에 초점을 맞추는 것에서 시작되지도 않는다.
3. 영적 성장은 항상 우리의 생각에 초점을 맞추는 것에서 시작된다.
4. 영적 성장은 하나님의 영에 의해, 하나님의 말씀을 통하여, 참된 공동체의 맥락 안에서, 하나님의 영광이라는 목적을 위하여 이루어진다.

5. 영적 성장은 성령과 하나님의 말씀, 그리고 그분의 백성을 통로로 하여 우리에게 주어진 하나님의 은혜를 믿음으로써 자신의 것으로 삼을 것을 요구한다.

이제 당신은 오직 하나님만이 당신을 변화시킬 수 있음을 알게 되었다. 그러나 그분은 그 일을 결코 혼자 하지 않으신다. 그 일의 초점은 우리의 행동을 변화시키기 위해 열심히 노력하는 데 있지 않다. 우리는 그렇게 할 수 없다. 우리의 행동에 초점을 맞추는 것은 막다른 골목에 이를 뿐이다. 단지 우리의 행동을 변화시킴으로써 그리스도를 닮으려고 시도할 때 그 결과는 다음 두 가지 가운데 하나이다. 특별히 강한 의지를 갖고 있는 사람은, 일련의 규칙들과 율법주의를 겉으로 완벽하게 지키게 되어 마침내 자기 의에 이르게 된다. 바리새인들이 이런 영성을 가진 사람들의 대표적인 경우이다. 그러나 대부분의 사람들이 행동에 초점을 맞출 때 그것은 좌절과 실패로 귀결된다. 그래서 자신의 행동을 변화시키거나 규칙을 지키려다 실패가 거듭 반복될 때 절망감이나 위선에 빠지게 된다. 이것은 21세기를 사는 대부분의 그리스도인의 모습을 대변한다.

영적 성장 = 마음을 새롭게 함

진정한 변화의 초점은 우리의 태도를 바꾸려고 노력하는 것에도 있지 않다. "나는 그렇게 생각해서는 안 돼. 그렇게 느껴서는 안 돼. 나는 너무 판단을 많이 하니까 좀 더 사랑을 베풀어야 해 등등." 우리의 태도에서 '반드시'

와 '마땅히'에 초점을 맞추는 것은 다만 정죄함만을 초래할 뿐이다. 태도에 초점을 맞추어야 하는 때와 장소가 있지만, 그것이 출발점은 아니다. 우리가 시작해야 하는 곳은 우리의 생각이다! "그 마음의 생각이 어떠하면 그 위인도 그러하다"고 세상에서 가장 지혜로운 사람인 솔로몬이 말했다. 로마서 12장 2절은 우리가 이 세상을 본받지 말고 어떤 종교적 활동이나 일련의 규범들, 혹은 진지한 자기 노력을 통하여 변화를 받으라고 가르치지 않는다. 다만 마음을 새롭게 함으로 "변화를 받으라"고 말씀한다.

만일 열심히 노력하고, 훈련을 받고, 종교 활동을 하는 것이 죄의 능력을 무너뜨리고 진정으로 당신의 삶을 변화시킬 수 있다면 많은 사람들이 승리를 얻었을 것이다. 우리는 경건하지 않음을 알고 있는 우리의 행동을 변화시키기 위해 필사적으로 노력한다. 우리는 '더 나은 태도를 갖기' 위해 계속해서 우리를 몰아붙인다.

여기서 당신이 마음을 새롭게 하는 것의 능력을 이해하는 데 도움이 될 만한 이야기를 하나 들려주고 싶다. 결혼 생활 초기에 아내와 나는 내가 저녁 식사 시간에 맞추어 집에 돌아오는 일과 관련해 많은 갈등을 빚었다. 그게 그렇게 커다란 문제가 아닌 것처럼 들릴 수도 있지만, 나는 일주일에 한 번 정도는 항상 늦었다. 아내는 음식을 차려놓고 아이들과 식탁에 둘러앉았다가, 내가 늦으면 음식을 다시 데워야 했고, 마침내 내가 늦게 집에 도착하면 우리는 말다툼을 벌이곤 했다. 내가 저녁 식사 시간에 늦게 돌아오는 이유의 거의 대부분은 농구였다. 나는 집으로 돌아오는 길에 즉석에서 벌어진 길거리 농구 시합에 끼어들곤 했는데, 우리 팀이 이기면 계속해서 다음 시합에도 참여해야 했다. 그렇지 않으면 우리 편 선수들의 실망이 이만저만이 아닐 것이기 때문이었다. 내 생각에는 이것이 정당한 이유가 되었는데, 당시 나는 신학교에 풀타임으로 다녔고, 일도 풀타임으로 하고 있었으며, 집에서는 세 아이에게 좋은 아빠가 되려고 노력하고 있었기에 일주일에 겨우 한두 시간 정도 나를 위한 시간을 갖는 것도 괜찮다고 생각했던 것이다. 테레사는 내가 시합에서 이긴 뒤에 바로 경기장을 떠나지 못하는 것을 이해할 수 없었다. 그리고 나는 한두 주일에 한 번 정도 가족과 함께하는 저녁 식사를 거르는 것이 아내에게 그렇게 큰 문제인지 이해할 수 없었다. 그래서 우리는 싸웠고, 어리석게 들릴지 모르겠지만, 한참 많이 싸웠다.

이 갈등의 이면에는 우리 두 사람 나름대로의 사고방식이 자리잡고 있었다. 나에게 그 일은 나를 위해 내 권리와 내 개인적인 시간을 주장하는 것이었다. 나는 아내가 비합리적이며, 이 일은 아내의 이해가 필요한 일이라고 생각했다. "내가 가끔씩 식은 음식을 먹으면 또 어때. 농구는 내게 그만한 가치가 있는 일인데." 이게 내가 생각하던 방식이었고, 나는 아내가 왜 그렇게 화를 내는지 이해하지 못했다. 나는 내 행동을 바꿔보려고 노력했지만 거듭 실패했다. 나는 갈등을 원하지 않았지만, 내 생각 깊은 곳은 바뀌지 않았다. 몇 번은 집에 일찍 돌아왔고, 겉으로는 아내에게 맞추어주는 것 같았지만 나의 노력은 항상 단기간에 그쳤다. 나는 나 자신에게 '그렇게 이기적이 되어서는 안 돼. 비록 이해가 가는 것은 아니지만 친절하고 사랑 많은 남편이 되어야 해'라고 말했다. 달리 말하자면, 더 나은 태도를 갖지 못한 나 자신을 채찍질했다. 그러나 그것 역시 효과가 없었다. 그러던 어느 날 일어난 어떤 일이 나의 생각을 근본적으로 바꾸어버려서 제시간에 집에 오는 것이 다시는 문제가 되지 않게 되었다.

그때 나는 상담에 관한 세미나 과정을 밟고 있었는데, 하나님은 내게 내 삶을 드려 아내를 위해 내려놓아야 마땅하다는 질책을 하셨다(엡 5:22-33).

진리이신 하나님의 말씀은 내 마음을 파고들었고, 나는 '테레사가 느낄 수 있도록 그녀를 사랑하는 방법'에 대한 지혜를 달라고 기도하기 시작했다. 심지어 그 말씀을 암송 카드에 적어 주머니에 넣고 다니기도 했다. 뿐만 아니라 테레사는 자신의 분노를 우리가 '내 기분은 이래요(I Feel)' 라고 부른, 매우 적절한 방식으로 표현하는 방법을 배우고 있었다. 전에는 내가 늦게 집에 들어오면 한눈에 봐도 화가 난 것을 알 수 있는 상태에서 내가 '반드시 해야 하는 것'과 '하지 말아야 하는 것' 그리고 '했어야 하는 것'들을 이야기하는 누군가가 나를 맞이했다. 그런 투의 말은 아내가 남편에게 이야기하는 것이 아니라 마치 어머니가 아들에게 이야기하는 것 같았다. 나는 그런 말에 분노와 방어로 대응했는데, 그것은 우리의 갈등이라는 불에 기름을 퍼붓는 일밖에 되지 않았다.

이런 배경을 염두에 두고, 내가 저녁 식사 시간에 늦게 돌아왔는데 와서 보니 식탁 위에 양초가 켜져 있고, 아내가 기분 좋게 나를 맞이했을 때 내 기분이 어땠을지 상상해보라. 나는 우리에게 일어난 일에 대해 혹시 뭔가 잘못된 것은 아닌지 심각하게 고민하던 중이었다. 심지어 나는 차를 타고 집으로 오는 동안 좋은 논쟁 거리를 준비하기도 했었다. 그렇지만 그날은 내가 논쟁을 벌일 '당연히'도 '마땅히'도 없었고, 오직 자신의 감정을 잘 다스리면서 기분 좋게 행동하고 나를 위해 다시 데운 저녁 식사를 차려주는 여성만이 있었다. 아내는 한 5, 6분 정도 내가 식사하는 것을 지켜본 뒤에 내게 말을 해도 좋으냐고 물어왔다. 나는 "물론이지, 어서 말해봐요"라고 대답했다. 나는 그날 아내가 조용히 그리고 차분하게 전해준 '내 기분은 이래요' 메시지를 전했을 때 그녀의 입술에서 나온 말들을 결코 잊을 수 없을 것이다. "칩, 나는 당신이 내게 얼마나 커다란 의미를 갖고 있는지 표현하기 위해 하루 종일을 걸려 특별한 음식을 준비했는데, 당신이 한 시간이나 늦게 와서 그 음식을 먹지 못했을 때 너무나 큰 상처를 받았고, 당신이 나를 사랑하지 않는다는 기분이 들었어요." 아내는 큰 소리를 지르지도 않았고 무언가를 요구하지도 않은 채 다만 자기가 어떻게 느꼈는지를 들려주었다. 나는 그 말을 듣는 순간 마치 칼날이 내 심장을 파고드는 것 같았다.

나는 그때까지 아내가 음식을 만드는 일을 나를 향한 사랑의 메시지로 생각해본 적이 한 번도 없었다. 그리고 내가 아내에게 상처를 주고 있다는 생각도 결코 해본 적이 없었다. 나는 다만 내가 농구를 하기 때문에 아내를 귀찮게 만들었고 아내가 화가 난 것이라고만 생각했다. 그리고 그 순간 내 마음은 새롭게 되었다. 나는 우리의 관계에서 말로 드러나지 않은 갈등의 근원이 되어왔던 문제들을 전혀 다르게 생각하기 시작했다. 그 문제는 '내가 마땅히 해야 하는 일이기 때문에 제시간에 집에 오도록 내 행동을 바꾸려고 노력하는 것'에서 벗어나, 내 삶에서 가장 소중한 사람이 나를 위해 베풀어 준 헌신과 사랑을 내가 깊이 느끼고 있음을 전달하고 싶어서 정말 재미있는 어떤 것을 그만두기로 선택하는 것으로 바뀌었다. 그리고 전혀 과장이 아니라, 나는 그날의 대화 이후로 저녁 식사에 늦은 적이 거의 없다. 어느 한 순간에, 그것도 순간적으로, "남편들아 아내 사랑하기를 그리스도께서 교회를 사랑하신 것 같이 하라"는 진리이신 하나님의 말씀이 성령으로 말미암아 사랑 가운데 진실을 말한 내 아내와 연합하여 내 마음을 새롭게, 혹은 상황을 전혀 다르게 생각할 수 있게 만든 것이다. 문제는 농구가 아니라 사랑이었다. 그것은 저녁 식사가 아니라 사랑에 관한 문제였다. 중요한 것은 누가 옳으냐가 아니라 사랑에 관한 것이었다.

당신은 우리가 다르게 생각하기 시작할 때, 곧 하나님의 관점으로 생각하고, 규칙이나 외적인 행동이 아니라 관계에 초점을 맞추어 생각하기 시작할 때 우리의 삶에 어떤 일들이 일어나는지 볼 수 있겠는가?

당신은 의무, 출석, 영적 훈련, 십일조 그리고 '당신이 마땅히 해야 하는 것'과 관련된 죄책감의 관리에 초점이 맞추어져 있는 행위 지향적인 그리스도인의 삶에서 벗어났을 때 비로소 경험하게 될 자유를 상상할 수 있는가? 그렇다고 그런 일들이 잘못된 것이라는 말이 아니다. 다만 수많은 그리스도인들에게 그런 일들은 자기 의지와 육체의 힘으로 행동의 변화를 이루어내기 위한 시도에 불과한 것이다. 분명히 말하지만, 나는 마음이 변화된 이후 제시간에 집에 가는 것이 정말 쉬워졌다. 내게 사랑받고 있지 않다는 아내의 기분과 비교했을 때 농구는 별로 중요한 것이 아니었다. 우리와 그리스도와의 관계도 마찬가지다.

당신의 마음을 새롭게 하는 방법

그러면 "하나님은 나를 많이 사랑하셔"라는 관계적 시선으로 바라볼 수 있으려면 어떤 일이 일어나야 하는가? 지나친 쇼핑, 과식, 과로, 혹은 음란 사이트를 방문하는 일들이 단순히 하나님이 하지 말라고 하셨기 때문에 '해서는 안 되는 일들'로 생각될 때, 사실 당신의 마음 깊은 곳에서는 쇼핑과 많은 일과 먹는 것 혹은 욕정이 당신이 진정으로 원하는 것을 제공해줄 것이라고 믿는 가운데 스스로에게 "옳은 일을 하려고 노력하라"고 다짐하고 있는 것이다. 그러면 당신은 열에 아홉은 그 싸움에서 질 것이다. 의지력은 욕망의 상대가 되지 못하며, 그 욕구를 채워달라고 부르짖는 갈망을 채워주지 못한다.

그러나 당신의 마음이 새롭게 되고 그로 인해 당신은 많은 사랑을 받고, 받아들여지고 있으며, 예수님께 큰 기쁨이 되기 때문에 예수님은 당신이 예수님의 마음을 아프게 하고 예수님과의 관계를 해치는 해로운 행동으로부터 멀어지기를 원하신다는 메시지가 전달될 때, 이야기는 완전히 달라지게 된다. 이제 자신의 행동을 통제함으로써 '좋은 사람이 되는 것'으로부터, 그분의 약속을 신뢰함으로써 '당신의 사랑을 표현하는 것'으로 패러다임 자체가 바뀌게 되는 것이다.

> 이제 자신의 행동을 통제함으로써 '좋은 사람이 되는 것'으로부터, 그분의 약속을 신뢰함으로써 '당신의 사랑을 표현하는 것'으로 패러다임 자체가 바뀌게 되는 것이다.

어떻게 하면 당신의 마음이 변화되는가? 그것은 정말 너무도 간단하다. 해로운 것들(즉, 미디어와 경건하지 못한 관계들)이 당신의 생각 속으로 흘러들어가지 않게 하고, 당신의 마음을 하나님의 말씀, 하나님이 창조하신 아름다운 것들 그리고 하나님의 백성들이 주는 격려로 채워야 한다(그 목적은 행함이 아니라 새롭게 함이다).

세상의 가치관이 빗발처럼 퍼부어지는 보급로를 차단하기 위해서는 근본적인 대책을 취해야 한다. 당신의 마음을 육체의 정욕, 안목의 정욕, 이생의 자랑을 부채질하는 메시지들로 채우는 일을 계속해서는 안 된다. 만일 그렇게 한다면 당신은 하나님의 계명을 당신으로 하여금 '인생의 즐거움'과 당신을 진정으로 만족시켜줄 것들로부터 멀어지게 만드는 제한과 비합리적인 요구로 바라보게 될 것이다. 불행하게도, 이것이 많은 그리스도인들이 하나님의 계명을 바라보는 시각이다. 그래서 그 계명을 자신을 보호하고 삶의 가장 좋은 것을 보장해주는 가드레일로 보는 것이 아니라, '진짜 흥미진진한 일들'이 벌어지는 곳으로 가지 못하도록 가로막는 울타리와 담으로 보게 된다. 그들은 부도덕, 음란물, 일중독, 과소비 그리고 감정적 불륜에 미혹되어 성적인 질병, 이혼, 가족의 분열, 과도한 부채, 죄책감, 수치심 그리고 중독으로 점철된 감옥에 갇힌 것과 같은 삶을 살게 된다. 그 결과는 막중하다. 많은 그리스도인들의 삶이 제대로 기능하지 못하고, 그것은 하나님의 마음을 아프게 만든다.

하나님은 당신을 새롭게 하기 원하신다

만일 당신의 삶이 과거의 일들이 맺은 고통의 열매를 거두고 있다면 낙심하지 말라. 하나님은 간절히 당신을 돕기 원하신다. 지금 시작하라. 나는 그분이 중독자들과 파괴된 가정과 일중독자들과 불가능해 보이는 상황들을 건져주시고 기적을 베푸시는 것을 보아왔다. 그분은 당신에게도 그런 일들이 일어나기를 원하신다. 그러기 위해서 힘든 일과 구체적인 몇 가지 믿음의 단계가 필요하겠지만, 당신이 새로워진 마음으로 삶을 바라보기 시작할 때 거기에는 소망이 있으며 또한 도움이 있다. 그 일은 하룻밤 사이에 이루어지지 않고 약간의 훈련을 필요로 한다. 그러나 처음 삼사 일 동안 미디어 금식을 시도하고 하나님의 말씀과 함께 새로운 방식으로 마음을 새롭게 하기 시작하면 정말 놀라운 일들을 경험하게 될 것이다. 당신의 생각이 변하고, 그로 인해 당신의 욕망과 태도가 그 생각을 따르게 될 것이다. 당신이 벗어나고자 몸부림쳐왔던 몇 가지 행동들이 아무런 매력이 없어 보이기 시작할 것이다. 상상력과 유혹의 보급로를 차단하고 진리로 마음을 새롭게 할 때 하나님의 영이 그분의 말씀을 통하여 당신이 더욱 더 그리스도를 닮게 하실 것이다.

예수님은 이렇게 말씀하셨다. "진리를 알지니 진리가 너희를 자유롭게 하리라"(요 8:32). 예수님은 이 땅에서의 마지막 날 밤에 제자들을 위해 자기 아버지께 이렇게 기도하셨다. "아버지의 진리의 말씀으로 이들을 가르치셔서 이들을 순결하고 거룩하게 하소서"(요 17:17, 현대어성경). 마찬가지로 다윗은 시편 119편 9절과 11절에서 이렇게 선포하고 있다. "청년이 무엇으로 그의 행실을 깨끗하게 하리이까 주의 말씀만 지킬 따름이니이다… 내가 주께 범죄하지 아니하려 하여 주의 말씀을 내 마음에 두었나이다."

우리의 마음을 새롭게 하는 데 도움이 되는 최고의 도구들을 제공하는 책들과 훌륭한 자료들이 많이 있지만, 내 경우에 다섯 가지가 특히 도움이 되었다.

다음은 하나님의 말씀으로 당신의 마음을 새롭게 하는 다섯 가지 구체적인 방법이다. 그리고 이 중요한 과정을 시작하는 당신에게 도움을 주기 위해 우리 웹사이트(LivingontheEdge.org)에서 무료로 내려받을 수 있는 실용적인 몇 가지 자료들을 올려두었다.

물론 그 핵심은, 이런 도구들은 그 자체가 목적이거나 하나님의 사랑을 받는 수단이 아니며, 다만 하나님의 은혜의 통로라는 사실을 기억하는 것이다. 그 통로를 통해 하나님과의 관계가 더욱 가까워지고, 당신의 삶을 향한 그분의 선하고 기쁘시며 온전하신 뜻을 개인적으로 경험하게 되는 것이다.

'마음을 새롭게' 하는 실제적인 방법들

1. 하나님의 말씀을 들으라.

"그러므로 믿음은 들음에서 나며 들음은 그리스도의 말씀으로 말미암았느니라."

— 로마서 10:17

2. 하나님의 말씀을 읽으라.

"이 예언의 말씀을 읽는 자와 듣는 자와 그 가운데에 기록한 것을 지키는 자는 복이 있나니 때가 가까움이라."

— 요한계시록 1:3

3. 하나님의 말씀을 연구하라.

"너는 진리의 말씀을 옳게 분별하며 부끄러울 것이 없는 일꾼으로 인정된 자로 자신을 하나님 앞에 드리기를 힘쓰라."

— 디모데후서 2:15

4. 하나님의 말씀을 암송하라

"청년이 무엇으로 그의 행실을 깨끗하게 하리이까 주의 말씀만 지킬 따름이니이다… 내가 주께 범죄하지 아니하려 하여 주의 말씀을 내 마음에 두었나이다."

— 시편 119:9, 11

5. 하나님의 말씀을 묵상하라.

"이 율법책을 네 입에서 떠나지 말게 하며 주야로 그것을 묵상하여 그 안에 기록된 대로 다 지켜 행하라 그리하면 네 길이 평탄하게 될 것이며 네가 형통하리라."

– 여호수아 1:8

만일 이러한 은혜의 통로를 실천하는 구체적인 방법들에 관해 더 배우고 싶다면 LivingontheEdge.org에서 '하나님과의 친밀함에 이르는 옛 길(Ancient Paths to Intimacy with God)'이라는 오디오 연재물을 듣거나, '삶의 변화라는 기적(The Miracle of Life Change)'을 읽으라.

일단 우리의 마음을 새롭게 하는 일의 목적이 무엇인지 올바로 깨닫게 되면 교회, 성경 읽기, 교제, 기도 그리고 영적 훈련에 대한 접근 방법들이 완전히 변하게 된다. 나는 '그런 것들을 해야만' 하는 것이 아니다. 내가 그것을 해야만 하나님께 더 많이 사랑받고 용납되는 것이 아니다. 그것은 하나님의 임재로 나아가는 진입로이다. 나는 하나님의 시선으로 삶을 바라보고, 나를 향한 그분의 사랑을 계속 깨닫기 위해 그 일들을 실천하기로 선택한다. 내가 교회에 가는 것이나 기도, 혹은 성경 읽기를 놓친다면 그것은 교통 정체 때문에 아내와의 데이트를 놓친 것과 같은 것이다. 나는 그것에 대해 죄책감을 갖지 않으며, 단지 기회를 놓친 것을 안타까워할 뿐이다. 나는 그녀를 사랑하고 그녀를 즐거워한다. 그리고 그녀와 함께 있기 원한다.

결국, '마음을 새롭게 하는 것'은 나로 하여금 하나님이 주시는 가장 좋은 것을 얻도록 그분이 정하신 처방이다. 나와 당신을 향한 그분의 뜻은 다음의 세 가지 구체적인 계명에 그 특징이 잘 드러난다.

- 선하다: 귀엽고, 매력 있고, 아름답고, 매우 만족스럽다.
- 기쁘다: 하나님이 받으실 만하며, 우리를 기쁘게 한다.
- 온전하다: 하나님의 계획에 따라 우리의 삶을 향한 그분의 목적을 이루는 일에 우리의 모든 잠재력을 극대화한다.

12 그리스도인 되기

당신은 당신의 삶 가운데서 하나님의 뜻을 경험하기 원하는가? 당신은 그분의 뜻이 당신 개인에게 구체적으로 어떤 모습으로 나타나는지 알고 싶은가? 왜 하나님은 당신이 당신 고유의 성격과 은사를 갖도록 만드셨으며, 당신을 향한 그분의 목적은 무엇인가? 이어지는 3부에서는 '당신의 진정한 자아를 파악하는 방법'을 살펴볼 것이다.

■ **생각하기**(Think)

이 장을 통해서 하나님이 당신에게 하신 말씀은 무엇인가?

■ **묵상하기**(Reflect)

변화가 일어나는 방법에 관해 새롭게 얻은 깨달음은 무엇인가?

■ **이해하기**(Understand)

당신의 '변화된 생각'이 인간관계나 행동의 변화로 이어졌던 경험이 있는가?

■ **위탁하기**(Surrender)

하나님의 명령을 제한이 아니라 가드레일로 새롭게 인식하게 해달라고 하나님께 요청하라.

■ **행동하기**(Take Action)

당신의 마음을 새롭게 하는 다섯 가지 방법 가운데 하나를 택해 이번 주에 시작하라. 로마서 12장을 r12 그리스도인이 되기 위한 평생의 요절로 암송하는 것도 생각해보라.

▪동기 부여(Motivation)

LivingontheEdge.org/r12에서 '하나님과의 친밀함에 이르는 옛 길(Ancient Paths to Intimacy with God)' 시리즈의 2부를 들어보라. 그 설교의 제목은 '하나님은 어떻게 평범한 사람들에게 말씀하시는가?(How God Speaks Ordinary People?)'이다.

▪격려하기(Encourage someone)

오늘 당신이 영적으로 성장하도록 도와준 누군가에게 전화를 해서 당신이 '마음을 새롭게 하는 것'에 관해 배운 것을 이야기하라.

3부

진정한 자아를 파악하는 방법

솔직한 자기 평가
로마서 12:3-8

신학적 지식은 성령이 인간의 마음으로 흘러들어오시는 매개체이지만,
진리가 믿음을 만들려면
먼저 마음속에 겸손한 회개가 있어야 한다.[1]
— A. W. 토저

CHIP INGRAM

11장

당신은 자신이 누구라고 생각하는가?

"무릇 자기를 높이는 자는 낮아지고 자기를 낮추는 자는 높아지리라."[2]

― 나사렛 예수

그해는 1972년이었다. 그때는 미처 몰랐지만, 나는 내 삶 가운데 가장 중요한 질문인 "나는 누구인가?"에 대한 해답을 찾기 위해 여행을 시작했다. 나는 이 질문을 철학적인 무엇이나 형이상학에서 말하는 추상적인 훈련 과정으로 생각하는 것이 아니라, 우리 영혼의 깊은 곳을 바라보고 우리가 진정으로 누구인지를 확실히 알게 되는 것이 어떤 의미를 갖는지에 대해 말하려고 하는 것이다. 이 질문은 수많은 변수와 우리가 누구인지에 대해 말해주려고 애쓰는 많은 사람들 때문에 대답하기가 항상 쉽지만은 않다. 문제를 더욱 복잡하게 만드는 것은, 인정받으려는 우리의 절박한 욕구는 우리가 실제로 누구인가를 발견하려 하기보다는 다른 사람들이 원하는 것을 찾고,

보고, 행동하고 또한 그렇게 되도록 우리를 몰아간다는 것이다. 이것은 우리 모두가 고민하고 있는 문제이며, 이 문제는 또한 우리가 이땅에서 사는 동안 경험하게 될 우리의 관계의 질과 만족의 수준을 결정할 것이다.

우리의 삶을 형성하는 요소들

우리의 가정 배경, 우리의 환경, 우리의 개성, 어린 시절의 역할 모델들과 중요한 타인, 가르침을 받은 가치관과 신앙 체계는 모두 우리의 정체성을 형성하는 데 결정적인 역할을 한다. 예를 들어, 나는 중부 오하이오 주의 중산층 가정에서 성장했다. 우리 부모님은 두 분 모두 학교 선생님이셨고, 아버지는 2차 세계 대전 때 남태평양의 괌과 이오지마에서 해병대로 복무하셨다. 아버지는 훌륭한 운동선수로서 대학에서 야구 장학금을 받으셨고, 버지니아 주 아마추어 권투 챔피언이셨으며, 대학 졸업 후에는 세인트 루이스 브라운스 야구 팀에 발탁되셨다. 그리고 생애 전반부 50년을 전쟁 중에 자신이 목격한 참사와 수많은 사람들을 죽인 것에 대한 죄책감을 극복하지 못하신 채 기능적 알코올 중독자(a functioning alcoholic, 교육을 제대로 받았고, 직장과 가정 생활에 장애가 없는 전형적인 중년들의 알코올 중독 유형 – 편집자 주)로 사셨다. 아버지는 내게 가장 좋은 것을 주기 원하셨지만, 정작 당신은 열세 살 때 괴저병으로 아버지를 여의셨기 때문에 자신의 사랑을 자녀들에게 효과적으로 전달하는 데 어려움을 겪으셨다.

어머니는 믿기 힘들 징도로 사랑스럽고, 헌신석이며, 지적인 여성으로서 사람을 다루는 재주가 놀라운 분이셨다. 어머니는 우리 집안에서 접착제와 같은 존재셨고, 어머니도 모르시는 사이에 아버지의 역할을 감당하셨으며, 가족 사이에 인간관계가 삐걱거릴 때 그것을 바로잡아주셨다. 이것이 심리학을 전공한 아들(나)이 30년 뒤에 원가족(family-of-origin, 자신이 성장한 가정을 말함 - 역주)과 심리학적 관점에서 바라본 우리 가정 배경에 대한 간략한 요약이다.

우리 부모님은 나를 깊이 사랑하셨던 훌륭한 분들이셨다. 그분들은 각각 자신들이 성장한 가족 배경의 산물이셨고, 대공황과 2차 세계 대전을 겪으셨으며, 50년대 후반부터 70년대 초반 사이의 혼란스러운 시기에 나를 키우셨다. 두 분은 자녀들에게 줄 수 있는 모든 것을 제공하고 희생하고 베푸셨으며, 그런 두 분께 나는 항상 감사를 드린다. 나는 그리스도와 인격적인 관계를 가지거나, 성경을 믿고 교회에 다니는 기독교 가정 안에서 자라지 않았다. 반면 나는 높은 가치관과 높은 자존감을 심어주고, 강력한 버팀목을 제공해준 종교적이고 도덕적인 가정 안에서 자랐다.

나는 나의 가족 배경과 하나님이 주권적으로 내 안에 심어놓으신 DNA 사이에서 성취 동기가 매우 강하고, 자신감이 부족하며, 열심히 일하는 과욕형 인물로 성장했다. 아버지는 선한 의도에서 내가 인생에서 승리하는 사람이 되기를 원하시는 것으로 자신의 사랑을 표현하셨다. 아버지가 이것을 성취하시는 방식은 고도의 행동을 기반으로 한 윤리를 통해서였고, 또한 조건적 인정을 수단으로 하는 보상을 통해서였다. 성적표에서 다른 모든 과목이 A를 받아도 한 과목에서 B를 맞으면 그 과목의 수업 시간에 내가 어떤 잘못이 있었는지에 관해 중대한 토론이 뒤따랐다. 야구에서 네 번 안타를 쳐도 두 번 땅볼로 아웃이 되면 내가 아웃된 그 두 차례 공격에서 어떤 일이 일어났는지 토론이 이어졌다. 어떤 목표나 어떤 학과 성적이 달성되면 짧은

> 당신은 자신이 어떻게 양육되었고, 그 양육에 어떻게 응답했는지를 분명히 파악하기 전까지 진정한 자신을 결코 발견할 수 없다.

미소와 함께 곧이어 다음의 목표와 다음번의 더 높은 수준을 위한 토론이 뒤따랐다. 지금 와서 이 이야기를 들려주는 것은 우리 아버지의 흠을 잡기 위해서나, 나 자신이 어떤 식으로든 희생자라는 식의 주장을 내세우기 위한 것이 아니다. 다만 당신은 자신이 어떻게 양육되었고, 그 양육에 어떻게 응답했는지를 분명히 파악하기 전까지 진정한 자신을 결코 발견할 수 없다는 사실을 이해하도록 돕기 위한 것이다.

사람을 기쁘게 하고 싶은 바람과 아버지의 행위를 기반으로 한 보상은 고도로 성취 지향적이며, A형 인간(느긋한 성격의 B형과 달리 경쟁 의식, 완벽주의 등의 성향을 보이는 사람을 말함 – 역주)에다, 사람 다루는 기술이 평균보다 뛰어난 목표 지향적 일중독자를 만들어냈다. 나는 좋은 성적을 받았고, 대학에서 체육 장학금을 받았다. 그리고 다른 사람들의 기대를 채워줌으로써 사랑 비슷한 느낌을 얻는 법을 배웠다.

또한 나이가 들면서 부류가 다른 사람들은 기대하는 것도 다르다는 것을 배웠고, 그래서 사회적으로 카멜레온이 되었다. 고등학교에서 여학생들과 함께 있을 때는 부드럽게 행동하는 것이 필요하다는 것을 배웠다. 왜냐하면 여학생들에게 매력 있게 보이거나 그 아이들의 마음을 사로잡기 원한다면 그렇게 하는 것이 중요하기 때문이다. 선생님들 사이에 있을 때는 "예, 선생님" "아닙니다, 선생님"이라고 말하는 전형적인 미국 소년처럼 행동할 필요가 있다는 것을 배웠다. 그렇게 선생님들의 마음에 들고 단정한 이미지를 주어야 성적과 판단해서 악산의 호의와 좋은 평가를 받을 수 있다. 탈의실에서는 거친 뱃사람처럼 행동하고, 팀에서 가장 덩치가 크고 힘이 센 친구를 가장 친한 친구로 삼을 필요가 있다는 것을 배웠다. 내 덩치를 고려하면 나의 꾸며낸 자신감과 '날 건드리지 마' 식의 태도를 보강해줄 누군가가 필요했다.

지금에 와서 이런 이야기를 읽으면 웃음이 날지 모르겠다. 아마 우리 가운데 대부분은 다른 사람들의 인정을 받기 위해 '자신이 아닌 다른 누군가가 되려는' 나의 절박한 시도들을 백배 공감할 것이라 확신한다. 그렇지만 슬프게도, 이처럼 미숙한 최선의 노력들은 원하는 결과를 만들어내지 못했다. 당신이 끊임없이 다른 누군가가 된 것처럼 행동할 때, 혹은 다른 사람의 인정을 받으려고 그들이 원하는 사람처럼 행동하려고 시도할 때, 당신은 실제로 이미지 관리를 위해 만들어진, 내가 '인격 홀로그램'이라고 부르는 것을 투사하고 있는 것이다. 그것은 각기 다른 장소에서 각기 다른 사람들에게 그들이 당신을 용납하고, 보상해주며, 끌어안을 사람으로서 받아들여줄 것이라는 희망 아래 저마다 다른 모습의 당신을 투사하는 것이다. 우리 모두는 어떤 상황에서 어느 정도는 이런 일을 하고 있지만, 그것이 삶과 인간관계에 대해 접근하는 전형적인 모습이 된다면, 그것은 치명적인 일이다.

모든 사람은 위선을 혐오한다. 설령 그것이 자기 자신에게서 발견되더라도 말이다. 나는 고등학교 3학년이었을 때, 이미지 관리에 매우 능숙한 사람이 되었다. 나는 내 세계 안의 다양한 사람들과 모임에게 '각기 다른 나의 모습'을 솜씨 있게 보여주는 법을 배웠다. 이 일은 매우 주목할 만한 분량의 성공과 과도한 피상적인 인간관계를 만들어냈다. 그러나 나는 안으로 죽어가고 있었다. 나는 외로웠고, 내가 아닌 다른 사람인 척하는 것에 지쳤으면서도 그것 외에 달리 할 줄 아는 것이 없었다. "나는 진정으로 누구인가?"라는 질문이 머릿속에 떠오르면 그에 대한 답도, 심지어 그 답을 어떻게 찾아야 할지도 알지 못했다.

3부에서는(11장부터 15장까지) 당신이 "어떻게 하면 진정한 자아를 파악할 수 있는가?"라는 질문을 던지고, 그 답을 찾는 것을 도와주려고 한다.

우리가 진정한 자신을 찾기 위한 이 여정에 함께할 것을 생각하니 흥분되는 마음을 참을 수가 없다. 나는 바로 몇 주 전에 이와 동일한 내용을 20세 전후의 청년들과 우리 집 거실에서 나눈 적이 있다. 그들의 솔직함과 질문들은 많은 것을 보여주면서도 매우 긍정적이었다. 나는 그들이 하나님이 만드신 자신의 모습을 파악해가면서 주체할 수 없을 정도로 흥분하는 모습을 지켜보는 가운데 진정한 자신이 되는 것이 얼마나 중요한 일인지, 우리가 더 이상 다른 사람인 척하는 것을 그만두고 '우리의 진정한 자아'를 온전히 끌어안는 것이 얼마나 혁신적인 일인지 새삼 깨달았다.

나는 진정한 나의 모습을 보았는데, 매력적이지 않았다

내 삶의 돌파구는 내가 고등학교를 졸업한 바로 다음에 일어났다. 당시 나는 그리스도인은 아니었지만, 우리 학교 미식축구 팀 감독님이 내게 기독체육인협회에서 주최하는 여름 수련회에 참가하도록 비용을 대주셨다. 그 수련회는 아침에 식사를 하기 전에 약간의 운동을 하고, 이어서 15분 동안 성경을 읽는 시간이 주어졌다. 나는 전에 한 번도 성경을 읽어본 적이 없었기 때문에 그 일에 참여하는 것을 꺼려했지만, 4일째 되는 날에는 성경을 펴서 하나님이 하시는 말씀을 듣고 내가 진정으로 누구인지 발견하기 위한 여정을 시작하게 되었다.

> "내게 주신 은혜로 말미암아 너희 각 사람에게 말하노니 마땅히 생각할 그 이상의 생각을 품지 말고 오직 하나님께서 각 사람에게 나누어 주신 믿음의 분량대로 지혜롭게 생각하라."
>
> — 로마서 12:3

그 순간에 어떤 일이 일어났는지 다른 사람에게 정확하게 설명하는 것은 어려운 일이다. 나는 그전까지 한 번도 성경을 읽지 않았고 무엇을 기대해야 하는지도 몰랐다. 그렇지만 "마땅히 생각할 그 이상의 생각을 품지 말고"라는 말씀을 읽는 가운데 성령이 내 마음을 꿰뚫고 들어오셔서(당시에는 어떤 일이 일어난 것인지 알지 못했지만) 나의 교만과 가장된 자신감을 깨닫게 해 주셨다.

나는 성경 말씀이 내 생각 속에 계속 떠오르는 가운데 결코 잊지 못할 경험을 했다. 그것은 마치 하나님이 내 생각 속 플레이 버튼을 누르시자, 나는 그동안 내가 각기 다르게 행동했던 다양한 모임들과 나 자신과의 만남을 생생하게 보는 것 같았다. 내가 우리 학교의 아름답고 젊은 여학생들에게 부드럽고 친절하게 대하는 모습을 영화처럼 생생하게 보는 가운데 그 속에 감추어진 나의 진짜 동기까지 확연히 드러났다. 성적을 조금 높여보려고 전형적인 미국 아이의 가면을 쓰고 교실 앞으로 걸어가 선생님과 대화를 주고받는 모습과, 그 며칠 전 탈의실에서 자신의 두려움과 불안감을 감추기 위해 동료 선수들에게 비난과 야유를 퍼부었던 나의 모습을 함께 볼 수 있었다. 그것은 정말 기이한 경험이었으며 가슴을 아프게 찔렀다. 그러나 다른 무엇보다 그것은 감추어진 것이 드러나는 경험이었다! 나는 그때 비로소 처음으로 공허함과 외로움 그리고 슬픔이라는 감정과 정면으로 마주쳤다. 나는

"나 자신에 대해 마땅히 생각하는 것"이 어떤 의미인지 분명히 알지 못했지만, 내가 나를 좋아하지 않았다는 것을, 내가 다른 사람인 척하는 것을 좋아하지 않았으며, 만일 가능하다면 '나는 누구인가?'라는 질문의 답을 찾고 싶어한다는 것을 깨달았다.

그것이 내 여정의 시작이었다. 당신은 어떤가? 당신은 진정으로 누구인가? 우리는 모두 어느 정도 다른 사람인 척 가장한다. 당신은 어떤 방식으로 그렇게 하는가? 당신은 거울을 바라볼 때 당신에게 보이는 그 사람을 좋아하는가? 세상에서 가장 매력적인 사람은 하나님이 당신을 독특하게 만들어 가실 그 사람이라는 것을 깨닫고 있는가? 그 사람이 누구인지 발견하는 것은 중요한 일이 아니겠는가?

만일 그 답이 "그렇다"라면 이제 안전벨트를 단단히 매라. 우리는 앞으로 몇 장에 걸쳐 그 내용을 다룰 것이다. 그러나 그에 앞서, 잠시 시간을 내 몇 가지를 생각해보고 당신의 생각을 친구들과 나누면서 조금 더 깊이 파고들 수 있기를 바란다.

12 그리스도인 되기

하나님은 당신에게 개인적으로 말씀하기 원하신다. 2분 정도에 걸쳐 당신의 영적 성장을 위해 마련된 TRUST ME 질문과 제안들을 천천히 읽어보라. 그런 다음 자리에 앉아 3분 동안 하나님께 어느 질문이나 행동이 당신에게 능력을 주고 용기를 북돋아줄 통로를 제공해줄 것인지 조용히 여쭈어보라. 모든 질문에 대답을 해야 한다거나, 제시된 모든 행동을 다 실천해야 한다는 중압감을 갖지 말라. 성령께 귀를 기울이고 그분의 인도하심을 따르라.

■ **생각하기(Think)**
당신은 이 장을 읽는 동안 어떤 생각이 들었는가?

■ **묵상하기(Reflect)**
내 이야기 가운데 어느 부분이 당신과 똑같았는가? 어느 부분이 당신과 달랐는가?

■ **이해하기(Understand)**
당신이 마지막으로 진지하게 "나는 누구인가?"라고 생각한 때는 언제인가? 이 질문에 대한 대답 가운데 어느 부분이 당신을 불편하게, 흥분되게, 걱정되게 만드는가?

■ **위탁하기(Surrender)**
하나님이 당신을 보시는 것처럼 당신도 당신 자신을 볼 수 있게 해달라고 하나님께 도움을 요청하라.

▪ **행동하기**(Take Action)

오늘의 당신의 모습을 형성하는 데 가장 크게 관련되었다고 생각되는 세 사람과 세 사건을 종이에 적으라.

▪ **동기 부여**(Motivation)

LivingontheEdge.org/r12 사이트에서 '진정한 자아를 파악하는 방법(How to Come to Grips with the Real You)'에 관한 13분짜리 비디오 파일을 시청하라.

▪ **격려하기**(Encourage someone)

자기 자신을 낮게 혹은 부정확하게 바라보고 있는 누군가를 생각해보고, 당신이 그 사람의 삶에서 보는 두 가지 긍정적인 모습을 이야기해주라. 이것이 당신이 현재 진행중인 영성 훈련 과정의 숙제라고 말해주어 그 사람이 부담을 갖지 않게 하라.

당신은 삶의 가장 중요한 질문에 대답했는가?

"너희는 사람 앞에서 스스로 옳다 하는 자들이나
너희 마음을 하나님께서 아시나니
사람 중에 높임을 받는 그것은 하나님 앞에 미움을 받는 것이니라."[1]

— 나사렛 예수

인간이라는 존재는 (의식적이든 무의식적이든) 항상 다음 세 가지 인생의 근본적인 질문을 추구한다.

1. 나는 누구인가? 이 질문은 우리의 정체성을 다룬다.
2. 나는 어디에 속해 있는가? 이 질문은 우리의 안전감을 다룬다.
3. 나는 무엇을 해야 하는가? 이 질문은 우리의 존재의 의미를 다룬다.

생각해보면, 우리가 이 질문에 어떻게 대답하느냐 하는 것이 우리의 인생 전부를 어떻게 살 것인지에 대한 토대를 형성한다.

세 가지 근본적인 질문

나는 누구인가?

처음 질문을 예로 들어보자. "나는 누구인가?" 이 질문은 우리가 우리 자신을 일반적으로 어떻게 생각하며, 평소에 다른 사람들에게 자기 자신을 어떻게 소개하는지를 말한다. 그 답은 사람에 따라 나는 의사이다, 나는 운동선수이다, 혹은 나는 가정주부이다 하는 식으로 다르다. 내가 처음으로 집을 나가 독립할 준비를 하고 있을 때 아버지는 종종 "너는 잉그램 가문의 한 사람"이라는 사실을 기억하고 그에 맞게 행동하라고 충고하셨다. 우리 자신에 대한 이런 발언들은 모두 정체성과 관련이 있다. 우리는 나이가 들고 삶이 변함에 따라 계속해서 우리의 생각과 다른 사람들과의 의사소통 가운데서 우리가 어떤 사람인지를 새롭게 재구성한다. 그러나 우리가 자신을 가리키는 데 가장 흔히 사용하는 정체성과 관련된 어휘의 거의 대부분이 우리가 어떤 사람인가 하는 것보다 우리가 무엇을 하느냐와 관련되어 있다는 사실을 주목하라.

나는 어디에 속해 있는가?

우리 모두가 제기하는 두 번째 질문은 "나는 어디에 속해 있는가?"이다. 이 질문은 우리의 안전감을 다룬다. 우리가 처음 걷기 시작했을 때부터 지팡이가 필요할 때까지 우리는 다른 사람에게 우리가 어디에 소속되어 있는지를 전달하기 위해 모임에 가입하고, 또래들과 어울리고, 문신을 하고, 유명 디자이너의 옷을 구입한다. 미식축구 시즌이 되면 애틀랜타 전역은 자신이 좋아하는 팀의 로고를 차에 인쇄하거나 깃발을 달고 다니며 자기가 어느 팀 소속인지를 알리려는 사람들로 넘쳐난다. 그래서 사람들은 저마다 붉은 깃발을 흔드는 조지아 불독(Georgia Bulldog)이거나, 오렌지 그림판을 자동차 뒷유리에 붙인 어번 타이거(Auburn Tiger), 혹은 조지아 테크 옐로우 재킷(Georgia Tech Yellow Jacket)이 된다. 성인 남자들은 자기가 좋아하는 선수들의 이름이 새겨진 미식축구나 야구 티셔츠를 입고 그 팀과 자기가 하나 된 것을 선포하며, 성인 여자들은 디자이너의 로고가 박혀 있는 수천 달러짜리 핸드백을 구입해서 자신의 우아함과 풍요로움을 과시한다.

우리는 모두 반드시 어딘가에 속해 있으려 하며 우리의 안전감을 충족시키기 위해 자신이 어느 가문, 어느 집단, 어느 골프 클럽, 어느 파벌, 어느 정당, 어느 사회 경제적 계층, 어느 사교 클럽 혹은 어느 학교 동문, 어느 인종, 혹은 어느 교회에 속해 있는지 다른 사람들이 알아주기를 원한다.

나는 내 삶으로 무엇을 해야 하는가?

우리가 던지는 세 번째 질문은 우리의 존재의 의미에 초점을 맞추고 있다. "나는 내 인생을 가지고 무엇을 하도록 예정되어 있는가?" "나는 왜 다른 곳이 아닌 이 지구라는 행성 위에 존재하고 있는 것인가?" 우리는 어린아이였을 때부터 중년이 될 때까지 이 질문을 묻고 또 대답한다. 철학자들, 신학자들 그리고 모든 종류의 종교가 이 질문에 대해 각기 다른 답을 제시했다. 그것이야말로 인생의 근본적인 질문이기 때문이다.

이 세 가지 질문은 우리의 존재 전체에 대한 초석이다. 불행하게도 이 시대는 미디어의 굴레와 급변하는 삶이 만들어내는 소음이 이 근본적인 질문에 솔직하게 대답하라는 우리 영혼의 부르짖음을 듣지 못하게 가로막고 있다.

많은 사람들은 삶의 대부분 동안 이 질문에 마주하기를 거부하는데, 왜냐하면 그렇게 마주 대할 때 우리에게는 깊은 생각이 필요하며 도덕적인 책임이 수반되기 때문이다. 당신이 "나는 왜 이곳에 있는가?"라고 물을 때 '하나님 질문(하나님은 존재하는가, 만일 그분이 존재한다면 나는 어떻게 해야 하는가 등의 근원적인 질문을 말함 – 역주)'을 피할 수는 없다. 그리고 심지어 하나님에 대한 사랑과 예수 그리스도에 대한 믿음을 고백하는 우리들조차 이런 질문들을 건너뛴다. 사전에 수록된 종교적인 해답을 받아들이고 종교 활동을 행하는 일에 뛰어드는 것은, 때로는 고통스럽고 힘든 "잠잠히 있어 그분이 하나님 됨을 아는" 과정보다 훨씬 더 쉽다. 그러나 하나님이 당신에게 당신이 누구이며, 왜 이곳에 있고, 무엇을 해야 하는지 말씀하시게 하려면 고요함과 침묵이 필요하다.

이 세 질문에 대답하는 것은 왜 그렇게 어려운가?

하던 일을 멈추고 이러한 질문들에 마주 대하는 것이 왜 그리 어려운가? 이 세 개의 간단한 질문을 묻고 대답하는 것이 왜 그리 힘든가? 왜 이 질문에 대한 사람들의 대답은 서로 그렇게 다른 것인가? 왜 지식인들조차 자신이 누구이고, 어디에 속해 있으며, 무엇을 해야 하는지에 대한 대답을 그렇게 어려워하는가?

이 질문에 대답하기 전에, 잠시 나와 함께 다른 시대 다른 장소로 찾아가 왜 이 질문에 대답하는 것이 항상 어려운지 그리고 개인적으로나 인간관계에서 혼란을 일으키는 근원이 되는지 하나님이 구체적으로 계시하신 내용을 살펴보도록 하자.

그 장면은 에덴 동산이며 그곳에 한 가지 문제가 생겼다. 죄가 세상에 들어온 것이다. 다음 이야기는 하나님이 우리의 처음 조상이 그분의 명령을 의도적으로 불순종한 뒤 처음 그들을 만나신 이야기다. 본문을 천천히 그리고 자세하게 읽어가면서, 우선 하나님과 아담 사이, 그리고 하나님과 하와 사이의 공개적이고 연약한 사랑의 관계 가운데 변화가 일어나는 것에 주목하라. 그리고 죄가 최초의 남편과 아내 사이에 끌어들이는 관계의 역학 변화에 주목하라.

> 날이 서늘할 무렵 동산에 거니시는 여호와 하나님의 소리를 듣고, 아담과 그의 아내가 여호와 하나님의 얼굴을 피하여 동산 나무 사이에 숨었다. 여호와 하나님께서 아담을 부르시며 그에게 "네가 어디 있느냐?"라고 물으시자, 아담이 대답하기를 "제가 동산에서 주님의 소리를 듣고, 제가 벌거벗은 것이 두려워 숨었습니다."라고 말하였다. 하나님께서 "네가 벌거벗은 것을 누가 네게 알려 주었느냐? 내가 너에게 먹지 마라고 명령한 그 나무의 열매를 네가 먹었느냐?"라고 물으시니, 아담이 대답하기를 "주께서 저와 함께 하도록 주신 여자, 그가 그 나무 열매를 제게 주어서 제가 먹었습니다."라고 말하였다. 여호와 하나님께서 여자에게 "네가 한 이 일이 무엇이냐?"라고 물으시자, 여자가 대답하기를 "뱀이 저를 속여 제가 먹었습니다."라고 말하였다.
>
> – 창세기 3:8–13, 바른성경

이것은 누구나 익히 알고 있는 이야기이므로, 이것이 죄가 어떻게 세상에 들어왔는지를 설명해주는 이야기일 뿐이라는 기존의 생각을 잠시 접어 두기 바란다. 우리는 하나님과 아담 사이 그리고 이어서 아담과 하와 사이에 일어난 이 간략한 대화 가운데서 사람이 하나님과 그리고 사람들 서로 간에 맺는 관계가 영원히 바뀌게 되는 새로운 패턴을 발견한다. 죄의 결과로 인하여 우리가 하나님과 그리고 사람들 서로 사이에 맺는 관계에 어떤 일이 일어났는지 명확히 이해하기 전에는 삶의 가장 깊은 질문들에 결코 효과적으로 대답할 수 없을 것이다.

그럼 본문을 함께 살펴보기로 하자. 시간은 하루 중 서늘한 때였고, 아담은 여호와께서 동산을 거니시는 소리를 들었는데 아마도 아담과 교제의 시간을 갖기 위해 다가오시는 중이었을 것이다. 본문은 이것이 하나님과 아담 사이에 일반적인 관행이었음을 시사하는데, 아담은 이전까지와 전혀 다르게 대응하고 있다. 그를 만드시고, 사랑하시고, 기뻐하시는 하나님이 그와 함께 약간의 시간을 보내려고 오시는데도 그는 전혀 다르게 행동했다. 그는 숨어버렸다! 하나님은 아담을 부르시며 말씀하셨다. "네가 어디 있느냐?" 이것은 정보를 구하시는 질문이 아니라 진단을 위한 질문이었다.

하나님은 분명 아담이 어디에 있는지 아셨겠지만, 아담 스스로가 '나는 어디에 있는가?'라는 질문에 대답하기를 원하셨던 것이다. 아담의 대답은 많은 것을 보여준다. "제가 동산에서 주님의 소리를 듣고, 제가 벌거벗은 것이 두려워 숨었습니다." 여기서 세 개의 핵심어에 주목하라. 그것은 '두려워하다', '벌거벗다', 그리고 '숨다'이다. 무엇이 아담으로 하여금 두렵게 만들었을까? 아담은 새로운 자기 인식을 하게 되었다. 그는 자신이 벌거벗은 것을 인지했다. 아담은 하나님과의 관계 가운데 처음으로 자신이 드러난다는 느낌을 받게 만드는 부분, 다른 누군가가, 심지어 하나님이라도 그것을 보는 것이 불편하다는 느낌을 받게 되는 부분이 생겨난 것이다.

아담은 (선과 악에 대한 새로운 인식과 함께) 본능적으로 무언가 잘못되었다는 것을, 자신이 기준에 미치지 못한다는 것을 알았다. 그의 새로운 지식은 수치심이라 불리는 한 번도 경험해보지 못했던 감정에 의해 완결되었고, 이에 대한 그의 반응은 숨는 것이었다. 아담이 새롭게 느낀 수치심은 두려움, 거부당할 것에 대한 두려움, 부적당함이라는 감정을 만들어냈는데, 이것은 자신의 진정한 자아를 '덮어버리는' 혹은 숨어버리는 행동으로 나타났다.

인류 역사 가운데 처음으로 교제하기를 원하시는 하나님의 소원에 대해 사람은 두려움으로 이어진 수치심으로 반응했고, 그것은 숨는 것으로 결말지어졌다. 그러나 그 관계의 손상은 아직 끝난 것이 아니다. 하나님은 두 번째로 진단을 위한 질문을 던지신다. "네가 벌거벗은 것을 누가 네게 알려 주었느냐? 내가 너에게 먹지 마라고 명령한 그 나무의 열매를 네가 먹었느냐?" 하나님은 아담을 맞이하시며 정죄하지 않으시고, 일련의 질문을 통해 그가 저지른 행동의 실체를 파악할 수 있도록 도와주셨다. 아담의 두 번째 대답은 자기 아내의 등골을 오싹하게 만들었을 것이다. 아담은 자신의 행동에 대해 책임을 지는 대신 그 책임을 자기 아내에게 떠넘겼는데 그것은 간접적으로 하나님을 향한 것이었다. "주께서 저와 함께 하도록 주신 여자, 그가 그 나무 열매를 제게 주어서 제가 먹었습니다." 이 말을 해석하면, "그건 내 잘못이 아니다"라는 뜻이다. 우리는 이것을 심리학적으로 부인 그리고 책임 전가라 부른다.

하나님은 인내하시며 아담의 변명을 들어주시고 비난을 떠안은 사람(하와)에게 그 추궁이 사실인지를 좋은 상담자처럼 물으신다. "여호와 하나님께서 여자에게 '네가 한 이 일이 무엇이냐?' 라고 물으시자, 여자가 대답하기를

'뱀이 저를 속여 제가 먹었습니다.'라고 말하였다." 하와는 즉시 자기 남편의 행동을 배워 따라 했다. 그녀는 자기 행동의 진실성에 직면했을 때 책임지는 것을 거부하면서 그것을 직접 제삼자(뱀)에게 돌리고, 결국 간접적으로 살아 있는 모든 생명을 창조하신 하나님을 비난했다.

겉으로 보면 우리는 지금 신학자들이 '타락'이라고 부르는, 혹은 죄가 어떻게 세상에 들어왔는지를 들려주는 성경 이야기를 다루고 있다. 그러나 이 친숙한 이야기의 뒤에는 당신과 내가 지금까지 언급한 인생의 세 가지 커다란 질문인 '나는 누구인가?' '나는 어디에 속해 있는가?' 그리고 '나는 무엇을 해야 하는가?'에 대답하려고 시도할 때 반드시 직면하게 될 세 가지 가장 커다란 장애물이 드러나 있다. 타락은 단순한 신학적 개념을 훨씬 더 뛰어넘는 문제다. 타락은 우리와 하나님과의 관계, 우리와 다른 사람들과의 관계 그리고 우리와 우리 자신과의 관계를 망쳐놓았다. 그리고 만일 당신이 이 일의 결말이 의미하는 바를 깨닫지 못한다면 당신은 평생 영적으로 당신의 꼬리를 쫓게 될 것이다.

진정한 자아의 발견을 가로막는 세 가지 장애물

인생의 가장 중요한 질문들에 대답하는 것을 가로막는 세 가지 장애물이 있다.

1. 두려움은 부끄러움에 뿌리내리고 있다. 우리는 하나님과의 관계에서 두려움 가운데 살아간다. 우리는 다른 사람들과의 관계에서 두려

움 가운데 살아간다. 우리는 실패하는 것을 두려워하고, 마음을 터놓는 것과 연약해지는 것을 두려워한다. 왜냐하면 사람들이 우리의 불완전함을 보게 될까 두렵기 때문이다. 그것은 우리가 기준에 미치지 못하는 것이다. 그 결과, 우리는 솔직해지는 것을 두려워하고, 노력하는 것을 두려워하고, 실수하는 것을 두려워하고, 사람들이 우리의 삶 안으로 들어오게 하는 것을 두려워하고, 심지어 우리 자신이 누구인지 솔직하게 바라보는 것조차 두려워한다. 왜 그런가? 왜냐하면 아담과 마찬가지로 우리 안에는 우리가 기준에 미치지 못하다는 것을 알고 있는 부분이 존재하기 때문이다. 이 모든 두려움들은 중대한 장애물이 되어 "나는 누구인가?"라는 질문에 대답하는 것을 어렵게 만든다. 이것은 정체성의 문제다.

2. 숨는 것은 불안에 뿌리내리고 있다. 왜 아담은 숨었을까? "제가 벌거벗은 것이 두려워 숨었습니다." 우리가 느끼는 부적당함과 불안함은 우리의 진정한 자아를 하나님께뿐만 아니라 서로에게도 숨기게 만든다. 그 논리는 이런 것이다. 만일 당신이 '진정한 칩 잉그램'을 실제로 안다면, 내가 투사하는 그 사람이 아니라, 성화되고 깨끗이 씻겨진 부분이 아니라 '진짜 나'를 정말로 안다면, 그래서 내가 가진 생각의 일부와 내가 행한 일들 몇 가지를 안다면, 당신은 나를 거부할 것이다! 나는 내 영혼 안에 내가 되고 싶어하는 나, 하나님이 나에게 이런 사람이 되라고 부르신 나 그리고 진정한 나 사이에 괴리가 있다는 사실을 알고 있다. 그러나 그 괴리는 내가 기꺼이 나눌 수 있는 것보다 훨씬 거대하다. 그리고 나의 더 큰 두려움은 (순수한 나 자신만으로 남겨졌

을 때) 당신이 내가 진정으로 어떤 사람인지 보게 되는 것이다. 나는 당신이 내가 투사하는 온갖 긍정적인 이미지들과 내가 쓰고 있는 가면 너머에 있는 내가 얼마나 부적당하고 불안한 존재인지 보게 될까 두렵다.

이것이 이미지 관리라고 불리는 것이다. 문제는 당신이 그런 일을 하느냐의 여부가 아니다. 당신과 내가 그것을 얼마나 많이 하느냐이다. 우리는 항상 나보다 더 나은 나를 투사한다. 우리는 이런 것들을 전달하려고 애쓴다. "나는 열심히 일하는 사람이야" "나는 좋은 엄마야" "나는 신실한 그리스도인이야" "나는 마음이 넓어" "나는 이것도 하고 저것도 해" "나는 어제 아무도 돌보아주지 않는 어떤 사람을 도와주었어" "나는 이런저런 학교를 졸업했어" 등등 그 목록은 끝이 없다. 이것은 우리를 나쁘게 만드는 것이 아니라, 우리를 사람으로 만든다. 우리는 타락한 인간이며, 우리가 갖는 인간관계의 틀은 (그리스도의 구속 사역을 받아들이는 것을 제외하면) 하나님과 우리 자신과 다른 사람들로부터 숨는 것이 될 것이다. 왜냐하면 우리는 모두 절대적으로 불안하기 때문이다.

3. 비난은 부인에 뿌리내리고 있다. 사람들이 우리의 '무화과나무 잎'을 벗겨내거나, 하나님이 우리의 행동과 태도에 대해 뼈아픈 질문을 던지기 시작하실 때 우리는 숨을 뿐 아니라 다른 사람을 비난한다. 우리의 불안함이 드러나고 우리의 죄가 나타났기 때문에 우리는 그 즉시 다른 누구, 혹은 다른 무엇에게 책임을 떠넘김으로써 우리의 행동을 합리화한다. "그것은 내 잘못이 아니에요.. 그것은 내가 자라온 우

리 가정의 문제예요." "그것은 내 잘못이 아니에요. 나는 어렸을 때 학대를 받았어요." 혹은 "정부가 나를 무너뜨렸어요." "우리 교육 체계가 나를 실패자로 만들었어요." "헐리웃 영화가 그 악한 생각들을 내 마음속에 집어넣었어요." 혹은 "내 배우자는 너무 엄격해서 나는 다른 곳에서 사랑을 찾아야 했어요." 혹은 "교회가 내 필요를 채워주지 못해요." 우리는 크든 작든, 복잡하든 단순하든, 여러 방식으로 우리의 문제, 실패 그리고 결함을 다른 누군가 혹은 다른 무엇의 탓으로 돌린다.

이 세 가지 장애물은 죄가 세상에 들어옴으로써 비롯된 것인데, 하나님의 도움이 없이는 인간관계를 불가능하게 만든다. 그리고 심지어는 그리스도를 인격적으로 알게 되고, 죄의 형벌이 제거되며, 죄의 능력이 무너진 뒤에도 숨는 일을 멈추고 우리의 불안함과 책임을 전가하는 성향에 직면하는 일을 힘들고 어렵게 만든다.

이런 사실들을 지식적으로 받아들이는 것은 쉬울 수 있지만, 나는 개인적으로 그 사실을 인정하기가 매우 어려웠다. 나의 행위를 통해 나의 가치를 입증하고자 했던 내가 평생 살아온 방식은 그리스도 안의 새 생명임에도 불구하고 내 인격 안에 깊이 배어 있었다. 더군다나, 내가 불안하다는 사실을 인정하는 것은 내게 무언가 문제가 있으며 내가 연약하다는 사실을 인정하는 것 같은 기분이었다. 비록 '우리의 죄를 고백하는 것'의 의미는 우리에게 연약함과 실패가 있음을 선언하는 것이지만, 실제적인 면에서 연약하고 불안하다는 것은 내가 아직 끌어안고 싶은 남자다움이라는 틀과는 거리가 있었다.

진정한 나의 발견

내 경우에 그 돌파구는 내가 28세 때 일어났다. 그때는 내가 텍사스 주 카우프만에 있는 작은 교회의 사역자로 임명받았을 때다. 바로 그곳에서 하나님은 내가 불안하다는 사실을 시인하고 인정할 수 있도록 부르셨다. 하나님은 그 교회의 독특한 환경과 사람들과 한 그리스도인 심리학자의 책을 이용하셔서 나의 정체성에 대해 오랜 세월 이어진 조건적이고 잘못된 믿음을 뛰어넘을 수 있게 하셨다.

그 교회의 이름은 컨트리 바이블 처치(Country Bible Church)였는데, 비록 댈러스 외곽의 인구 약 4천 명 정도의 작은 마을에 위치해 있었지만, 그 교회를 세운 사람들은 시골 사람들이 아니었다. 처음에는 그 사실을 몰랐지만, 몇 달이 지나고나서 이 교회를 구성하고 있는 35명의 사람들은 전형적인 작은 시골 마을 주민들이 아니라는 것을 알게 되었다.

한 사람은 보험 회사를 소유하고 있었고, 다른 사람은 댈러스에서 가장 크고 명성이 자자한 공인 회계 기업을 소유하고 있었으며, 또 다른 사람은 부동산과 여러 개의 오토바이 도매점과 건축 회사를 소유하고 있었다. 내가 새로 부임한 젊은 목사로서 그들의 가정을 심방했을 때 이 사람들은 자기 가족을 위해 근사한 작은 마을로 이주한 부유하고 영향력 있는 사람들이지, 평범한 작은 마을 사람들이 아니라는 것을 깨달았다. 그들이 사는 집의 규모와, 그들이 보내는 휴가와, 혹은 그들이 운전하는 자동차를 보며 나는 완전히 겁을 집어먹었고, 그들의 담임 목사로서 내가 새로 맡은 역할이 너무도 불안하게 느껴졌다.

나는 중산층 가정에서 성장했다. 내가 어렸을 때 우리 형제 셋은 우리가 세들어 살고 있는 침실 2개짜리 집에서 방 하나에 모두 같이 잤다. 그 연장선에서 나는 부자인 사람들에 둘러싸일 때 열등감을 느끼는 것을 깨달았다. 우리 아버지는 대공황 때 당신의 부친을 잃으셨고, 할아버지가 돌아가시자 우리 가족은 농장을 비롯해 소유한 모든 것을 팔지 않으면 안 되었다. 그 결과, 나는 엄격하게 절약하는 분위기 속에서 성장하면서 잘사는 사람들에 대해 적어도 가벼운 편견을 갖게 되었다. 그것은 그들이 의도한 것은 아니지만 나의 불안함과 배경 때문에 나는 부자들 사이에 있으면 왜소해지고 말문이 막히는 느낌을 받았다.

나는 이 새로운 환경 가운데서 그들과 어깨를 나란히 하면서 자의식과 부족함을 느끼게 되었다. 그러나 내가 맡은 교구민들을 알게 되고 그들의 삶과 결혼 생활과 가정들 가운데 자리하고 있는 균열과 아픔을 보기 시작하면서 "이 사람들도 나처럼 엉망이구나" 하고 깨닫기 시작했다. 이 똑똑하고, 부유하고, 성공한 사람들도 한결같이 나와 동일한 어려움과 문제점들을 갖고 있었다. 사실 나는 어려운 시기를 겪고 있는 그들의 자녀들과 또한 결혼 생활이 흔들리고 있는 부부들과 상담을 하기 시작하면서 부자들도 때로는 다른 사람들보다 힘든 그들만의 문제를 갖고 있다는 사실을 깨달았다.

> 그들의 삶과 결혼 생활과 가정들 가운데 자리하고 있는 균열과 아픔을 보기 시작하면서 "이 사람들도 나처럼 엉망이구나" 하고 깨닫기 시작했다.

그 무렵 나는 기독교 심리학자인 폴 투르니에(Paul Tournier)가 쓴 「강자와 약자(The Strong and the Weak, IVP)」라는 책을 접하게 되었다. 그 책의 논지는 간단했다. 폴 투르니에는 오랫동안 여러 배경을 가진 사람들과의 상담을 통해 모든 사람은 절대적으로 불안해한다는 결론에 도달했다. 어떤 사람은 자신의 불안함을 강한 반동으로 드러내는 반면, 다른 사람들은 자신의 불안함을 약한 반응으로 드러낸다. 그 책의 나머지 부분은 자신이 갖고 있는 다양한 수준의 불안함을 드러내는 약한 반응을 보이는 사람들과 강한 반응을 보이는 사람들의 이야기로 채워져 있었다.

힘이 넘치는 사람은 당신을 힘들게 몰아세우고, 자신이 어떤 사람이며 무엇을 해왔는지 알게 하고, 얼마나 많은 사람들이 자기에게 보고를 하며, 얼마나 돈을 많이 버는지 말해주고, 당신이 절대적으로 불안하다는 것을 강조하려고 한다. 감정의 폭발, 분노, 긴 연설 그리고 과도한 통제와 같은 강한 반응을 보이는 사람은 다른 사람들을 먼 거리에 둠으로써 (혹은 성경 용어로 하면 '숨음'으로써) 자신이 실제로 어떤 사람인지 보지 못하게 해서 자기를 배척하지 못하도록 하는 방어 기제를 드러낸다. 이런 형태의 '강한' 행동은 사람들을 먼 거리에 둠으로써 자신이 실제로 어떤 사람인지 다른 사람들이 보지 못하게 한다. 사람들은 가면 뒤에 있는 불안함과 두려움을 감춘 채 투사되고 있는 힘과 능력만을 인지할 뿐이다.

이 스펙트럼의 반대편 끝에는 약한 반응으로 자신의 불안함을 숨기는 사람들이 존재한다. 약한 반응에는 언어적 혹은 비언어적으로 "나는 약해, 나는 희생자야, 나는 너무 부끄러워, 나는 중요한 일은 조금도 할 수 없어, 나는 무서워, 나를 불쌍하게 여겨줘"라고 말하는 모든 다양한 신호가 포함된다. 이런 약한 반응들은 관계의 초기에는 사람들의 지지와 관심을 불러일으키지만, 시간이 지나 도와주려고 애쓰고 또 애쓰다보면 어느 새 그들이 진정으로 도움을 바라고 있지 않다는 사실을 깨닫고 그들에게서 거리를 두게 된다. 그들의 약한 반응은 거리감과 숨김을 만들어내는 또 다른 방식으로, 당신은 그들이 실제로 어떤 사람인지 결코 알지 못한다. 폴 투르니에는 계속해서 이야기를 들려준 다음에, 아무리 재능이 많거나 지적이거나, 혹은 성공한 사람이라 하더라도 모든 사람에게는 한 가지 공통점이 있는데, 그것은 그들이 절대적으로 불안해한다는 결론을 내린다.

나는 그 책을 읽으면서 우리 교회의 훌륭하고 부유한 사람들(이미 내가 겁이 나서 죽을 정도였던)을 관찰한 결과 나는 불안하고 그들도 불안하며, 내가 만나게 될 모든 사람 역시 불안하다는 간단한 결론에 이르게 되었다. 그 사실은 내게 설명할 수 없는 자유를 안겨주었다. 그리고 내가 쓰고 있던 가면을 벗어버리고 다른 사람들도 그렇게 하도록 도와줄 수 있게 해주었다. 또한 내가 나의 불안함으로 인하여 폼을 잡거나, 거짓으로 꾸미거나, 혹은 사람들에게 감동을 주려고 애쓸 때 그 사실을 깨달을 수 있도록 도와주었다. 그 사실은 내가 그리스도와 나와의 관계 안에서 내가 안전하다는 사실을 발견할 수 있도록 새로운 눈으로 하나님의 말씀을 읽고 공부하는 여정을 시작하게 해주었다.

그것은 내가 아직도 계속하고 있는 오랜 여정의 시작이었지만, 나는 당신에게 불안함의 쇠사슬을 부수고 가면을 벗어버리며 하나님이 만드신 놀랍고 아름다운 사람, 즉 당신을 드러내는 법을 배울 수 있다는 것을 분명히 말하고자 한다. 두려움은 부수어버릴 수 있고, 불안함은 능히 마주대할 수 있다. 당신은 하나님이 자신을 어떤 사람으로 만드시더라도 당신 자신을 받아들이는 법을 배우고, 자유와 능력과 기쁨 안에서 앞으로 나아갈 수 있다.

나는 15년 뒤에 내가 그 멋진 교회에서 배운 불안함에 대한 교훈을 실천에 옮겼던 일을 결코 잊지 못할 것이다. 그때 나는 또 다른 매우 위협적인 상황 가운데 있었고, 무엇을 해야 할지 알지 못했다. 나는 국제기독교언론인협회(National Religious Broadcasters)에서 주최한 한 행사에서 척 스윈돌

(Chuck Swindoll)의 옆 자리에 앉게 되었다. 그 자리는 전국적인 방송인과 기독교 지도자들만이 초대받은 저녁 식사 모임이었다. 나는 그런 자리에 처음 초대를 받았고, 많고 많은 사람들 가운데 내 옆에는 다름 아닌 척 스윈돌이 앉은 것이다! 리빙 온 디 에지(Living on the Edge)는 이제 막 라디오 방송 사역을 시작할 때였고, 당시에 여덟에서 아홉 개의 기지국을 갖고 있었던 것으로 기억한다. 그러니 '영적 거인'들로 가득찬 방에서 생초보인 당신이 언제나 존경하던 영웅 옆에 앉아 있는 것이 얼마나 가슴 떨리는 일일지 머릿속에 그려보라.

나는 손바닥은 땀으로 흥건하고 가슴은 두방망이질 치는 가운데, 내가 매우 불안해하고 있으며 하나님이 10년 하고도 5년 전에 가르쳐주신 교훈을 적용할 필요가 있다는 것을 깨달았다. 그래서 척 스윈돌을 향해 고개를 돌리고 이렇게 말했다. "실례지만, 스윈돌 박사님, 제 이름은 칩 잉그램이고 저는 이런 자리가 생전 처음입니다. 행사가 시작되기 전에 제가 한 가지 여쭤볼 수 있을까요?" 그가 말했다. "물론이죠." 그래서 나는 이렇게 말했다. "저는 이 자리가 너무 낯설어서 무엇을 해야 할지 잘 모르겠네요. 너무 부담이 돼서 말입니다. 박사님이시라면 저 같은 사람을 위해 자신을 추스르고 이러한 방송 사역이 성장해나가는 데 무엇을 할 수 있을지 간단한 조언을 좀 해주실 수 있지 않을까요?"

불안함을 숨기려 하기보다는 용감하게 직시하는 이 말이 내 입에서 나오는 순간 나는 마음이 안정되고 두려움의 벽이 사라지는 것을 느꼈다. 그러자 척 스윈돌이 나를 향해 의자를 끌어당기고는 팔을 내 어깨에 두르고 이렇게 말했다. "칩, 나는 당신이 지금 어떤 기분일지 정확히 알고 있습니다. 내가 지난 세월 동안 배운 몇 가지 도움이 될 만한 것들을 이야기해줄게요.

그건 그렇고, 앞으로는 나를 그냥 척이라 부르세요." 내가 또 다른 새로운 환경 속에서 부딪힌 불안함을 용감히 직시했을 때 내디딘 그 첫걸음 때문에 척 스윈돌과의 관계가 시작될 수 있었고, 그 관계는 그 모임 이후 계속 이어지고 있다.

당신도 알다시피, 우리는 사람들에게 좋은 인상을 심어줄 필요가 없다. 지금의 당신 그리고 당신의 진정한 모습은 지구상에서 가장 매력 있는 사람인 것이다. 그리고 '타락'으로 인해 모든 사람이 절대적으로 불안하다는 사실을 받아들일 수 있을 때, 우리는 가면을 벗어버리고, 솔직한 자신의 모습으로 돌아가며, 그리스도 안에서 우리가 안전하다는 사실을 발견할 수 있는 자유를 누리게 된다.

r12 그리스도인 되기

어쩌면 당신은 이렇게 혼잣말을 할 수도 있다. "정말 훌륭한 이야기요, 칩. 당신 말을 들으니 정말 반갑소. 그렇지만 가면을 벗는다는 것은 너무나 겁이 나오." 또 다른 사람들에게 이 장은 자기가 혼자가 아니라는, 당신은 다른 모든 사람들과 마찬가지로 '똑같이 불안하다는' 사실을 깨닫고 열의에 불타오르게 만들 수도 있다. 이제 당신에게 이런 의문이 생겼을 수 있다. "거짓으로 꾸미고, 책임을 떠넘기며, 숨으려는 유혹에 대해 어떻게 대항할 수 있을까? 그리고 나는 누구인가? 나는 어디에 속해 있는가? 나는 무엇을 해야 하나? 와 같은 중요한 질문들의 답을 어떻게 찾을 수 있을까?" 이런 것들이 바로 우리가 다음 장에서 로마서 12장 3-8절을 살펴보며 이야기할 내용들이다. 그렇지만 그에 앞서, 잠시 시간을 내 이 장에서 이야기한 것들을 되짚어보기로 하자. 커피나 차 한 잔을 들고 다음 질문들을 묵상하는 동안 하나님이 말씀하시게 하라.

■ **생각하기**(Think)

우리 자신이 누구인지 발견하는 것을 가로막는 세 가지 장벽은 무엇인가?(184-187쪽)

■ **묵상하기**(Reflect)

당신은 이 장벽들이 당신의 관계 가운데 어떤 식으로 작용하는 것을 보아왔는가?

■ 이해하기(Understand)

당신은 언제 그리고 누구와 함께 있을 때 가장 자유롭게 자신의 모습을 있는 그대로 보이는가? 당신은 어떤 상황에 있을 때 사람들과의 거리를 떨어뜨리기 위해 강하거나 약한 반응을 투사하는가?

■ 위탁하기(Surrender)

하나님과 당신 자신에게 당신은 절대적으로 불안하며, 당신의 외모, 업적, 혹은 소유가 아니라 그리스도 안에서 당신이 안전하다는 사실을 찾을 필요가 있음을 인정하라.

■ 행동하기(Take Action)

이번 주에 믿을 만한 친구에게 당신의 가면을 벗어버리고, 이 세 가지 장벽들이 당신의 삶과 관계 안에서 어떻게 나타나는지에 관해 이 장에서 배운 것들을 이야기하라.

■ 동기 부여(Motivation)

LivingontheEdge.org/r12 사이트에서 '진정한 자아를 파악하는 방법(How to Come to Grips with the Real You)'에 관한 음성 파일을 내려받으라.

■ 격려하기(Encourage someone)

당신이 그다지 좋아하지 않는 어떤 사람의 불쾌함을 일으키는 강하거나 약한 반응 그 너머를 보겠다고 결심하라. 다음 며칠 동안 왜 그들이 숨거나, 책임을 떠넘기거나, 거짓으로 꾸미는지 이해하려고 노력하라. 가능하면 가면 뒤로 숨은 그 사람을 그리스도의 긍휼을 보여줌으로써 인정해주라.

13장
당신은 참된 자신을 발견했는가?

"내 양은 내 음성을 들으며 나는 그들을 알며 그들은 나를 따르느니라
내가 그들에게 영생을 주노니 영원히 멸망하지 아니할 것이요
또 그들을 내 손에서 빼앗을 자가 없느니라."[1]

– 나사렛 예수

당신은 거짓으로 꾸미고, 비난하고, 숨으려는 유혹에 어떻게 대항하는가? 당신의 삶을 마비시키고 당신의 관계들을 무너뜨리는 불안함이라는 감정을 어떻게 뛰어넘을 수 있는가? 당신의 운명을 결정짓는 세 가지 커다란 문제에 대해 어떻게 답을 얻을 수 있는가?

하나님의 대답 : 로마서 12장 3-8절

1. 당신은 누구인가?

"내게 주신 은혜로 말미암아 너희 각 사람에게 말하노니 마땅히 생각

할 그 이상의 생각을 품지 말고 오직 하나님께서 각 사람에게 나누어 주신 믿음의 분량대로 지혜롭게 생각하라"(3절).

- **명령 = 자기 자신을 정확히 평가하라.**

2. 당신은 어디에 속해 있는가?

"우리가 한 몸에 많은 지체를 가졌으나 모든 지체가 같은 기능을 가진 것이 아니니 이와 같이 우리 많은 사람이 그리스도 안에서 한 몸이 되어 서로 지체가 되었느니라"(4-5절).

- 이유 = _____

3. 당신은 무엇을 해야 하는가?

"우리에게 주신 은혜대로 받은 은사가 각각 다르니 혹 예언이면 믿음의 분수대로, 혹 섬기는 일이면 섬기는 일로, 혹 가르치는 자면 가르치는 일로, 혹 위로하는 자면 위로하는 일로, 구제하는 자는 성실함으로, 다스리는 자는 부지런함으로, 긍휼을 베푸는 자는 즐거움으로 할 것이니라"(6-8절).

- 실천 = _____

우리가 비록 이 장에서 '우리가 누구인가?'(3절)를 발견하는 데 우리의 에너지를 집중하고 있기는 하지만, 그와 함께 이 말씀 전체를 분명하게 파악하고, 그 모든 부분이 서로 어떻게 들어맞는지 보게 되기를 원한다.

사도 바울은 성경의 이 짧은 부분에서 삶의 세 가지 근본적인 문제에 대한 해답을 명확하게 펼쳐 보이고 있다. 그는 명령(3절), 명령의 이유(4-5

절), 그리고 그 명령을 수행하는 구체적인 실천(6-8절)의 형태로 그 답을 제시한다.

로마서는 열한 장에 걸쳐 하나님의 용서, 구속 그리고 성령의 내주하심을 설명한 이후에, 이제 그리스도와 우리의 새로운 관계가 어떻게 우리에게 새로운 정체성, 새로운 안전함 그리고 새롭고 영원한 의미를 제공하는지 밝히고 있다. 우리는 새로운 '생각하는' 방법, '속해야 하는' 새로운 가족 그리고 '성취해야 하는' 새로운 목적이 있다는 사실을 배우게 된다. 나는 당신이 이 장에서 하나님의 자녀로서 '자기 자신을 정확하게 평가하는 방법'을 이해하도록 도와주려고 한다. '그리스도 안에 있는 새로운 당신'을 보고 받아들이기 전까지 당신은 결코 가면을 벗고 다른 사람들과 깊이 있는 관계를 맺지 못할 것이다.

당신은 자신을 어떻게 보는가?

우리 자신에 대한 평가에 관해 하나님이 로마서 12장 3절에서 하시는 말씀을 살펴보는 동안, 다음의 몇 페이지에 특별히 집중할 것을 권한다. 불안이라는 문제를 극복할 수 있는 방법을 찾기 위해서는 일반적인 개념으로부터 하나님의 말씀에서 수확한 구체적인 원리로 이동할 필요가 있다. 이제 함께 파고들어가보기로 하자.

"내게 주신 은혜로 말미암아 너희 각 사람에게 말하노니 마땅히 생각할 그 이상의 생각을 품지 말고 오직 하나님께서 각 사람에게 나누어

주신 믿음의 분량대로 지혜롭게 생각하라"(3절).

위에 인용한 3절에서 네 부분이 강조되어 있는 것에 주목하기 바란다. 3절의 핵심 내용은 하나님이 우리 자신에 대해 정확하게 평가하라고 명하신 것이다. 사실, 이 구절에는 네 번에 걸쳐 다양한 형태로 반복해서 나타나는 어근이 되는 낱말이 있다. '생각하다'와 '냉철한 판단(sober judgment, NIV, 우리말 개역본이나 개역개정본에는 '냉철한 판단'이라는 말 대신 "지혜롭게 생각하라"로, 표준새번역, 우리말성경, 현대인의 성경은 "분수에 맞게"로 번역됨 - 역주)'이라는 낱말은 매번 반복될 때마다 우리 자신에 대해 실재와 일치하는 방식으로 생각할 것을 우리에게 요구하고 있다. '냉철한 판단'이라는 구절은 '술 취하지 않은', 혹은 자신에 대한 판단을 왜곡시킬 어떤 영향력 아래 있지 않다는 개념을 가장 생생하게 강조하고 있다. 바울은 이어서 우리가 우리 자신에 대해 어떻게 잘못 생각하고 있는지, 혹은 부정확하게 생각하고 있는지에 대해 구체적으로 경고한다.

본문이 "그 이상의 생각을 품지 말라"고 말씀하시는 것에 주목하라. 이것은 교만에 대한 훈계로, 우리 스스로 다른 사람보다 더 중요하고, 더 똑똑하고, 더 가치 있다고 생각하게 만드는 은밀한 감정과 자기 인식에 대한 것이다. 우리는 가끔씩 드러내놓고 이런 행동을 할 때도 있지만, 대부분의 경우 매우 은밀하고 정교한 방식으로 행한다.

내가 자신을 지나치게 높이 평가할 때, 그 결과는 항상 관계의 갈등과 불화로 이어진다. 우리는 "나는 하나님이 세상에 보내신 선물이야"라는 분위기를 풍기는 사람들로 둘러싸여 있다. 그런 사람 주위에 있고 싶지 않다는 것을 깨닫는 데는 오랜 시간이 걸리지 않는다. 그렇지만 솔직히 말해서, 우리는 모두 누군가에게 이런 식의 태도를 투사한다. 우리가 기대하는 중요성과 존경을 가지고 우리를 대하지 않는 누군가를 향해 표출된 분노이든, 혹은 누군가 우리가 전달하려고 하는 내용을 우리가 생각하는 만큼 빠르게 파악하지 못하는 것에 대해 갖는 조급함이든 그것은 본문에서 금하고 있는 미묘한 방식의 자신이 우월하다는 생각이다.

> 내가 자신을 지나치게 높이 평가할 때, 그 결과는 항상 관계의 갈등과 불화로 이어진다.

그러나 "마땅히 생각할 그 이상의 생각을 품지 말라"는 말은 단순히 하나의 금지 명령만은 아니다. 그분은 또한 긍정의 명령도 함께 주신다. "오직 분수에 맞는 혹은 정확한 판단으로 자기 자신을 평가하라"(이것은 영어 성경 NIV 번역으로, 한글개역개정에는 "지혜롭게 생각하라"로 번역됨 – 편집자 주). 우리 자신을 바라볼 때 높아진 시선에서 볼 뿐 아니라 낮은 시선에서 보는 위험이 함께 존재한다. 누군가 이렇게 말했다. "겸손은 자신을 너무 높게도, 혹은 너무 낮게도 생각하지 않는 것이다. 겸손은 자신을 전혀 생각하지 않는 것이다."

우리는 모두 말과 신체 언어로 "나는 아무 쓸모가 없어. 나는 부족해. 나는 희생자야. 만일 내가 어떤 사람인지 알게 되면 당신은 내 옆에 있고 싶어 하지 않을 거야. 나는 절대 바른 일을 할 수 없어. 나는 무엇에나 실패하는 바보야!"라고 울부짖는 사람들과 함께 시간을 보낸다.

이런 사람들과 조금이라도 함께 시간을 보내고나면 우리의 지지와 동정심을 이끌어내기 위해 마련된 수많은 메시지들에 우리는 귀를 기울이게 되지만, 그 결과는 대부분 정반대의 반응을 낳을 뿐이다. 내 말을 오해하지 말라. 진짜 문제가 있고 어려운 시기를 보내는 동안 우리의 사랑이 필요한 사람도 실제로 있다. 그러나 내가 여기서 말하고 있는 것은 '나는 아무 쓸모없는 희생자예요 식의 사고방식'을 갖고 있는 사람들이다. 이런 사람들은 '별도의 은혜가 필요함' 분류에 해당되는 사람들로, 당신이 아무리 많은 격려와 인정을 해주어도 자신에 대한 왜곡된 시각은 그들 스스로를 죄수로 가두어 버린다.

그들은 자신을 지나치게 높이 평가하는 사람들과 마찬가지로 동일한 결과를 얻는다. 그들은 자기 자신에 대해 생각한다. 그리고 하루를 마칠 때면 높든 낮든 자기 자신에 대한 부정확한 평가는 교만으로 이어지게 된다. 교만은 가장 간단히 표현하면, 자기 자신에게 몰두하고 자기 자신에게 초점을 맞추는 것이다.

아마 그림 언어를 사용하면 이것을 이해하는 데 도움이 될 것이다. 나는 더 이상 볼링을 잘 치지 않지만, 한창 볼링에 빠져 있을 때는 100퍼센트 확실한 일을 발견한 적이 있다. 볼링공을 던졌는데 왼쪽 거터(gutter, 흔히 도랑이라고 부르는 레인 양 옆의 홈 – 역주)에 빠지면 거터볼이라고 부르고 점수는 0이 된다. 그리고 공이 오른쪽 거터에 빠지면 역시 거터볼이라 부르고 0점을 얻는다. 내 말의 요점은, 어느 쪽 거터에 빠지든 상관없이(자신을 너무 높게 생각하든, 혹은 자신을 너무 낮게 생각하든) 그것은 하나님이 금지하신 부정확한 시각이라는 것이다. 비록 이 말이 당신에게 낯설게 들릴지 모르겠지만, 하나님은 당신에게 당신 자신을 똑바로 평가하라고 명령하고 계신다. 그렇다면 어떻게 하면 그렇게 할 수 있는가? 그 답은 3절의 마지막 부분에 나와 있다.

그리스도 안에서 당신은 진정으로 누구인가?

지혜롭게 생각하라는 명령 전에 바로 나오는 "하나님께서 각 사람에게 나누어 주신 믿음의 분량대로"라는 말씀은 이 구절을 이해하는 데 매우 결정적인 내용을 담고 있다. 이 문맥에서 '믿음'이라는 말은 우리가 그리스도 안에서 갖고 있는 주관적인 혹은 개인적인 믿음을 가리키는 것이 아니다. 여기서 믿음이라는 말은 객관적인 의미로 사용되었다. 즉, 우리가 그리스도 안에서 소유한 새로운 생명, 우리 모두가 신자로서 함께하는 '믿음'처럼 말이다.

뉴웰(Newell)은 자신의 로마서 주석에서 이 구절의 의미를 매우 훌륭하게 요약해서 제공하고 있다. "'하나님께서 주신 믿음의 분량'이란 사람이 자기 자신을 평가하는 기준, 즉 객관적인 믿음이나 성경적 자아관을 가리킨다."[2] 따라서 이 문맥에서 '믿음'이란 예수님을 믿는다는 우리의 개인적인 행동을 가리키는 것이 아니라, 그리스도 안에서 당신의 존재라는 객관적인 실재와 그분과 당신의 새로운 관계로 인한 당신의 진정한 존재를 가리킨다.

우리 자신을 "믿음의 분량대로" 보라는 하나님의 이 명령은 로마서의 처음 열한 장에서 분명하게 밝혀진 진리의 요약이요 선언문이다. 우리는 예수님을 의지할 때 완전히 새로운 피조물이 된다. 우리의 옛 사람은 죽고, 성령을 받아, 전혀 새로운 사람이 되어(고후 5:17) 하나님 앞에서 새로운 신분과 지위를 갖게 된다. 자기 자신을 똑바로 보라는 이 명령은 당신 자신을 성경이라는 렌즈를 통해 보라는 것이다.

이 사실을 아무리 강조해도 지나치지 않은 것은, 이것이야말로 오늘날 그리스도의 몸 안에서 가장 확실하게 누락된 것 가운데 하나라고 생각되기 때문이다. 나는 하나님을 사랑하고 온 마음을 다해 그분과 교제하기를 간절히 원하는 그리스도인들을 만나지만, 그들은 자신이 그리스도 안에서 어떤 존재인지 올바로 이해하고 있지 못한 경우가 너무 많다. 그들의 관계는 오직 하나님과의 경험에 근거하고 있는데, 자신이 누구이며 하나님의 자녀로서 정말로 무엇을 소유하고 있는지에 관한 기본적인 진리에 깊이 뿌리내리지 못하고 있을 때가 자주 있다. 이렇게 이해가 부족할 때 성도들은 자신의 힘으로 새로운 삶을 살려고 노력하는 가운데 패배와 좌절을 맞을 수밖에 없다.

그와 마찬가지로, 대부분의 새로운 그리스도인들은 영적으로 성장하기 위하여 그리스도인으로서의 삶을 훈련받기 시작하고 여러 활동들에 참여하도록 권면을 받는다. 교회 출석, 기도, 하나님의 말씀 읽기, 봉사 그리고 서로 사귐을 갖는 것이 처음 믿는 그리스도인들이 많이 듣게 되는 선한 동기에서 나온 메시지들이다. 마음으로 하나님께 이야기하고, 그분의 음성을 듣는 법을 배우며, 그분의 말씀으로 우리의 생각을 새롭게 하고, 그분의 백성들과의 교제를 기뻐하는 것은 반드시 필요한 일이다. 그러나 이 모든 귀중한 그리스도인의 '활동들' 가운데 빠진 것이 바로 '그리스도 안에' 있는 것이 어떤 의미인가 하는 구체적인 가르침이다. 우리는 하나님을 위한 활동들로 넘쳐나기 전에 하나님이 우리를 어떻게 보시는지 분명하게 이해할 필요가 있다. (만일 이 말에 감명을 받았다면 나의 책 「삶의 변화라는 기적(The Miracle of Life Change)」이 당신에게 매우 도움이 될 것이다.) 이제까지 신학적인 면은 충분히 살펴보았으니 하나님이 우리를 보시는 방식으로 우리 자신을 보는 방법에 관해 실제로 알아보기로 하자.

하나님이 보시는 것처럼 자신을 보라

　나는 그리스도인이 되고나서 처음 10년 동안 그리스도인으로서 살아가는 '방법들'에 대한 훌륭한 훈련을 받았다. 그래서 기도하는 법, 하나님의 말씀 안에 들어가는 법, 간증하는 법, 복음을 전하는 법, 성경 공부와 제자 훈련을 통해 다른 사람들을 섬기는 법을 배웠다. 그러나 내 삶 가운데 빠져 있는 것이 있었는데, 그것은 나 자신을 정확하게 바라보는 것, 즉 하나님의 시선으로 보는 것이었다. 나는 성경을 읽고 공부하면서 사소한 것들까지도 낱낱이 살펴보았지만, 하나님이 나를 어떻게 보시는지 혹은 그 진리를 어떻게 실천해야 하는지 확실하게 이해할 수 없었다. 그 결과, 나는 그리스도인이 된 이후 내 삶의 처음 10년을 나의 행위를 통해 하나님을 기쁘시게 하려고 노력하는 데 보냈다. 나는 읽고, 공부하며, 섬기는 가운데 내가 하나님의 기준에 도달했다는 느낌을 전혀 받아보지 못했다. 나는 나의 행위를 기준으로 죄책감과 실망의 감정들에서부터 교만과 자기 의의 감정 사이를 시계추처럼 왔다 갔다 했다. 나는 나 자신에 대해 올바른 평가를 하게 된 후에야 내가 이미 하나님을 기쁘시게 하고 있었으며, 하나님을 위해 무언가를 해야 할 필요가 없다는 사실을 깨달았다.

　내 경우에, 나의 불안함들은 내가 아닌 다른 사람을 투사하고 나 자신을 지나치게 높이 생각하도록 만든 반면, 내 아내는 이 동일한 방정식의 반대 항에서 정반대 되는 오류를 범하고 있었다. 우리는 결혼 생활에서 하나님이 우리를 실제로 어떻게 보시는지를 깨달아 우리가 의사소통하는 것을 배우고, 우리의 결혼 생활이 원만해지기 위한 여정 가운데 있음을 깨달았다. 내가 나를 바라보는 부풀어오른 시각은 아내의 자존감과 자기 의미에 대한 부족함과 동일하게 우리의 관계에 기능 장애를 초래했다.

결혼 생활 초기에, 아내와 나는 지혜롭고 경건한 목사님으로부터 결혼 상담을 받은 적이 있는데, 그분은 가끔씩 카운슬러로 일을 하기도 하셨다. 그분은 우리에게 우리 두 사람의 의사소통과 관계에서 날마다 일어나는 문제들을 해결하는 데 필요한 도구와 깨달음을 주셨다. 그러나 그분이 우리에게 주신 진짜 선물은 우리가 껍질 속을 파고들어가 그리스도 안에서 우리 정체성의 핵심 부분을 탐구할 수 있도록 도와주셨다는 점이다. 리처드 마이어(Richard Meyer) 박사님은 테레사와 내가 하나님의 눈으로 '우리가 진정 누구인가'를 배울 수 있게 도와주셨다. 그분은 우리에게 우리 자신뿐 아니라 서로를 향해 냉철한 자기 평가를 하는 방법을 가르쳐주셨다. 그 방법을 배우는 가운데 우리의 관계는 상상하지 못하던 방식으로 활짝 피어났다.

마이어 박사님은 테레사와 나를 위해 우리의 삶 가운데 다섯 가지 중요한 영역에서 하나님이 우리를 보시는 것처럼 우리 자신을 보는 데 도움이 되도록 약 8×13 센티미터 정도 되는 카드를 만들어주시고, 우리가 복습할 수 있게 해주셨다. 나는 아침 일찍 소파에 앉아 테레사와 함께 그 카드를 크게 소리내어 복습하던 것을 기억한다. 우리가 그 카드를 매일 복습해나가는 동안, 조금씩 조금씩 우리의 생각이 변하기 시작했다. 다음의 내용은 우리가 몇 년에 걸쳐 복습해왔고, 우리 아이들을 비롯해 수많은 사람들에게 전해주어 그들이 '하나님이 주신 믿음의 분량대로' 자신을 볼 수 있도록 도와준 것이다.

나는 당신도 이 카드를 6주간 매일 큰 소리로 여러 차례, 천천히 그리고 생각하면서 읽을 것을 권면한다. 그 카드에 적힌 내용이나 성경 구절을 외우려 하지 말라. 단지 천천히 그리고 분명히 알아들을 수 있도록 소리내어 읽고, 하나님께 당신이 읽고 있는 것이 당신과 관련해 정말 사실이라는 것을 믿도록 도와달라고 요청하라.

우리 부부가 우리를 바라보시는 하나님의 시각, 즉 우리가 진정으로 누구인가 하는 것을 배우게 되면서 모든 것이 변하기 시작했다. 왜냐하면 사실 우리는 하루에도 몇 번씩 우리 자신에게 우리가 어떻게 생각하고, 어떻게 관계를 맺고, 무엇을 하는지에 영향을 미치는 메시지를 들려주고 있기 때문이다. 만일 당신의 마음 깊은 곳에서 자신이 무가치하며, 사랑받지 못하고 있고, 부적격자라고, 아니면 다른 누구보다 더 중요하다고 느낀다면, 그 내용은 이제 권력자가 되어 당신으로 하여금 무엇을 해야 하며 다른 사람과 어떤 관계를 맺어야 하는지 지시할 것이다. 이런 잘못된 믿음의 대부분은 너무나 깊이 묻혀 있던 평생 이어져온 생각의 틀이기 때문에 그것을 부수기 위해서는 엄밀한 계획과 지속적인 책임이 필요하다.

당신도 변할 수 있다!

당신은 절대 변할 수 없다고 생각하지 말라. 그것은 틀린 생각이다! 자신에 대한 생각을 바꾸는 것은 어려운 일일 수 있지만, 그 보상은 충분히 그만한 가치가 있다. 아내와 내가 이 카드들을 거의 30년 전에 복습하기 시작했을 때 테레사는 아름다운 여인이었지만 스스로 못생겼다고 생각했고, 우아하고 친절했지만 자신이 부족하다고 생각했으며, 내가 만난 사람들 가운데 가장 놀라운 사람이었지만, 열등감 속에서 극단적으로 낮은 자존감을 갖고 있었다. 그때 나는 그녀가 이 카드들을 매일매일 복습하는 것을 지켜보았다. 그녀는 조금씩 과거의 사람들로부터 받아들인 메시지와 자신이 겪은 상처 많은 경험들 대신에 하나님이 자신에 대해 말씀하신 것을 믿기 시작했다. 그리고 지난 30년 동안 나는 내 눈앞에서 꽃 한 송이가 피어나는 것을 목격했다. 오늘 나는 안과 밖이 모두 아름다우며, 자신에 대한 올바른 생각이 주는 확실한 자신감과 긍정적인 자기 가치를 받아들이고 있는 한 여성과 함께 살아가고 있다.

외모

나의 신체적 외모(나의 변화시킬 수 없는 측면)는
하나님이 보시기에 아름답다.
그분은 나를 디자인하고 만드셨다.

・

시편 139편 13-17절

"주께서 내 내장을 지으시며 나의 모태에서 나를 만드셨나이다
내가 주께 감사하옴은 나를 지으심이 심히 기묘하심이라
주께서 하시는 일이 기이함을 내 영혼이 잘 아나이다
내가 은밀한 데서 지음을 받고 땅의 깊은 곳에서 기이하게 지음을
받은 때에 나의 형체가 주의 앞에 숨겨지지 못하였나이다
내 형질이 이루어지기 전에 주의 눈이 보셨으며
나를 위하여 정한 날이 하루도 되기 전에 주의 책에 다 기록이
되었나이다 하나님이여 주의 생각이 내게 어찌 그리 보배로우신지요
그 수가 어찌 그리 많은지요."

소속감

나는 하나님에게 사랑받고, 인정받고,
하나님이 필요로 하시는 존재이며, 내 삶에서 가장 중요한 인물이다.

■

로마서 8장 31-32절

"그런즉 이 일에 대하여 우리가 무슨 말 하리요 만일 하나님이
우리를 위하시면 누가 우리를 대적하리요 자기 아들을
아끼지 아니하시고 우리 모든 사람을 위하여 내주신 이가
어찌 그 아들과 함께 모든 것을 우리에게 주시지 아니하겠느냐."
(또한 에베소서 1장 18절을 참조하라.)

가치 있음

나는 이제 그리스도를 의지하기 때문에 하나님이 보시기에 의인이다.
나는 그분의 순결하고 선한 두루마기로 감싸여 있다.
또한 나는 새로운 본성을 얻었기 때문에 그 전반적인 삶의 모습이
선한 사람이며, 그리스도 안에서 계속 성장해가고 있다.
(고린도후서 5장 17절을 보라).

■

이사야 61장 10절

"내가 여호와로 말미암아 크게 기뻐하며 내 영혼이 나의 하나님으로
말미암아 즐거워하리니 이는 그가 구원의 옷을 내게 입히시며
공의의 겉옷을 내게 더하심이 신랑이 사모를 쓰며
신부가 자기 보석으로 단장함 같게 하셨음이라."

안정감

나는 그리스도와의 관계 안에서, 매일의 평안과 행복 안에서,
나의 미래의 모습 안에서, 땅 위에서든 하늘에서든 안전하다.

■

로마서 8장 38-39절

"내가 확신하노니 사망이나 생명이나 천사들이나 권세자들이나
현재 일이나 장래 일이나 능력이나 높음이나 깊음이나
다른 어떤 피조물이라도 우리를 우리 주 그리스도 예수 안에 있는
하나님의 사랑에서 끊을 수 없으리라."

역량

나는 능력 있는 사람이며, 현재 어떤 성장 단계에 있든 상관없이
매일의 삶 가운데 하나님의 뜻을 그분을 기쁘시게 하는 방식으로
수행할 수 있도록 성령에 의해 능력을 받았다.
내 삶의 진정한 의미는 내가 하나님의 사랑과 그리스도의 메시지를 가지고
다른 사람들의 삶과 연결되는 데 있다.

■

빌립보서 2장 13절, 4장 13절

"너희 안에서 행하시는 이는 하나님이시니
자기의 기쁘신 뜻을 위하여 너희에게 소원을 두고 행하게 하시나니."
"내게 능력 주시는 자 안에서 내가 모든 것을 할 수 있느니라."

■

> 에베소서 2장 10절
> "우리는 그가 만드신 바라 그리스도 예수 안에서
> 선한 일을 위하여 지으심을 받은 자니
> 이 일은 하나님이 전에 예비하사 우리로 그 가운데서
> 행하게 하려 하심이니라."

나는 여성들에게 이 내용들을 진지하게 받아들이고 다음 6주 동안 기꺼이 함께 복습할 동료를 찾아보라고 격려하고 싶다. 당신은 진리로 당신의 마음을 새롭게 하고 마땅히 생각할 생각을 품어 자신을 올바로 평가하기 시작하게 될 때 어떤 일이 일어날지 크게 놀랄 것이다.

그리고 남성들이여, 내가 여성들에게 특별히 초점을 맞춘 것은 내 아내의 개인적인 경험 때문이지만, 당신에게 분명히 말할 수 있는 것은, 이 카드들을 통해 내 아내가 경험한 만큼의 놀라운 일들이 내게도 똑같이 일어났다는 사실이다. 나의 자아에 대한 왜곡된 시각은 내 아내가 갖고 있던 왜곡된 시각과 동일한 방식으로 나타나지는 않았지만, 이 진리들을 복습하는 가운데 비교하고 씨름하는 것을 멈추고 마침내 하나님이 만드신 나를, 있는 그대로의 모습으로 인식하고 즐길 수 있는 법을 배웠다.

r12 그리스도인 되기

그렇다면 당신이 당신 자신에 대해 정확하게 보게 될 때 어떤 일이 일어나겠는가? 자기 자신을 똑바로 보는 것이 왜 그렇게 중요한가? 그것은 당신 주위 사람들에게 어떤 영향을 끼치는가? 자신을 정확히 평가할 때 "나는 어디에 속해 있는가?"란 질문에 어떤 답을 할 수 있는가? 이것이 바로 다음 장에서 살펴볼 내용이다.

■ 생각하기(Think)

냉철한 자기 평가란 무엇인가?

■ 묵상하기(Reflect)

1부터 10까지 새겨진 눈금자에서 당신은 자기 자신을 얼마나 정확하게 보고 있다고 생각하는가? 그 이유는?

■ 이해하기(Understand)

당신은 그리스도 안에서 자신이 어떤 지위를 가지고 있다고 이해하는가? 당신은 하나님의 기준에 맞추어 살려고 노력하는 것에 비해 이미 소유한 것(믿음)을 자기 것으로 삼는 것이 중요하다고 생각하는가?

■ 위탁하기(Surrender)

'자기 자신을 정확하게 판단하라'는 로마서 12장 3절의 명령에 순종할 수 있는 능력을 달라고 하나님께 구하라.

■ **행동하기**(Take Action)

이 장에서 소개한 카드들의 내용을 복사하여 6주 동안 매일 복습하라.

■ **동기 부여**(Motivation)

여성들이여, 당신에게 소망이 필요하다면 먼저 내 아내 테레사가 들려주는 이 이야기를 들으라. 그 내용은 LivingontheEdge.org/r12 사이트에 '그분이 보시기에 귀한(Precious in His Sight)'이라는 제목의 시리즈로 올라와 있다. 이 강의는 그녀가 냉철한 자기 판단을 향해 나아간 자신의 경험을 바탕으로 만들어졌다.

■ **격려하기**(Encourage someone)

다음 6주 동안 이 정체성 카드를 복습하면서 한 세트를 만들어 친구에게 선물하라.

14장
당신은 하나님 가족의 지체인가?

> "무릇 많이 받은 자에게는 많이 요구할 것이요 많이 맡은 자에게는 많이 달라 할 것이니라."[1]
>
> – 나사렛 예수

최근에 나는 내가 알고 있는 사람들 가운데 가장 성공한 사람과 식탁에 마주 앉은 적이 있다. 그의 이름이 애틀랜타 일대에 오르내릴 때면 '빛나는, 능력 있는, 성공한, 똑똑한, 일하는 법을 제대로 알고 있는' 등의 말이 그 사람을 수식하는 표현에 따라다닌다. 그는 지난 몇 년 동안 내게 좋은 친구가 되어주었고, 나와 내 사역에 헤아릴 수 없이 많은 도움을 주었다.

그리고 그 친구와 식탁에서 만났던 그날, 나는 그 친구의 또 다른 측면을 보게 되었다. 그는 낙심해 있었다. 내가 그 사실을 금새 알 수 있었던 것은 그가 평소에는 매우 활발한 사람이었기 때문이다. 그는 정말 기운이 가라앉아서는 이렇게까지 말했다. "칩, 나는 정말 너무도 힘이 드네." 그 말은 "오늘은 정말 재수가 나쁜 날이군" 혹은 "이런 타이어에 구멍이 났네" 혹은 "우리 아이들과 사소한 일로 말다툼을 했어" 하는 식의 실망감을 표현하는 말과 전혀 다른 것이었다. 그 말은 근본적인 곳에서 그의 마음을 무겁게 짓누르는 낙심천만한 말이었다.

나는 그가 들려준 이야기를 결코 잊지 못할 것이다. 그는 이렇게 말했다. "나는 지금 어찌할 바를 모르겠네. 내가 어디에 속해 있는지 도무지 알 수가 없다네." 이 친구는 이런저런 이유로 인해, 그의 삶에서 자신이 영적으로 존재하던 장소와 자신이 느끼고 있던 소속감이 더 이상 자신과 어울리지 않는 시기를 겪고 있었다. 한 가지 문제는 그가 '자신이 있어야 할' 장소가 어디인지 알지 못했다는 것이다.

내 친구는 자기가 무엇을 잘하는지 알고 있었고, 자신의 성공으로 칭송을 받고 있었지만, 중요한 한 가지인 소속감을 놓치고 있었다.

소속감은 하나님이 주신 욕구이다

로버트 퍼트넘(Robert Putnam)은 자신의 기념비적 저서인 「나홀로 볼링(Bowling Alone, 페이퍼로드)」에서 외로움이야말로 미국의 새로운 전염병이라고 진단했다. 사람들은 자신이 속할 곳을 찾아 헤맨다. 1970년대에는 좋은 직장을 그만두고 '자신을 발견'하기 위해 깊은 숲속으로 들어가는 것이 특이한 일이 아니었다. 실존주의가 유행하던 60년대와 70년대의 쟁점은 정체성의 문제였다. 나는 누구이며 왜 이곳에 있는가? 그리고 21세기에는 "나는 어디에 속해 있는가?"가 새롭게 부각되고 있다.

소속감은 하나님이 주신 인간으로서의 욕구이다. 우리 모두는 한 가족에 소속되어 있고, 한 모임에 소속되며, 한 팀에 소속되고, 우리가 그들을 필요로 하는 것처럼 건강하고 생산적인 방식 가운데서 그들도 우리를 필요로 하고 있는 사람들 가운데 소속되어 있다는 안전감을 원하고 또한 필요로 한다. 가족의 분화와 과학 기술의 급속한 발전은 사람들을 그 어느 때보다 더 많이 이동시키고 소외되게 만들었다. 어딘가에 소속되고 싶다는 뼈아픈 욕구는 그 어느 시대보다 높아졌다.

스타벅스보다 더 사람들의 모임을 잘 이용하는 곳도 없다. 그들은 직원들을 훈련시킬 때 어떻게 하면 고객들에게 소속감을 제공할 수 있는지를 크게 강조한다. 내 며느리 가운데 한 명이 자기 막내아들이 시카고에 있는 대학을 졸업할 때까지 그곳에 있는 스타벅스에서 근무한 적이 있다. 며느리는 훈련을 받는 동안, 스타벅스가 '제삼의 장소'라는 것을 배웠다. 첫 번째 장소가 집이고, 두 번째 장소가 직장이라면, 세 번째 장소는 진정한 커뮤니티가 일어날 수 있는 곳, 바로 스타벅스였다. 우리 며느리는 "우리는 이곳에서 단순히 커피만을 판매하는 것이 아닙니다. 우리는 진정한 커뮤니티가 발생하고 인간관계가 깊어질 수 있는 장소를 창조해냅니다"라고 배웠다. 물론, 그런 일들이 일어날 때 사람들은 자리에 앉아 엄청난 양의 커피를 마셔댄다는 사실을 전세계에 진출한 만5천 개 이상의 스타벅스 매장이 입증하고 있다.

그렇다면 당신은 어떤가? 당신은 어디에 속해 있는가? 당신은 어디에 어울리는가?

어떻게 하면 소속감과 관련된 이 질문을 휴대폰 문자와 인터넷 접속을 통한 사이버 연결을 뛰어넘는 방식으로 대답할 수 있을까? 어디에 가면 우리의 개인적인 평화와 번영을 넘어서고, 우리 영혼의 가장 깊은 중심에 와 닿을 수 있는 장소를 찾아 속할 수 있을까? 우리는 무엇을 하기 위해 지음받았고, 우리의 지체들이 이제까지와 전혀 다르게 활기차게 살아가면서 속해 있을 만한 곳은 어디일까?

우리는 앞장에서 정체성의 문제에 관해 이야기했다. 우리가 누구인지 발견하는 열쇠는 하나님이 행하시는 방식으로 우리 자신을 생각하고 우리 자신을 보는 것에서 시작된다는 사실을 배웠다. 당신이 어디에 속해 있는지 알지 못한 채 자신이 진정으로 누구인지 발견한다는 것은 마치 정장을 차려 입었는데 아무데도 갈 곳이 없는 것과 같은 것이다. 로마서 12장 3절은 우리에게 우리 자신에 대해 정확한 판단을 내리라고 명령하며, 바로 다음 절에서 그 이유를 말씀하고 있다. 앞장에서 이미 살펴본 그 질문들을 다음에 다시 실은 이유는, 우리가 어디에 속해 있느냐의 문제는 우리 자신에 대해 정확하게 판단을 내리는 것에, 그리고 뒤이어 우리가 무엇을 해야 하느냐 하는 문제를 이해하는 것에 달려 있다는 사실을 깨닫는 데 매우 중요하기 때문이다.

하나님의 대답 : 로마서 12장 3-8절

1. 당신은 누구인가?

"내게 주신 은혜로 말미암아 너희 각 사람에게 말하노니 마땅히 생각할 그 이상의 생각을 품지 말고 오직 하나님께서 각 사람에게 나누어 주신 믿음의 분량대로 지혜롭게 생각하라"(3절).

- 명령 = 자기 자신을 정확하게 평가하라.

2. 당신은 어디에 속해 있는가?

"우리가 한 몸에 많은 지체를 가졌으나 모든 지체가 같은 기능을 가진 것이 아니니 이와 같이 우리 많은 사람이 그리스도 안에서 한 몸이 되어 서로 지체가 되었느니라"(4–5절).

- 이유 = 당신은 수행해야 할 역할이 있다!

3. 당신은 무엇을 해야 하는가?

"우리에게 주신 은혜대로 받은 은사가 각각 다르니 혹 예언이면 믿음의 분수대로, 혹 섬기는 일이면 섬기는 일로, 혹 가르치는 자면 가르치는 일로, 혹 위로하는 자면 위로하는 일로, 구제하는 자는 성실함으로, 다스리는 자는 부지런함으로, 긍휼을 베푸는 자는 즐거움으로 할 것이니라"(6–8절).

- 실천 = _____

일단 우리 자신에 대해 정확한 판단을 내리는 방법을 배웠으니, 그 이유가 무엇인지 알아보자. "마치 우리 모두가 한 몸에 많은 지체를 가졌으나 그 모든 지체가 동일한 기능을 갖고 있지 않은 것과 마찬가지로, 여러 지체인 우리도 그리스도 안에서 한 몸이 되고, 개인적으로 서로 지체가 되었다"(롬 12:4, 저자 번역).

4절 처음에 '마치(just)'라는 작은 낱말이 있는 것을 눈치챘는가? 이 번역문에는 그 앞에 놓인 작은 낱말이 생략되어 있다. 그것은 헬라어 전치사인 '가르(gar)'로, '왜냐하면'이라는 말로 번역된다. 이 작지만 중요한 헬라어 전치사는 우리에게 왜 우리 자신에 대해 정확하게 평가하는 것이 그렇게 중요한 것인지 말해준다. 사도 바울은 여기서 직유법을 사용해 인간의 몸과 그가 전하려는 핵심을 비교하고 있다. "사람의 몸이 많은 지체를 갖고 있고(눈, 코, 입, 손, 발 등) 이 지체들이 모두 동일한 기능을 갖고 있지 않은 것처럼, 그리스도 안에서 많은 지체인 우리 역시 하나의 몸을 이루며 우리 모두는 서로에게 속해 있는 것이다."

모든 사람에게는 수행해야 할 역할이 있다

그의 논지는 매우 직설적이다. 인간의 몸이 서로를 필요로 하는 저마다의 독특한 기능을 가진 개별적인 지체를 갖고 있는 것처럼, 그리스도의 영적 몸의 지체인 우리도 효과적으로 기능을 발휘하기 위하여 저마다 독특한 능력들을 갖고 있다는 것이다. 인간의 몸에 있는 다양한 지체들이(비록 기능면에서 대단히 다양하지만) 목적을 달성하기 위해 개별적인 지체의 범위를 벗어나 독립적인 통일성 안에서 작동하는 것처럼, 그리스도의 몸 역시 그리스도의 생명의 실체가 그 가족들과 그들을 바라보는 세상에 분명히 증거되도록 하나의 팀 혹은 가족으로서 기능한다.

당신이 자신을 정확하게 판단하고 자신이 진정으로 어떤 존재인지 알아야 하는 이유는 '교회'라 불리는 이 초자연적인 하나님의 공동체 안에서 '당신이 수행해야 하는 역할이 있기 때문'이다. 여기서 '교회'라는 말 때문에 오해하지 말라. 나는 건물, 벽돌과 시멘트, 혹은 기관과 예배를 말하고 있는 것이 아니다. 내가 말하는 것은 그리스도인 개개인들이 머리 되신 예수 그리스도께 순종하고 의지하며 살아가는 가운데, 예수님이 지상에 계셨을 때 이루신 것과 동일한 그 사명을 개개의 신자들로 이루어진 영적인 몸이 이루어가는 방식으로 유기체적이고, 초자연적으로 기능하는 것을 말한다.

그리고 예수님의 목적은 무엇이었는가? 예수님은 "잃어버린 자를 찾아 구원하려"(눅 19:10) 오셨다. 예수님은 은혜와 진리가 충만하신 성부 하나님이 어떤 분인지 설명하기 위해 오셨다(요 1:17-18). 그분의 삶은 하나님의 거룩하심과 무조건적인 사랑을 드러내셨다. 예수님의 손은 문둥병자를 만지셨고, 예수님의 눈은 궁핍함을 보셨으며, 예수님의 발은 상처받은 사람들을 향해 나아가셨다. 예수님의 입은 어느 곳에서는 자기 의에 빠진 종교적인 사람들을 꾸짖으셨고, 다른 곳에서는 바람과 물결도 잠잠하라고 명하셨다. 예수님의 육신의 몸은 지금 하늘에 계시다. 예수님은 우리로 하여금 그분의 사랑과 구속의 대가를 영원히 생각나게 하는 상처와 자국으로 가득한 부활의 몸을 갖고 계신다.

그러나 그리스도의 사역은 이제 교회라 불리는 그분의 초자연적인 몸인 그리스도의 몸에 의해 완성될 것이다. 당신이 만일 예수 그리스도를 믿는다면 당신은 이 초자연적이고, 유기체적인 신자들의 공동체 안에 속해 있다. 당신은 다른 누구도 당신만큼은 이룰 수 없는 역할을 맡고 있다. 당신은 필요한 존재다! 당신은 세상에서 당신밖에는 아무도 갖고 있지 않은 능력과 재능과 배경과 경험과 힘을 갖고 있다! 당신은 또한 그리스도의 몸이라 불리는 이 초자연적인 공동체 안에서 다른 지체들과 교제하는 가운데 하나님이 채워서 없애기 원하시는 부족함과 하나님이 치유하기 원하시는 고통을 갖고 있다.

만일 당신이 자신을 너무 높이 평가한다면, 다른 사람이 얼마나 필요한지를 보지 못할 것이다. 그리고 자신을 너무 낮게 평가하면, 자신의 가치를 느끼지 못하고 그리스도의 몸 안에서 다른 사람들로부터 사랑받게 하지 못할 것이다. 그러나 만일 당신이 자신에 대해 정확하게 평가한다면, 사랑을 받을 뿐 아니라 하나님이 계획하신 방식을 따라 그것을 줄 수 있는 완벽한 후보자가 될 것이다.

모든 개인들은 저마다 장점과 약점들을 갖고 있다. 우리는 그런 것들을 갖고 태어난다. 그것은 오직 우리의 DNA에만 들어 있는 타고난 능력이다. 하나님은 당신의 계획을 인정하시고, 당신에게 자신감을 주시며, 당신이 다른 사람의 삶에 이바지할 수 있게 하시기 위하여 당신에게 힘을 주셨다. 어떤 사람에게는 그 힘이 지적인 것이고, 또 다른 사람은 손재주가 좋으며, 또 어떤 사람은 사람들 사이에나 조직과 관련해서 장점을 갖고 있다. 당신의 장점은 당신의 역할이 무엇인지 규정하는 데 도움이 된다.

비교 게임을 조심하라

마찬가지로 우리 모두는 타고난 약점을 갖고 있다. 우리의 약점은 우리에게 다른 사람이 필요하다는 사실을 일깨워준다. 우리의 약점은 우리가 겸손하게 되고, 다른 사람들이 '우리의 발을 씻게' 허락하는 기회를 준다. 우리의 약점은 서로 간의 관계를 개방하고 연약해짐으로써 다른 사람들을 의지할 것을 요구한다.

그러나 우리가 우리 자신을 분명히 보지 못하거나 왜곡된 시각으로 보게 될 때 우리의 차이점들을 감사하는 대신 그것들을 비교하게 된다. 그렇게 되면 우리가 다르게 지음을 받았고(하나님의 계획에 따라) 그래서 서로 보충하고 뒷받침할 수 있다는 사실을 깨닫는 것이 아니라 서로 경쟁을 하게 된다. 이런 우리의 불안함은 우리로 하여금 우리의 은사나 재능들을 다른 사람들과 비교하고 싶게 만든다. 그 결과는 항상 부정적인 것이어서 우리는 우리가 남들보다 우월하거나 혹은 열등하다고 결론을 내리게 된다. 그러나 로마서 12장 4절에서 사용된 강한 어조에 주목하라. "(우리가) 서로 지체가 되었느니라." 문자적으로 말하면 "우리가 지체가 되어 서로에게 속하였느니라"이다.

이 본문은 일치와 다양성이라는 고전적인 논쟁에 깨달음을 제공해준다. 우리는 한 몸이다 – 일치. 그리고 우리는 많은 지체를 가졌다 – 다양성. 지체는 모두 동일한 기능을 갖고 있지 않지만, 동일한 목적을 공유한다. 그리스도의 몸이 갖는 목적은 에베소서 4장 15–16절에 알기 쉽게 나타나 있다.

> "오직 사랑 안에서 참된 것을 하여 범사에 그에게까지 자랄지라 그는 머리니 곧 그리스도라 그에게서 온 몸이 각 마디를 통하여 도움을 받음으로 연결되고 결합되어 각 지체의 분량대로 역사하여 그 몸을 자라게 하며 사랑 안에서 스스로 세우느니라."

하나님은 당신이 자신이 누구이며 어디에 속해 있는지 온전히 파악하기를 원하신다. 당신은 혹시 가족이나, 팀이나, 클럽이나, 직장 사람들이나, 심지어 그리스도의 이름을 부르는 사람들로부터 거부당하는 느낌을 과거 어느 순간에 받은 적이 있을지도 모른다. 그러나 하나님은 당신이 하나님의 가족에 속해 있고, 당신은 반드시 필요한 존재이며, 당신은 다른 사람들의 부족함을 채워줄 장점을 갖고 있고, 그분이 다른 사람을 예비하여 채워주게 하신 부족함이 있다는 사실을 알기 원하신다.

불행하게도, 당신이 방금 읽은 대부분의 내용들은 교회가 '반드시' 수행해야만 하는 '이상적인 모습'으로 치부되어왔다. 당신이 역동적인 교회의 일원이거나 제대로 인도함을 받는 소그룹에 속해 있지 않은 이상, 대부분의 사람들이 경험하는 교회에서는 앞에서 기술하고 있는 그런 소속감을 제공해주지 못하는 것이 사실이다.

그러나 나는 교회, 즉 제도적 교회를 탓하고 이 모든 것이 잘못되었다고 공격하기에 앞서, 이 시대 교회의 소비 중심적 사고방식에 기쁜 마음으로 동참하고 있는 당신이나 나 같은 그리스도인 개개인의 어깨 위에도 동일한 무게의 책임이 놓여야 한다고 생각한다.

아쉽게도 현대 교회의 평균적인 성도들의 구호는 "당신이 교회를 위해 무엇을 할 수 있는가를 묻지 말고, 교회가 당신을 위해 무엇을 해줄 수 있는가를 요구하라"이다. 우리의 소비자적 마음 자세는 부모들이 아이들을 위해 가장 좋은 주제의 주일학교 프로그램을 찾아 쇼핑하는 모습으로 나타난다("나는 이 교회에는 가지 않을 거야. 노아의 방주와 관련된 프로그램을 하는 교회 어디 없나?"). 우리는 우리 자신의 욕구를 채우고, 우리 아이들은 가능한 가장 조금 참여하도록 이 프로그램 저 프로그램을 전전하면서 지역 내에서 최신의 프로그램을 운영하고 있는 곳을 찾아 뛰어다닌다.

로마서 12장 그리스도인이 되는 것은 목회자를 헐뜯거나 신실한 사역과 교회의 최선의 노력에 공격을 가하는 것이 아니다. 그것은 오늘 우리가 어디에 있는지 살펴보고, 성경의 명령들을 우리의 개인적인 관계 안에서 철저하게 있는 그대로 실천에 옮겨 예수님이 '빛과 소금'이라고 부르신 그런 사람이 되는 것이다.

장점과 약점을 분별하는 것의 힘

나는 당신이 스스로에게 이렇게 물어보기를 원한다. "나의 강점은 무엇이며, 나는 지금 어떻게 그것을 다른 성도들과의 관계에 사용하고 있는가?" "나의 약점은 무엇이며, 나는 지금 어떻게 나의 약함을 드러내어 도움을 청함으로써 다른 성도들을 나의 삶으로 초대하고 있는가?"

당신은 어디서 시작하겠는가? 다음에 제시된 카드를 보고 이 말씀을 전할 때 모든 사람에게 요청하는 연습을 하기 바란다. 그 카드의 왼쪽에는 당신이 이해하는 한에서 당신의 가장 커다란 세 가지 강점을 쓰고, 오른쪽에는 가장 커다란 세 가지 약점을 쓴다.

이 연습에 대해 세세하게 분석할 필요는 없다. 단순히 당신이 생각하기에 가장 잘 하는 세 가지와 당신을 항상 곤란하게 만든다고 생각되는 세 가지를 각각 적으면 된다. 그리고 우리가 이 시점에서 이야기하고 있는 것은 강점과 약점이지 영적인 은사가 아님을 기억하라. 영적 은사에 대해서는 다음 장에서 알아보기로 하자.

정체성 문제는 우리 자신에 대한 정확한 시각과 함께 시작되며, 안전함의 문제는 우리가 어디에 속해 있는지 발견할 때 다루어지고, 존재의 의미와 관련된 문제는 우리가 개인적으로 무엇을 행하도록 하나님이 계획하셨는지를 고찰하는 것으로 해결된다. 이후의 이야기들은 다음 장에서 계속 진행될 것이다.

당신의 강점과 약점

나의 가장 커다란 강점 3가지
1.
2.
3.

나의 가장 커다란 약점 3가지
1.
2.
3.

당신의 가장 커다란 강점 3가지와 커다란 약점 3가지를 적고, 이것이 당신이 어디에 속해 있는지를 이해하는 데 어떻게 도움이 되는지 보여주고자 한다.

칩의 강점과 약점

나의 가장 커다란 강점 3가지
1. 가르치기
2. 인도하기
3. 코치하기

나의 가장 커다란 약점 3가지
1. 행정, 관리
2. 유지하기
3. 수리하기

나는 지난 세월 동안 내가 가르치기, 인도하기, 코치하기를 잘한다는 것을 알게 되었다. 그리고 사람을 대하는 기술과 관련해서 강점을 보이는 반면, 물건들과 그것을 다루는 일과 관련해서 약점을 갖고 있다. 나는 세세한 것들, 행정 관리가 끔찍하며, 물건들을 유지 보수하는 것을 매우 싫어한다! 물건을 고치는 일과 관련해서 나의 능력 아니 무능력은 우리 집안에서 유명하다. 우리 아들 하나가 열 살 정도 되었을 때, 그 아이에게 형과 누나를 위해서도 장난감을 조립해주라고 용돈을 주곤 했다. 왜냐하면 나는 평생 가도 그런 일을 할 줄 모르기 때문이다.

결혼 생활 초기에는 아내가 내게 일 외에는 아무것도 할 줄 모른다고 비난했는데(그녀가 보기에는), 그 이유는 내가 하는 꼴이 영 우스꽝스러웠기 때문이었다. 나는 그 부분이 맹점이었다. 나는 어떻게 물건들이 서로 합쳐지는지, 혹은 어떻게 작동하는지 도무지 이해할 수 없었다. 그렇지만 그 약점은 또한 하나님이 주신 선물이었다.

내가 처음 캘리포니아에서 목회할 때, 작은 토지 구획 단지 안에 세워진 낡은 집을 구입했는데 그 집에는 손볼 것이 정말 많았다. 비가 오면 창문으로 물이 새고 지붕으로도 물이 흐를 정도였고, 식기 세척기는 사용할 때마다 물이 새어나왔으며, 그곳에서 처음 2년을 보내자 우리 집 전기 기구들은 대부분 고장이 나고 말았다.

그때 딕(Dick)이라는 이름의 은퇴한 학교 선생님이 계셨는데, 그분은 무엇이든 고치는 재주가 있었다. 딕은 또한 매우 경건하고 지혜로운 분으로 교회의 장로였다. 우리는 생활비가 빠듯했기 때문에 수리공을 부르는 것은 생각할 수 없었다. 그래서 딕과 나는 우리 집에 있는 물건들을 고치기 위해 많은 시간을 보냈다. 그러나 사실 "딕과 내가 이것을 고쳤다" 혹은 "딕과 내가 저것을 고쳤다"는 말을 하면 사람들은 딕이 모든 것을 고치는 동안 나는 옆에서 공구를 붙잡고 있거나, 필요한 것을 사러 건축 자재 전문 상점인 홈데포(Home Depot)에 왔다 갔다 했다는 의미라는 것을 잘 알고 있었다.

딕과 나는 그렇게 함께 보내는 시간 동안 많은 일들에 관해 이야기했다. 나는 내가 딕의 삶 가운데 어떤 분야에서는 도움을 주고 있다고 생각했고, 그는 내가 하나님이 원하시는 아버지와 남편, 그리고 내가 되려고 갈망하고 있는 목회자가 되는 법을 배우는 데 확실한 도움이 되었다. 그의 강점과 그의 지혜를 나의 삶 안으로 끌어들인 통로는 나의 부족함과 약점이었다. 이것이 교회다! 이것이 그리스도의 몸이 마치 사랑이 표현되고 서로 주고받는 것처럼 서로를 의지하면서 기능하는 모습이다. 만일 당신이 자신의 강점을 모르고 자신의 약점을 모른다면, 누군가를 도우려고 나서는 것을 내키지 않아 하거나 도움을 요청하는 것을 꺼려할 것이다.

나는 모든 그리스도인들이 자신의 강점과 약점이 무엇인지 분별하는 이 간단한 훈련을 행하면 어떤 일이 일어날까 궁금하다. 만일 당신이 자신의 강점을, 친구에게(혹은 같은 건물에 사는 누군가에게) 다가가 사랑의 행위로 그것을 펼칠 기회로 여기면 어떻게 될까? 당신은 냉철한 자기 판단을 하는 것이 어떤 능력을 갖고 있는지 알고 있는가?

> 우리는 교회에 다니는 사람이 아니라 교회 그 자체가 되어야 한다.

만일 우리가 우리 자신을 제대로 알지 못하면 우리의 약점들을 드러내기보다는 그것을 감추려고 하게 될 것이다. 소속감은 같은 색의 티셔츠를 입고 같은 팀을 응원한다고 나오는 것이 아니며, 볼링, 농구, 배구, 뜨개질, 혹은 쇼핑과 같은 공통의 활동을 함께하는 사람들의 모임을 찾는다고 얻어지는 것이 아니다. 진정한 소속감은 피상적인 사회적 욕구를 뛰어넘어 옆에 있는 성도들이 그리스도의 살아계신 몸으로 기능할 때 일어나는 것이다. 그것은 우리의 생각 가운데 하나의 전략적 변환이 일어날 때 시작된다. 우리는 교회에 다니는 사람이 아니라 교회 그 자체가 되어야 하는 것이다.

012 그리스도인 되기
참된 영성

우리는 말씀이 선포되고 주님을 예배하는 건물에 가서 같은 생각과 같은 마음을 가진 사람 옆에 앉는다. 이것은 좋은 일이다. 그러나 그 좋은 일이 곧 우리가 말하는 '속하는 것'은 아니다. 교회에 출석하는 것이 서로 의지하는 진정한 공동체를 대신할 수 있는 것이 결코 아니다. 혹시 이 말이 당신의 마음에 와 닿는다면, 이 장의 마지막 부분에 당신이 오늘 "나는 진정으로 어디에 속해 있는가?"에 대한 답을 발견하는 데 도움이 되는 구체적인 도구들을 마련해두었다.

▪ 생각하기 (Think)
이 장에서 당신에게 가장 중요한 생각이나 개념은 무엇이었는가? 그 이유는?

▪ 묵상하기 (Reflect)
당신은 "당신이 어디에 속해 있는지"를 아는가? 좋은 점은 무엇인가? 아쉬운 점은 무엇인가?

▪ 이해하기 (Understand)
당신의 가장 커다란 강점 3가지와 가장 커다란 약점 3가지를 적는 것은 쉬웠는가? 당신은 왜 그렇게 생각하는가?

▪ 위탁하기 (Surrender)
조용히 주님 앞에 앉아 당신의 강점과 약점을 주신 그분께 감사하라. 두 손을 벌리고(손바닥이 위로 오게) 하나님께 당신의 강점을 드려 그분의 몸을 섬기

14장 당신은 하나님 가족의 지체인가?

고, 당신의 약점을 드려 다른 사람의 은혜를 받으라.

■ **행동하기**(Take Action)

226쪽의 3가지 강점과 3가지 약점 카드를 작성하라.

■ **동기 부여**(Motivation)

두세 명의 친구에게 당신의 세 가지 3가지 강점이 무엇이라고 생각하는지 묻고, 그것을 당신이 적은 것과 비교하라.

■ **격려하기**(Encourage someone)

그 사람의 강점이 당신에게 있는 부족함에 대해 하나님이 사랑이 되어준 누군가에게 편지를 써보라. 그들의 강점을 통해 그리스도를 알게 된 것에 대해 감사하라.

15장

당신은 당신의 삶을 향한 하나님의 목적을 아는가?

"그 주인이 이르되 잘하였도다 착하고 충성된 종아
네가 적은 일에 충성하였으매 내가 많은 것을 네게 맡기리니
네 주인의 즐거움에 참여할지어다 하고."[1]

– 나사렛 예수

어떤 질문들은 답이 하나 이상이다. 사실, 어떤 질문들은 당신의 삶의 각기 다른 시기마다 각기 다른 해답을 갖고 있을 것이다. "나는 무엇을 해야 하는가?"라는 중요한 질문도 마찬가지라고 생각한다. 나는 고등학교를 졸업했을 때, 대학을 마쳤을 때, 신학교를 마쳤을 때, 20년 동안 목회를 하고 났을 때, 우리 아이들이 모두 자란 뒤 그리고 주님 앞에서 나의 은사와 소명에 대해 깊이 묵상하고 평가하는 시간을 갖기 18개월 전에도 각각 그 질문을 했었다.

당신은 지금 그 질문에 어떻게 답하겠는가? 당신은 자신이 무엇을 해야 한다고 생각하는가? 당신은 지금 어느 시기에 와 있는가? 당신이 무엇을 하

고 왜 그것을 하는지 기대하는 마음속의 어떤 작은 소리가 들리는가? 이런 질문들에 대한 답들은 우리가 다양한 삶의 국면을 거치고 영적으로 성숙해지는 가운데 새롭게 변하겠지만, 이 질문의 핵심은 바로 '의미'다. 무엇이 삶을 의미 있게 만드는가? 무엇이 나의 삶을 살 만한 가치가 있는 것으로 만드는가? 나는 왜 이 땅 위에 살고 있으며 내가 이루어야 할 사명은 무엇인가?

나는 당신의 목적과 당신의 의미는 서로 긴밀하게 연결되어 있는 두 개의 문제라고 믿는다. 하나님은 당신으로 하여금 그분이 땅을 조성하시기 전에 당신을 위해 예비하신 '선한 일(사명)'을 성취하도록 은사와 재능을 주셨다(엡 2:10). "당신은 무엇을 해야 하는가"라는 질문은 우선적으로 직업에만 관계된 것이 아니라 청지기직과 삶의 목적과 관련되어 있다. 따라서 진정한 문제는 하나님이 오직 당신만이 하도록 예비해놓으신 '선한 일'을 이루도록 당신의 마음속에 심어두신 열정(목적)과 영적 은사(청지기직)라는 방식으로 당신에게 맡기신 것이 무엇인지를 발견하는 것이다.

하나님은 당신의 삶을 향해 사명을 갖고 계시다. 당신은 바로 그 '선한 일'을 이루기 위해 은사를 받고 특별하게 지음을 받았다. 당신이 이 땅에서 잠시 사는 동안 가장 큰 기쁨과 가장 깊은 존재의 의미를 부여해주는 것은 그 '선한 일'을 발견하고 이루는 것과 직접적으로 연결되어 있다. 당신은 로마서 12장 6-8절을 통하여 하나님이 당신으로 하여금 행하게 하신 일을 위해 어떻게 계시하시고 능력을 부어주시는지를 배우게 될 것이다.

6-8절을 읽을 때 본문 전체의 맥락에서 보는 것이 매우 중요하다. 의미와 목적이라는 문제는 우리가 자기 자신을 정확하게 평가하고, 우리가 어디에 속해 있는지를 분명히 알 때에만 올바로 이해할 수 있다.

하나님의 대답 : 로마서 12장 3-8절

1. 당신은 누구인가?

"내게 주신 은혜로 말미암아 너희 각 사람에게 말하노니 마땅히 생각할 그 이상의 생각을 품지 말고 오직 하나님께서 각 사람에게 나누어 주신 믿음의 분량대로 지혜롭게 생각하라"(3절).

- 명령 = 자기 자신을 정확하게 평가하라.

2. 당신은 어디에 속해 있는가?

"우리가 한 몸에 많은 지체를 가졌으나 모든 지체가 같은 기능을 가진 것이 아니니 이와 같이 우리 많은 사람이 그리스도 안에서 한 몸이 되어 서로 지체가 되었느니라"(4-5절).

- 이유 = 당신은 수행해야 할 역할이 있다!

3. 당신은 무엇을 해야 하는가?

"우리에게 주신 은혜대로 받은 은사가 각각 다르니 혹 예언이면 믿음의 분수대로, 혹 섬기는 일이면 섬기는 일로, 혹 가르치는 자면 가르치는 일로, 혹 위로하는 자면 위로하는 일로, 구제하는 자는 성실함으로, 다스리는 자는 부지런함으로, 긍휼을 베푸는 자는 즐거움으로 할 것이니라"(6-8절).

- 실천 = 당신의 영적 은사를 발견하고 활용하라.

사도 바울은 우리에게 냉철한 자기 평가를 하라고 명한 뒤에(우리는 모두 그리스도의 몸 안에서 맡아야 할 특별한 역할이 있기 때문에), 이제 우리의 역할을 어떻게 발견할지를 설명한다. 그는 6절에서 우리는 우리에게 주어진 은혜에 따라 각기 다른 은사를 받았으므로, 그에 맞게 그 은사를 활용해야 한다고 말한다. 그런 다음 일곱 가지 구체적인 은사를 나열하고, 뒤이어 당신의 주된 영적 은사에 초점을 맞추라고 강조하고 있다.

그 다양한 은사의 의미와 당신의 영적 은사를 어떻게 발견할지에 대해서는 조금 이따 논의하겠지만, 우선은 이 책의 논지는 발견이 아니라 초점에 관한 것이라는 사실에 주목하기를 바란다. 3-5절에서 당신은 누구이며 어디에 속해 있는가에 대해 살펴보았고, 이제 그 주된 관심은 당신은 무엇을 해야 하는가에 분명히 맞추어져 있다. 우리는 6-8절에서 사도 바울이 지향하는 것을 이렇게 간략하게 요약할 수 있다.

- 질문 : 우리는 무엇을 해야 하는가?
- 답 : 그리스도의 몸 안에서 당신의 역할을 수행하기 위해 당신의 영적 은사를 발견하고 활용하라.

이것이 바로 당신이 해야 하는 일이다. 이 명령을 수행하는 것은 당신 삶의 각기 다른 순간마다 그리고 다양한 영적 성숙의 수준에 따라 다르게 보일 것이지만, 그것이 강조하고 있는 바는 분명하다. 하나님은 그분의 자녀들 모두에게 다른 사람의 삶을 세울 수 있는 초자연적인 능력을 심어주셨다. 당신이 그리스도께 나아왔을 때 어둠의 나라에서 옮겨져 빛의 나라에 속하게 되었다. 당신은 성령께 인치심을 받았고, 세례를 받았다, 혹은 '그리스도의 몸'이라 불리는 초자연적인 공동체 안에 말 그대로 '들어갔다.' 예수님은 죽은 자 가운데서 일어나셨을 때 자신의 영적 자녀들에게 성령의 은사를 주심으로써 사탄과 죄와 죽음에 대한 자신의 승리를 분명히 보여주셨다 (엡 4:7-10).

하나님은 내가 나의 삶으로 무엇을 하기 원하시는가?

당신의 영적 은사는 하나님이 당신의 삶으로 무엇을 하기 원하시는지를 알려주는 으뜸가는 지표이다. 그것이 유일한 지표는 아니겠지만, 가장 중요한 것이다. 다른 사람들이 하나님의 목적을 성취하도록 그들을 세워주는 당신의 초자연적인 능력은 당신의 열정, 경험, 타고난 능력, 개성, 고통, 역경 그리고 환경과 맞물려서 성령이 당신 삶의 매순간마다 다른 사람들의 삶 속에서 당신만이 할 수 있는 고유한 헌신의 모습을 보여주실 것이다. 당신은 영적으로 성숙해져가는 가운데 자신의 주된 영적 은사를 개발하고 발휘하는 법을 배워 말로 설명할 수 없는 기쁨과 기하급수적으로 증가하는 열매를 함께 맺게 될 것이다.

> 당신의 영적 은사는 하나님이 당신의 삶으로 무엇을 하기 원하시는지를 알려주는 으뜸가는 지표이다.

영적 은사에 관한 이야기보다 더 많은 논란이나 혹은 반대를 불러일으키는 주제도 별로 없다. 그런 대화는 어떤 은사는 오늘날에도 작용하고 어떤 은사는 그렇지 않느냐는 주제로 빠르게 넘어가는 경우가 너무 많다. 어떤 모임에서는 그런 대화를 통해 35개나 혹은 40개의 구체적인 은사 목록을 작성한 후 각각의 은사에 대해 긴 정의를 내린다. 그런 다음 성도들이 그들의 영적 은사를 발견하는 데 도움을 주기 위해 일람표 혹은 진단지를 덧붙이기도 한다. 나도 과거에 그런 일람표와 진단지를 사용해본 적이 있지만, 그것의 순수한 효과는 구체적인 영적 은사의 본질에 관해 더 많은 교육을 받은 사람을 개발시키는 데 있지, 실제로 자신의 은사를 발견하고 그것을 잘 활용하게 만들어주는 것은 아니라는 사실을 발견하게 되었다.

로마서 12장 6-8절의 초점은 당신의 에너지와 시간을 당신의 주된 영적 은사를 중심으로 배치하라는 권면이다. 본문은 매우 직접적으로 강조하는데, 곧 당신이 어떤 사람이며 어디에 속해 있는가로 인하여 이것이 당신의 책임이라는 것이다. 정확하게 판단하고, 인격적으로 관계를 맺고, 이어서 당신의 영적 은사를 발견하고 활용하라. 이것이 사도 바울이 주장하는 핵심이다. 영적 은사는 영적인 강점이나 약점과 동일한 것이 아니다. 어떤 분야에서는 겹치는 부분도 있을 수 있지만, 강점과 약점은 당신이 육체적으로 태어날 때 받은 것과 관련이 있다. 이와 달리, 영적 은사는 당신이 영적으로 태어났을 때 하나님이 주신 초자연적인 능력들과 관련이 있다.

내가 가지고 있는 열정 가운데 하나는 하나님이 어떻게 그분의 교회를 성장시키시는가에 대해 연구하는 것이었다. 나는 '고도의 영향력 있는 교회로 성장시키는 방법(How to Grow a High-Impact Church)'이라는 제목으로 된 12부짜리 강의를 개발해냈는데, 그것은 나의 성경 연구와 전세계에 있는 교회들에 대한 조사를 기반으로 했다. 고도의 영향력 있는 교회는 세 가지 분명한 모습으로 성장한다.

1. 깊이 성장한다. 사람들은 실제적으로 성숙해지고 그리스도를 닮아 간다.

2. 넓게 성장한다. 전에는 그리스도를 알지 못했다가 그분을 믿게 되는 사람들의 흐름이 꾸준히 이어진다.
3. 영향력을 발휘한다. 교회는 빈곤, 교육 그리고 사회 정의를 포함하여 지역 사회에서 가장 중요한 몇 가지 사회적 필요를 채워준다.

나는 이렇게 고도의 영향력을 발휘하는 교회를 연구하는 가운데, 그런 교회들은 거의 모두 12가지 공통된 특징을 갖고 있다는 사실을 발견했다. 사람들이 그리스도께 돌아오고, 성숙하게 성장하며, 지역 사회에 강력하게 다가가는 교회들은 거의 항상 교회 안에서 자신의 영적 은사를 발견하기 원하고, 그것을 발휘할 장소를 찾는 사람들을 도와주었다. 내가 3, 4년 전에 러시아에서 한 그룹의 목회자들에게 이 사실을 가르쳤을 때 그들은 이렇게 물었다. "당신은 사람들이 그들의 영적 은사를 발견하도록 어떻게 가르치나요?" 그들의 요구가 대단히 강력해서 우리는 그 강습회 기간에 특별 순서를 추가했다. 나는 내가 잘하는 즉흥 강의로 주요 '은사 관련 말씀'들을 찾아서 그들에게 설명해주었다. 그러나 강의를 마치고 났을 때 나는 내가 그들에게 전해준 내용이 한심할 정도로 그들의 상황과 맞지 않다는 것을 알아차렸다. 한 목회자가 내게 와서 이렇게 말했다. "어떻게 하면 사람들이 그들의 주된 영적 은사를 발견할 수 있는지를 분명하게 설명해주는 DVD 시리즈를 언제 만드실 겁니까?"

그 목회자를 비롯한 여러 사람들이 제기한 그 요청은 늘 내 귀에 맴돌았다. 나는 오직 성경만 사용해 사람들이 어떻게 자신의 영적 은사를 발견하고 개발하는지를 가르쳐주기 위해 명확하고 실제적인 무언가를 전달해야 할 필요가 있음을 알게 되었다. 이야기를 하자면 길지만, 하나님은 9개월 뒤에 국제선 비행기를 타고 인도로 가고 있던 나의 마음을 감동시키셨고, 나는 그 암호를 풀기 위해 내 서재에 꽂혀 있던 영적 은사에 관한 최고의 책 세 권과 성경 본문과 모든 주석을 20여 시간 동안 집중적으로 연구했다. 나중에 네 개의 메시지를 덧붙여서 '당신을 향한 하나님의 계획(Your Divine Design)'이라는 제목의 DVD를 만들어 오직 성경만을 사용하여 사람들이 그들의 주된 영적 은사와 그 은사를 중심으로 분산되어 있는 사역의 은사들을 발견하고, 그것들을 자신이 처한 현재의 상황 가운데서 활용하는 방법을 배울 수 있도록 도와주게 되었다.

하나하나의 은사들을 점검하고 당신이 자신의 은사를 발견하도록 도와주는 구체적인 내용은 이 장의 범위를 넘어서는 것이지만, 당신이 그 발견의 과정을 시작할 수 있도록 돕기 위해 LivingontheEdge.org에 그 자료들을 실어놓았다. 지금까지의 내 경험을 근거로 말하자면, 대부분의 그리스도인들은 자신의 주된 영적 은사를 알지 못하며, 그 결과 하나님이 그들로 하여금 행하도록 예비하신 '선한 일'을 발견하거나 명확히 규정하지 못한다.

왜 자신의 주된 영적 은사를 아는 것이 그렇게 중요한가

당신이 자신의 주된 영적 은사를 발견하는 작업을 반드시 해야 한다고 믿는 데에는 다음 세 가지 이유가 있다.

1. 당신의 영적 은사는 중요한 우선순위를 결정하는 바탕이 된다. 만일 하나님이 초자연적으로 당신에게 은사를 주셨다는 사실을 이해한다면 그것

은 당신이 어디에 그리고 어떻게 시간을 보낼지에 영향을 미치기 시작할 것이다. 셀 수 없이 많은 신실한 성도들이 다른 사람들의 요청에 대해 그것이 '그리스도인으로서 할 일'이라고 여기기 때문에 '예'라고 대답한다(종종 아무런 죄의식 없이). 하나님은 당신이 모든 일에 관여하는 것을 원하지 않으신다. 그분은 당신이 하나님이 하라고 명하신 것이면 무엇이든 섬기는 자의 마음으로 기꺼이 하기를 원하시지만, 또한 당신이 가진 대부분의 시간과 에너지를 에베소서 2장 10절에서 말씀하고 있는 당신의 '사명'을 성취하기 위하여 당신의 영적 은사를 개발하고 활용하는 데 초점을 맞추기 원하신다.

당신의 주된 영적 은사를 알 때 당신의 영적 초점은 영적인 손전등에서 영적인 레이저 광선총으로 변화될 수 있다. 나는 목회 생활 초창기에 나의 주된 영적 은사가 무엇인지 분명히 알지 못했다. 다만 그것이 의사 전달과 관계된 것이라는 정도만 알고 있었다. 그래서 나는 나의 모든 에너지를 모든 사람을 위해 모든 일을 하는 데 사용했다. 나의 불안함은 모든 사람의 기대를 충족시켜주는 일을 하도록 나를 이끌었다. 내게는 냉철한 자기 평가가 없었고, 그 결과는 탈진, 죄책감 그리고 비효과적인 사역으로 이어졌다. 나는 드디어 나의 주된 영적 은사가 의사 전달과 하나님의 말씀 선포에 집중되어 있음을 발견한 후 내게 주어진 시간으로 무엇을 할지에 관해 매우 중요한 우선순위를 결정하기 시작했다. 매일 아침 두 시간 혹은 세 시간과 일주일에 온전한 하루를 따로 떼어내 설교 준비에 전념하기 시작했다. 나의 우선순위가 바뀐 것은 나의 주된 영적 은사를 깨달았기 때문이었다. 이것은 내게 다른 매우 좋은 것들에 대하여 '아니요'라고 말할 수 있는 힘과 능력을 주었고, 나를 죄책감과 다른 사람들의 기대로부터 벗어나게 해주었다.

2. 당신의 영적 은사는 당신을 향한 하나님의 사랑을 확인하는 것이다.

우리는 사랑하는 사람들에게 선물을 준다. 우리는 그들에게 크리스마스와 생일날에 선물을 주고, 또 아무 이유 없이 주기도 한다. 선물은 우리가 누군가를 중요하게 여기며, 우리는 그들이 귀중한 무언가를 갖기 원한다는 증거이다. 그리고 선물은 일을 해주고 받는 것이 아니다. 그것은 공짜이다. 하나님은 당신 안에 당신이 사용하기 원하시는 초자연적인 능력을 심어주셨다. 이 선물은 당신에게 커다란 기쁨을 안겨주고, 다른 사람들의 삶 가운데 훌륭한 열매(선물)를 만들어낼 것이다. 당신이 자신의 은사를 사용할 때마다 하나님은 그분이 당신을 얼마나 사랑하시는지를 기억하기 원하신다.

3. 당신이 영적 은사에 대해 올바르게 이해할 때 그리스도의 사역은 당신의 마음과 생각에 항상 중심이 된다. 에베소서 4장 7-10절은 죄와 죽음과 마귀를 이기신 그리스도의 승리를 서술하고 있다. 그 본문에 인용된 시편 68편은 전쟁을 승리로 마치고 고국으로 돌아와 전리품을 나누는 왕, 혹은 장군의 모습을 그리고 있다. 당신이 자신의 영적 은사를 발견하고 활용할 때 그것은 그리스도가 당신을 위해 성취하신 것, 곧 죄와 죽음과 마귀에 대한 승리를 깨우쳐주는 것이다. 우리는 혼자 내버려두면 우리 자신과, 우리 그룹과, 우리의 성공과, 우리의 성장에 관한 사역을 할 수 있다. 영적 은사는 올바로 깨닫게 되면, 그것은 하나님께로부터 온 선물로서 그리스도의 완성된 사역을 기념하며, 그분이 없이는 우리는 아무것도 할 수 없다는 사실을 깨우쳐준다.

우리는 몇 가지 질문으로 이 장을 시작했다. "나는 무엇을 해야 하는가?" "나는 왜 이곳에 있는가?" "나의 목적은 무엇인가?" 이 질문들에 대한 해답은 냉철한 자기 판단, 즉 자기 자신이 진정 누구인지에 관해 정확하게 평가하는 것으로 시작된다. 그 해답들은 우리에게 자기 충족, 자아 실현 그리고 이 세상의 가치관이 규정하는 '성공'에 대한 소모적이고 무익한 추구를 멈출 것을 요구한다. 그 길은 쉽지 않겠지만, 우리 자신을 하나님이 보시는 것처럼 보는 일은 우리를 상호의존적이고, 정직하며, 연약함을 함께하는 '소속감을 느끼는 관계' 속으로 들어가게 한다. 우리는 다른 사람들이 우리의 진정한 모습을 보게 하는 위험을 무릅쓰고 사랑하는 법을 배우는 가운데, 하나님이 세상을 조성하시기 전에 우리를 위해 예비하신 '선한 일'을 성취하기 위하여 우리의 영적 은사를 발견하고 활용해야 한다.

그 결과 당신은 진정한 자신을 파악하게 된다. 그래서 참된 사랑을 주고 또한 받는다. 다른 사람인 척하기를 멈추고 진짜로 살아가기 시작한다. 꽃이 피어나면서 아름다움이 더욱 활짝 드러나듯이, 당신이 경이롭고도 놀랍게 만들어진 사실을 겸손과 경외감으로 받아들인다. 하나님이 당신에게 무엇을 행하도록 부르셨든, 당신의 마음에 자리잡고 있는 주된 영적 은사와 열정은 당신이 속해 있고, 당신이 사랑하는 일을 행하는 자리에서 자기 자신을 발견하는 열쇠가 될 것이며, 또한 하나님의 영광을 위해 영향을 끼치는 열쇠가 될 것이다.

그리스도인 되기

3부를 마무리하면서 당신이 절대 잊어서는 안 되는 세 가지 내용이 있다.

1. 하나님은 당신을 그 누구와도 비교할 수 없게 창조하셨다. 당신은 영원토록 귀한 존재이다.

"주께서 내 내장을 지으시며 나의 모태에서 나를 만드셨나이다 내가 주께 감사하옴은 나를 지으심이 심히 기묘하심이라 주께서 하시는 일이 기이함을 내 영혼이 잘 아나이다."

― 시편 139:13-14

2. 하나님은 당신을 그분의 가족으로 삼으셨다. 당신은 아무 조건 없이 받아들여졌다.

"그 너비와 길이와 높이와 깊이가 어떠함을 깨달아 하나님의 모든 충만하신 것으로 너희에게 충만하게 하시기를 구하노라 우리 가운데서 역사하시는 능력대로 우리가 구하거나 생각하는 모든 것에 더 넘치도록 능히 하실 이에게 교회 안에서와 그리스도 예수 안에서 영광이 대대로 영원무궁하기를 원하노라 아멘."

― 에베소서 3:19-21

3. 하나님은 당신이 그분의 목적을 이루도록 은사를 주셨다. 당신은 당신만의 존재 의미를 갖고 있다.

"우리는 그가 만드신 바라 그리스도 예수 안에서 선한 일을 위하여 지으심을 받은 자니 이 일은 하나님이 전에 예비하사 우리로 그 가운데서 행하게 하려 하심이니라."

— 에베소서 2:10

■ **생각하기**(Think)

당신의 주된 영적 은사를 발견하고 활용하는 일은 어떤 가치를 갖는가?

■ **묵상하기**(Reflect)

당신은 자신의 영적 은사에 관해 이제껏 어떻게 생각해왔는가?
- 매우 중요하다.
- 어느 정도 중요하다.
- 상당히 혼란스럽다.

■ **이해하기**(Understand)

당신은 자신의 삶으로 '무엇을 해야 하는가'에 관해 얼마나 분명한 해답을 갖고 있는가? 당신은 이 질문을 들으면 도전이 되는가, 아니면 혼란스러워지는가? 당신은 자신의 주된 영적 은사가 무엇일 것이라 생각하는가?

■ 위탁하기(Surrender)

당신의 삶에 주어진 에베소서 2장 10절의 '사명'이 무엇인지 분명히 보여달라고 하나님께 구하라. 예수님께 만일 당신이 무엇을 해야 하는지 보여주신다면 기꺼이 따르겠다고 말씀드리라(요 7:17).

■ 행동하기(Take Action)

간단한 수준의 '사전 점검' 차원에서 스스로에게 이런 질문을 제기하라. "나는 무엇을 하기를 좋아하는가? 나는 무엇을 잘하는가?" 그런 다음 6주 동안 그 일을 해보라.

■ 동기 부여(Motivation)

당신의 주된 은사를 발견하기 위해 필요한 것은 무엇이든 하라. 시간을 정해서 LivingontheEdge.org/r12 사이트의 '당신을 향한 하나님의 계획(Your Divine Design)' 시리즈 가운데 '당신의 주된 영적 은사를 발견하는 법(How to Discover Your Primary Spiritual Gift)' 오디오 메시지 전체를 들으라.

■ 격려하기(Encourage someone)

이번 주에 하나님이 그 사람의 은사를 사용하셔서 당신에게 영향을 끼쳤던 누군가에게 감사 카드를 보내라. 그들이 하나님께 받은 은사를 사용한 것에 대해 감사하라.

4부

참된 공동체를
경험하는 방법

사랑 안에서 섬기라
로마서 12:9-13

우리들 대부분은 기도는 조금하고, 계획은 조금 세우며,
좋은 자리를 차지하려고 꾀하고,
무언가를 바라기는 하지만 결코 확신하지 못하며,
그 길을 잃을 것이라고 늘 은밀하게 걱정한다.[1]
— A. W. 토저

CHIP INGRAM

참된 공동체란 무엇인가?

"무리를 보시고 불쌍히 여기시니
이는 그들이 목자 없는 양과 같이 고생하며 기진함이라."

– 마태복음 9:36

전화기 반대편에서 들려오는 목소리는 진지하고 엄숙했다. "부친이 돌아가시기 전에 뵙고 싶다면, 가능한 빨리 이곳으로 오셔야 합니다." 이것이 당시 여든다섯이셨던 아버지의 죽음이 임박했을 때 내가 들었던 말이다. 나는 두 시간 만에 비행기를 탔고, 이어서 친한 친구 두 명과 함께 렌터카를 타고 노스캐롤라이나에 있는 병원에 도착했다. 나는 아버지가 한동안 의식이 없었으며, 진통제 때문에 헛소리를 하시면서 많은 시간을 보내신다는 사실을 알게 되었다. 나는 새어머니를 위로한 뒤, 아버지의 방에 들어가 침대 옆에 앉으면서 이것이 이 땅에서 아버지를 보는 마지막 순간이 되리라는 것을 알았다.

아버지는 좋은 분이셨지만, 큰 상처를 갖고 계셨다. 비록 50대 중반에 그리스도인이 되셨지만, 당신에게는 자신의 감정을 전달하고 자신의 사랑을 말로 표현하는 것이 무척 어려운 일이었다. 나는 아버지가 나를 무척 사랑하셨고 자랑스러워하셨다는 사실을 알았지만, 나는 그 말을 아버지의 입으로 직접 듣고 싶어했다. 여느 아들과 마찬가지로(나이가 얼마가 되었든) 나는 아버지로부터 인정받고 싶었고, 돌아가시기 전에 아버지와 함께 마음에서 우러나오는 깊고 의미 있는 대화를 간절히 원했다. 저녁 8시가 되었고, 새어머니인 이블린(Evelyn, 아버지는 친어머니가 돌아가신 뒤 재혼하셨다) 여사는 병원에서 보낸 긴 하루를 뒤로하고 집으로 가셨다. 새어머니는 문을 나서며 내 볼에 입을 맞추고 포옹을 하셨다. 어머니의 눈동자는 슬픔에 젖어 있었고, 아버지의 마지막 날이 얼마 남지 않았음을 예감하고 있었다.

그 순간 이상한 일이 일어났다. 나는 책에서나 의사들로부터 그런 일들이 그렇게 특이한 것이 아니라는 말을 들은 적이 있었지만, 아버지가 의식을 차리시고는 정신이 멀쩡해지신 것이다. 그 뒤로 한 시간 반 정도 아버지는 온전한 상태에서 우리 두 사람이 그토록 오랫동안 바랐던 '대화'를 나누었다. 아버지는 내 아내에 대해서 그리고 내 아이들 하나하나와 그들의 자녀들에 대해서 물으셨다. 아버지는 내가 겪은 몇 번에 걸친 인생의 커다란 전환기에 어떤 기분이었으며, 내가 가장 걱정했던 것이 무엇이고, 나를 가장 행복하게 만든 것이 무엇인지 물어보셨다. 우리는 많은 시간들과 우리가 함께했던 최고의 순간들을 되살려냈다. 리틀 리그 야구 경기에서부터 지난날 가장 힘들고 고통스러웠던 사건들에 이르기까지 우리는 남자 대 남자로 마음을 나누었다. 그 마지막 시간 동안, 아버지는 분명하고도 힘 있는 목소리로 자신에게 가장 중요한 것들을 전해주셨다. 아버지는 자신이 죽어가고 있음을 아셨다. 아버지는 자신의 죽음이 임박한 때에 가장 중요한 것을 전해주기 원하셨다.

당신 또한 죽음이 임박했을 때 당신에게 그 무엇보다 중요한 것들을 사람들에게 말해줄 것이다. 어느 날 저녁 예수님은 자신이 곧 죽을 것을 아시고, 우리 아버지가 하셨던 것과 동일한 일을 하셨다. 그분은 제자들의 발을 씻겨주시고, 자신의 삶 전체를 그들에게 모범으로 보이신 뒤 새 계명을 주셨다.

> "새 계명을 너희에게 주노니 서로 사랑하라 내가 너희를 사랑한 것 같이 너희도 서로 사랑하라 너희가 서로 사랑하면 이로써 모든 사람이 너희가 내 제자인 줄 알리라."
>
> — 요한복음 13:34-35

예수님은 제자들에게 전략에 대해서나 교리에 대해서가 아니라, 서로를 어떻게 대해야 하는지에 관해서 명령하셨다. 그분은 그들에게 서로 사랑하라고, 자신이 그들을 사랑하신 것같이 사랑하라고 명령하셨다. 예수님은 그들을 무조건적으로, 희생적으로, 공개적으로, 연약함 가운데서도 그리고 여의치 않을 때에도 사랑하셨다. 그분은 그들을 있는 모습 그대로인 곳에서 만나셨고, 그들을 있는 모습 그대로 사랑하셨다. 그들이 자기 자신을 믿지 못할 때조차 그들을 믿으셨다. 예수님은 제자들을 그토록 철저하게 자기를 희생하시면서까지 사랑하셨기에 이제 그들에게 서로의 관계 안에서 자기를 본받으라고 명령하고 계신 것이다.

그렇지만 왜일까? 왜 제자들이 예수님이 그들을 사랑하신 것같이 서로를 사랑하는 것이 그렇게 중요한 것일까? 그 답은 이렇다. 이로써 모든 사람이 하나님이 그들을 용서하시기 위하여 자기 아들 예수를 보내셨다는 사실을 알게 될 것이다. 온 세상에서 가장 위대하고 가장 강력한 변호는 책에 나오는 변론이 아니라, 그리스도인들이 서로를 향해 갖고 있는 사랑이다. 우리가 서로를 마음으로부터 철저히 진정으로 사랑할 때 세상은 경탄과 놀람 가운데 뒤로 물러나며 이렇게 말할 것이다. "이들은 어떻게 서로를 저렇게 깊이 사랑할 수 있는가?"

예수님은 제자들에게 이 새 계명을 주신 뒤에 그들과 함께 유월절 음식을 나누셨다. 그날 밤의 유월절은 주의 만찬이 되었다. 그분은 빵과 포도주를 재료로 삼아 그들과 세상 전체를 향한 자신의 사랑을 전달하셨다.

그리고 얼마 있지 않아, 우리는 아버지와 아들 사이에 나누신 또 하나의 깊은 대화를 엿들을 기회를 접하게 된다. 삼위일체의 두 번째 위격(예수님)이 자신의 생애 마지막 날 밤에 자신에게 가장 중요한 것을 성부 하나님께 말씀하신 것이다. 예수님의 말씀을 귀 기울여 들어보라.

"내가 비옵는 것은 이 사람들만 위함이 아니요 또 그들의 말로 말미암아 나를 믿는 사람들도 위함이니 아버지여, 아버지께서 내 안에, 내가 아버지 안에 있는 것 같이 그들도 다 하나가 되어 우리 안에 있게 하사 세상으로 아버지께서 나를 보내신 것을 믿게 하옵소서 내게 주신 영광을 내가 그들에게 주었사오니 이는 우리가 하나가 된 것 같이 그들도 하나가 되게 하려 함이니이다 곧 내가 그들 안에 있고 아버지께서 내 안에 계시어 그들로 온전함을 이루어 하나가 되게 하려 함은 아버지께서 나를 보내신 것과 또 나를 사랑하심 같이 그들도 사랑하신

것을 세상으로 알게 하려 함이로소이다 아버지여 내게 주신 자도 나
있는 곳에 나와 함께 있어 아버지께서 창세 전부터 나를 사랑하시므
로 내게 주신 나의 영광을 그들로 보게 하시기를 원하옵나이다."

- 요한복음 17:20-24

여기서 예수님은 이 땅에서의 마지막 날 밤에 하나의 새 계명을 주시고, 한 가지 구체적인 것을 위해 혼신의 힘을 다해 치열하게 기도하신다. 그분은 제자들이 철저하게 서로를 사랑하게 해달라고 그리고 아버지가 그들의 관계 가운데 역사하셔서 마치 아버지와 아들이 서로 진정한 공동체를 이루신 것과 같은 방식으로, 그들이 하나 됨과 서로 간의 진정한 공동체를 경험하게 해달라고 기도하신다.

그리고 혹시 왜 예수님이 이 간구에 초점을 맞추시고 이 기도에 열정을 쏟으셨는지 궁금하다면, 그것은 기독교의 신뢰성은 예수님의 제자들 서로 간의 관계를 바탕으로 그 일어서고 넘어지는 것이 결정되기 때문이다. 예수님은 자신의 참된 정체성과 이 타락한 세상을 향한 하나님의 위대한 사랑의 행위를 입증할 수 있는 가장 강력한 수단은 자신의 제자들이 매일의 삶 가운데 어떻게 서로 사랑할 것인가 하는 데 있다는 것을 아셨다.

내가 경험한 진정한 공동체

18살 때 나는 회의주의자였다. 앞에서도 말한 것처럼, 나는 1972년 기독체육인협회 수련회 때 그리스도인이 되었다. 비쩍 마른 젊은이였던 나는 작

은 대학교에서 농구로 장학금을 받고 있었고, 그 수련회에 참가한 것은 하나님에 대해 배우기 위해서가 아니라 오직 농구 기술을 향상시키기 위해서였다. 나는 삼사 일 정도 성경 말씀을 듣고, 이따금씩 성경을 펼쳐 보았을 때 호기심이 생기기도 했지만 확신과는 거리가 멀었다. 내가 경험한 기독교는 긍정적인 것과는 거리가 멀었다.

그러나 한 오후 프로그램 이후에 기독교에 대해 내가 완전히 새로운 견해를 갖게 된 강력한 경험을 했다. 나는 미식축구 선수들인 애틀랜타 팰컨스 팀의 와이드 리시버와 일리노이 대학 팀 풀백의 뒤를 따라 걷고 있었다. 나는 아직도 프로 팀의 그 와이드 리시버가 입고 있던 초록색 운동 팬츠와 풀백이 입고 있던 땀에 젖은 셔츠를 생생하게 기억할 수 있다. 두 사람은 각각 그 옷을 입고 연습 경기를 마친 후 경기장을 걸어나가고 있었다.

나는 이 탄탄한 근육의, 명성과 부를 겸비한 와이드 리시버가 풀백 선수의 삶에 진정한 관심을 갖고 있는 것을 볼 수 있었다. 나는 그들이 풀백인 대학 선수의 심각한 개인적인 갈등에 대해 서로 나누고 있었다는 사실을 제외하고 두 사람이 무슨 말을 하고 있는지 짐작할 수 없었다. 그 순간 그 프로 선수가 자기 팔을 땀에 젖은 풀백 선수의 우람한 어깨 위에 올려놓고 나지막한 목소리로 희망과 사랑과 이해의 말을 들려주기 시작했다. 그때 나는 그들로부터 몇 미터 떨어진 곳에서 따라가고 있었기 때문에 그들이 내가 있다는 사실을 전혀 알지 못했다고 말할 수 있지만, 그 대화를 지켜보는 것만으로도 나는 처음으로 장성한 성인 남자가 또 다른 성인 남자를 사나이다운 방식으로 사랑하는 장면을 볼 수 있었다.

그 수련회 이전까지 기독교에 대한 나의 시각은 주로 여성, 목발이 필요한 사람들 그리고 약한 사람들을 위한 것이었다. 그런 생각의 연장선에서 나는 종교는 대중의 아편이라는 칼 마르크스의 주장에 찬성하는 편이었으며, 종교는 내게 필요하지 않은 것이었다.

내가 그날 운동장을 가로지르며 이어진 긴 대화에 깊이 빠져 있는 동안 한 새로운 감정이 꿈틀거리기 시작했다. 성공한 한 운동 선수가 힘 있고 사나이다운 방식으로 다른 남자를 사랑하는 모습이 나의 모든 방어벽과 불안함을 꿰뚫은 것이다. 내 눈에 눈물이 흘러내렸고, 내가 지금까지 경험하지 못했던 낯선 감정들을 느낄 수 있었다. 얼마 안 있어 그들과의 거리가 더 가까워졌지만, 방해가 되지 않을 정도의 거리를 유지했다. 나는 두 사람이 실제로 무엇에 관해 이야기하고 있는지 듣고 싶었고, 나에게까지 전달된 두 사람이 주고받는 진지함과 연약함을 직접 확인하고 싶었다.

내가 경기장의 반대편 끝에 도달했을 때 확실히 알게 된 것은 이 두 남자는 내가 원했던 무언가를 갖고 있었다는 사실이었다. 그 당시 나는 그것이 무엇인지 몰랐고, 어떻게 얻을 수 있는지도 몰랐다. 그러나 한 가지 분명히 알았던 것은, 내가 사랑받고 용납받기를 갈망하며 불안에 짓눌리고 쫓기던 고도의 위선자였다는 사실이다. 나는 나 자신을 다른 무엇인 것처럼 가장하고 투사하는 일에 지쳐 있었다. 나는 내가 그냥 나(그것이 어떤 존재이든!)일 수 있는 곳, 내가 있는 그대로의 모습으로 사랑받고 받아들여질 수 있는 곳을 간절히 찾고 있었다. 운동장을 가로질러 걷는 동안 일어난 일은 내가 생명의 메시지를 들었다는 것이다. 그것은 왜냐하면 예수님이 그들을 사랑하신 것처럼 서로를 사랑하고 있는 두 제자를 내가 보았을 때 예수님이 요한복음 17장에서 하신 기도가 내 눈앞에서 응답되었기 때문이다.

진정한 공동체는 힘이 있다. 진정한 공동체는 우리 모두가 고대하는 그

> 진정한 공동체는 당신의 진정한 자아가 모습을 드러내고 올바른 동기를 향한 진정한 욕구가 올바른 방식으로 채워질 때 일어난다.

런 것이다. 진정한 공동체는 단순히 한 팀에 들어가는 것, 혹은 클럽에 속하는 것을 넘어선다. 진정한 공동체는 당신의 진정한 자아가 모습을 드러내고 올바른 동기를 향한 진정한 욕구가 올바른 방식으로 채워질 때 일어난다. 그것은 그리스도의 사랑이 연약함과 희생과 헌신과 함께 공유되고, 서로 주고받는 순간이다. 그곳은 당신이 바로 자기 자신이 될 수 있으며, 당신의 갈등과 고민과 별스러움에도 불구하고 사랑받을 수 있는 곳이다.

앞에서 말한 것처럼, 나는 수련회의 남은 시간 동안 개인적으로 예수님께 나의 죄를 용서해주시고 내 삶 가운데 오시도록 요청했다. 또한 나를 그분이 원하시는 그런 사람으로 만들어달라고 요청했다. 나는 그리스도에 관한 복음을 믿게 되었는데, 그것은 그 복된 소식이 영원히 그 이름을 알 수 없을 평범한 두 사람 사이에서 실제로 일어난 것을 보았기 때문이다.

왜 진정한 공동체를 찾기가 그렇게 어려운가?

불행하게도 대부분의 그리스도인들은 성경에서 말하는 진정한 공동체를 경험하고 있지 못하다. 소그룹 운동이 활기차게 일어났지만, 소그룹에 속한다고 해서 예수님이 그분의 제자들을 사랑하셨던 것처럼 그리스도인들이 다른 그리스도인들을 반드시 사랑하게 된다는 보장이 되지는 않는다. 나는 진정한 공동체라는 느낌을 분명히 느낄 수 있던 몇몇 훌륭한 소그룹에 속해보기도 했고, 성경 공부를 하고 긍정적인 관계를 즐기지만 함께하는 시간이 끝나고나면 전에 살던 모습과 별로 다를 바 없는 삶으로 돌아가고 마는 몇몇 소그룹에도 속해보았다. 진정한 공동체는 유례를 찾기 힘들 정도로 힘이 있지만, 또한 찾아보기 힘들 정도로 드물다.

나는 나와 함께 3부에 참여한 당신에게 이것이 내게는 결코 단순히 이론이 아니라는 사실을 분명히 알려주고 싶다. 나는 이 책을 쓰는 동안 내 인생에서 가장 중요한 사역의 전환을 거쳤다. 나는 지난 25년 동안 처음으로 교회의 담임 목사직을 맡지 않고 있다. 목회자로서 내가 맡은 역할은 정기적으로 진정한 공동체가 일어날 수 있는 환경과 틀을 제공해주는 것이었다. 그것이 스태프들이나 가까운 친구들 혹은 격주로 만나 성경, 나눔, 기도에 많은 시간을 보내는 장로님들과의 모임이든 상관없이 말이다. 그렇지만 그런 시간이 더 이상 주어지지 않게 되자 나는 우리가 함께했던 그 깊이 있고 진솔한 관계들을 내가 얼마나 당연한 것으로 여기고 있었던가를 깨달았다.

요즘 아내와 나는 많은 그리스도인들이 '평범한' 삶의 모습으로써 경험하는 것들이라고 이제 와서야 믿게 된 일을 경험하고 있는데, 그것은 어딘가에 소속될 곳을 찾는 가운데 느끼는 외로움과 단절의 기간이다. 우리는 여러 교회를 찾아다니면서 그것이 우리의 삶에서 가장 실망스럽고 기운이 빠지는 경험 가운데 하나라는 것을 발견했다. 이러한 일들 가운데 우리 딸이 우리의 기도에 대한 하나님의 응답으로 입증된 한 가지 아이디어를 갖고 찾아왔다.

애니(Annie)는 엄청난 독신 인구를 갖고 있는 애틀랜타 지역의 한 대형 교회에 다니고 있었다. 애니는 영적으로 성장하기를 원하지만 저마다 영적 성숙의 단계가 다르고, 앞으로 나아가려면 정확히 무엇을 해야 하는지 알지 못하고 있는 열 명에서 열두 명 정도의 이십대 중반의 청년들을 만나고 있었다. 오래지 않아 아내는 매주 월요일 저녁에 '애니의 가장 가까운 12명의 친구들'을 위해 저녁 식사를 준비했고, 나는 성경을 펼친 채 다음 세대와 함께하는 삶을 영위했다. 내가 말할 수 있는 것은 성경 공부로 시작했던 모임이 확장된 가족으로 변화될 수 있었다는 사실이다. 우리가 함께하는 그 시간에 내가 기대했던 다른 무엇보다 더 많은 기쁨과 사랑이 생겨났다.

두세 주에 걸쳐 우리가 서로에 대해 알아간 뒤에 우리의 나눔은 더욱 깊어지고 진솔해졌다. 곧 모임에 속한 이들은 서로서로의 필요를 채워주고, 마음을 나누며, 함께 소리 내어 기도하게 되었다. 어느 날, 사람들이 모두 떠난 뒤에 아내는 설거지를 하고 나는 집 안을 청소하고 있었는데 갑자기 말할 수 없는 평안함이 나를 엄습했다. 하나님의 가족이 되어 한 무리의 사람들과 마음으로부터 우러나오는 삶을 함께한다는 것이 얼마나 큰 특권인가!

불을 끄고 잠자리에 들면서 두 손을 머리 위로 올려놓고 그날 저녁 일어난 어떤 일이 그렇게 멋진 것이었는지 곰곰이 생각했다. 지난 몇 주 동안 그 젊은 청년들과 함께한 것이 무엇이 그렇게도 좋았던 것일까? 테레사가 막 잠에 빠져들 무렵 내가 이렇게 말했다. "있잖아, 여보. 오늘 밤 정말 끝내줬지, 그렇지? 오늘 밤은 왜 하나님이 우리를 사역 가운데로 인도하셨는지 다시금 일깨워주셨어. 당신, 우리가 30년 전에 처음 우리 집에 대학생들을 데려와 성경 공부를 시작하던 때 기억 나? 그때 그들을 제자 삼으려고 내가 남학생들을 만나고 당신은 여학생들을 만났던 것 기억 나? 오늘 밤이 마치 그 당시처럼 느껴지는 거 있지. 그건 단순히 설교를 준비하거나, 건물을 짓거나, 시스템을 만들거나, 직원들을 고용하거나, 조직을 구성해서 사람들이 성장할 수 있는 자리를 만드는 것과 달랐어. 그저 사랑하는 평범한 사람들이 손을 맞잡고 있는 그대로의 모습으로 사랑받는 그런 거였지." 우리 부부는 그날 밤 베개에 머리를 묻은 채 "이거야말로 가장 중요한 거야"라는 새로운(30년 동안 사역을 해왔는데도) 느낌에 빠져들었다.

나는 당신이 그리스도와 어떤 관계에 있는지, 혹은 그분의 교회와 어떤 관계에 있는지 알지 못한다. 그러나 내가 분명히 아는 것은 적은 수의 그리스도의 제자들만이 내가 말하고 있는 진정으로 삶을 변화시키는 공동체를 경험하고 있다는 사실은 하나님의 마음을 무너뜨리는 일이라는 것이다. 진정한 공동체란 그리스도인들이 진정으로 서로를 사랑하는 곳이다. 그리스도의 몸을 향한 하나님의 계획과 선물은 단순히 우리가 일주일에 한 번 만나고, 누군가 말하는 것을 듣고, 노래를 몇 곡 부르고, 도덕적으로 깨끗해지기 위해 열심히 일하고, 심지어 다른 사람을 돕기 위해 좋은 일을 행하는 것이 아니다. 그런 일들은 그리스도와 우리와의 관계가 흘러넘칠 때 나오는 것이 분명하지만, 나는 너무나 많은 그리스도인들이 외롭고 단절된 삶을 살면서, 자신의 있는 모습 그대로 사랑받고 받아들여지기를 갈망하는 가운데 그렇게 하고 있는 것은 아닌지 두렵다.

그리스도인 되기

하나님은 당신이 진정한 공동체를 경험하기 원하시며, 우리는 어떻게 그런 일이 당신과 나처럼 평범하고 일상적인 삶을 사는 사람들에게 일어날 수 있는지 다음 장에서 살펴볼 것이다.

■ 생각하기 (Think)

예수님은 제자들에게 무엇을 명령하시고, 무엇을 위해서 기도하셨는가?

■ 묵상하기 (Reflect)

당신은 왜 예수님이 성도들이 서로 간에 맺는 관계에 그렇게 초점을 맞추셨다고 생각하는가?

■ 이해하기 (Understand)

당신의 삶에서 진정한 공동체를 경험하는 데 방해가 되는 일들은 무엇인가?

- 너무 바쁨 – 여유가 없음
- 종교적 행위들
- 같은 생각을 가진 다른 그리스도인들과 단절됨

■ 위탁하기 (Surrender)

당신은 몇몇 사람들과 의미 있고, 성장하며, 그리스도를 중심으로 하는 관계를 맺고 있는가? 만일 그렇지 않다면, 그 방향으로 나아가기 위해, 혹은 그분이 이미 당신에게 베풀어주신 것을 더욱 깊게 하기 위해 무엇을 해야 하는지 보여달라고 하나님께 구하라.

■ **행동하기**(Take Action)

당신의 삶에 존재하는 소외감과 피상적인 관계 모두와 전쟁을 선포하라. 요한복음 13장 34-35절을 메모장에 기록하고 이번 주에 하나님이 당신을 인도하시는 대로 살기로 다짐하라.

■ **동기 부여**(Motivation)

r12 온라인(LivingontheEdge.org/r12)에서 '참된 공동체를 경험하는 방법(How to Experience Authentic Community)'에 관한 14분짜리 영상 설교를 시청하라.

■ **격려하기**(Encourage someone)

이번 주간에 첫발을 내디디라. 누군가를 초대해 커피, 저녁 식사, 혹은 디저트를 나누며 진정한 공동체를 바라는 당신과 그 사람과의 공통된 갈망에 관해 이야기하라.

17장
하나님은 왜 당신의 진정한 모습을 그토록 중요히 여기시는가?

> "새 계명을 너희에게 주노니 서로 사랑하라
> 내가 너희를 사랑한 것 같이 너희도 서로 사랑하라
> 너희가 서로 사랑하면 이로써 모든 사람이 너희가 내 제자인 줄 알리라."[1]
>
> – 나사렛 예수

얼마 전 우리와 정기적인 만남을 갖고 있는 소그룹의 한 젊은 부부가 테레사와 나를 만나러 찾아왔다. 두 사람은 어려운 고비를 넘기고 있었고, 그들의 관계에 대한 하나님의 뜻을 찾고 있었다. 그래서 우리는 한 시간 반 정도 이야기를 나누고, 평가하고, 하나님의 말씀과 우리의 지난 경험을 나누었다.

그것은 내가 져야 할 직업적 임무 중 하나이거나, '공식적인 사역'은 아니었다. 단지 나는 그들을 좋아한다. 나는 그들과 함께 있고 싶고, 그들을 도와주고 싶다. 나는 그들이 가진 많은 가능성을 보고 있으며, 지난 몇 달 동안 그들이 주님과 또한 서로 간의 관계 안에서 성장하는 것을 지켜보며 말할 수 없는 기쁨을 누렸다. 내가 말하고자 하는 요지는 이것이다. 우리는 종교 활동을 하는 것이 아니고, 단지 교회에 '소속되기' 위해 교회에 다니는 것도 아니다. 우리는 정말로 서로 사랑하고 함께 살아가는 것이다. 그리고 오해하지 말라. 함께 사는 것은 우리가 그들에게 주는 것에 관한 일이 아니다. 우리에게 되돌아오는 것은 우리가 알 수 있는 것보다 훨씬 더 많다. 우리가 경험하고 있는 것은 진정한 공동체이다. 그리고 진정한 공동체는 교회에 가거나 성경을 읽는다고 만들어지는 것이 아니다.

진정한 공동체는 지난 장에서 배운 것처럼 보기 드물지만 힘이 있다. 진정한 공동체는 영적 엘리트를 위한 것이 아니라 모든 성도를 향한 하나님의 뜻이다. 진정한 공동체를 경험하지 않았다면 진정한 공동체가 형성되기 위해 무엇이 필요한지 반드시 알아야 한다. 하나님은 로마서 12장 9-13절에서 정확히 무엇이 필요한지 설명해주고 계신다. 그 전체적인 개요는 다음에 설명하는 것처럼 간단하다.

진정한 공동체는 이럴 때 만들어진다

- 당신의 진정한 자아가(9절)
- 진정한 필요를 채운다(10절)
- 올바른 동기를 위하여(11절)
- 올바른 방법으로(12-13절)

진정한 자아(9절)

- 진정성 – "사랑에는 거짓이 없나니."
- 순결 – "악을 미워하고 선에 속하라."

진정한 필요를 채운다(10절)

- 헌신 – "형제를 사랑하여 서로 우애하고."
- 겸손 – "존경하기를 서로 먼저 하며."

올바른 동기를 위하여(11절)

- 동기 – "부지런하여 게으르지 말고 열심을 품고 주를 섬기라."
- 방법 – "하나님께 드리는 참된 봉사의 특징은":
    - 부지런함 – 탁월함
    - 열심 – 열정

올바른 방법으로(12-13절)

- 초점을 위로 – "소망 중에 즐거워하며 환난 중에 참으며 기도에 항상 힘쓰며."
- 초점을 밖으로 – "성도들의 쓸 것을 공급하며 손 대접하기를 힘쓰라."

이 장에서는 당신의 진정한 자아가 동료 성도들과의 관계 속에서 나타난다는 것이 어떤 의미인지에 관해 이야기하려고 한다. 진정한 관계와 사랑이 당신이 맺고 있는 관계들 속에서 나타나기 위한 전제 조건은 진정성과 순결이다. 진정성이라고 하면 당신은 "그런 말이 어디에 나오나요?"라고 말할지 모르겠다. 진정성이라는 개념은 "사랑에는 거짓이 없나니"라는 구절에서 얻은 것이다. 실제로 '거짓이 없다(sincere, NIV)'는 말은 문자적으로 '가식이 없다(without hypocrisy, NASB)'를 의미한다. 순결이라는 개념은 두 번째 구절인 "악을 미워하고 선에 속하라"에서 나왔다. 로마서 12장의 흐름이 하나님이 보시기에 '우리는 정말로 어떤 사람인가'(3-8절)에 대한 파악에서 서로에 대한 관계(9-13절)로 이동하는 가운데 이 말들은 강력하고 직접적인 의미를 갖는다. 9-13절에 산재되어 있는 분사들은 함축성 있고 구체적인 명령의 의미를 지님으로써, 예수님이 그분의 제자들을 사랑하신 것처럼 우리가 서로 사랑하는 '방법'에 대한 열쇠가 된다.

목회자로 보낸 오랜 세월 동안 나는 많은 사람들이 사역을 담당하고 교회 안에서 훌륭한 프로그램들을 진행하느라 너무 바쁜 나머지 삶을 함께 나누고, 자기들을 진정으로 알아주며 깊이 사랑해줄 소수의 사람들을 얻지 못하는 경우를 많이 보았다. 그리스도를 인격적으로 알지만 진정한 공동체를 경험하지 못한 외롭고 종교적인 사람들이 교회 안에는 많다.

진정한 자기 자신이 되는 법

그러면, 이제 왜 그런 일들이 있으며 그것을 어떻게 바꿀지에 대해 이야기해보자. 진정한 자아란, 사람들이 우리를 이런 사람으로 생각해주기를 바라는 그런 누군가가 아니라, 있는 그대로의 우리 자신을 가리킨다. 당신은 다른 사람이 생각해주기를 바라는 모습으로 투사되는 것이 아니라 당신의 진정한 자아가 그 실체를 드러내야만 한다. 사랑에는 가식이 없어야 한다.

'거짓이 없다' 혹은 '가식'이라는 말은 문자적으로 '가면을 벗다'는 의미의 헬라어다. 고대 그리스의 극장에서 배우들은 모두 남성이었다. 모든 배우들은 한 연극 혹은 공연에서 여러 가지 역할을 맡았다. 고대에는 한 배우가 여성, 아이 그리고 두세 명의 남자 역할을 맡기도 했다. 이런 일은 가면을 씀으로써 가능했다. 배우는 남성, 여성, 혹은 아이의 표정을 나타내기 위해 특정한 가면을 사용해 여러 가지 다양한 배역을 소화해낼 수 있었다. 이 당시 배우들은 다양한 연령대와 성별을 가진 각기 다른 사람의 목소리를 내는 법을 배워야 했다.

그리스 극장에서 사용된 가면이라는 낱말은 성령이 사도 바울에게 로마 교회에 편지를 쓸 때 사용하도록 지시하신 그 낱말이다. 그 당시는 헬라 문화가 번창했고, 로마의 그리스도인들은 분명 당시의 극장 문화에 익숙했을 것이다. 그래서 바울은 이렇게 말한 것이다(저자의 느슨한 번역). "우리는 그리스도의 두 제자 사이에 진정한 공동체와 참된 사랑이 생기도록 하기 위해 우리의 가면을 벗어버려야 합니다. 우리는 다른 사람이 좋아할 것이라 생각되는 우리의 모습을 투사하는 일을 멈추고, 스스로를 개방하여, 솔직하고 그에 맞는 연약한 모습을 보이기 시작해야 합니다." 만일 진정한 공동체를 무너뜨리는 단 하나의 질병이 있다면 그것은 가식이다. 우리의 관계들이 모양을 꾸미고, 사람들에게 좋은 인상을 심어주려고 하며, 마치 모든 것을 알고 있는 것처럼 행동하거나 혹은 터무니없이 부정직한 모습을 특징으로 하고 있다면 진정한 공동체가 될 가능성을 제거하고 있는 것이다.

내가 진정으로 어떤 사람인지, 즉 내가 사람들로부터 인정받기 위해 거짓으로 꾸미는 내가 아닌, 진정한 나의 모습을 사람들이 알지 못할 때 나는 결코 사랑받을 수 없다. 그리고 이것은 당신도 마찬가지다. 우리는 이런 수

> 내가 진정으로 어떤 사람인지, 즉 내가 사람들로부터 인정받기 위해 내가 아닌, 진정한 나의 모습을 사람들이 알지 못할 때 나는 결코 사랑받을 수 없다.

준에 이르기를 두려워한다. 위험 부담이 있기 때문이다. 사람들로부터 거절당할 가능성이 있기 때문이다. 그러나 그것이 바로 진정한 공동체를 이루기 위해 지불해야 할 가격표다. 인간관계에서 솔직해지고, 진정한 자신을 드러냄으로써 거절당할 위험성을 무릅쓰는 것은 모임 안의 사람들이 나의 연약함과 갈등과 감정의 응어리에도 불구하고 나를 끌어안고 사랑해줄 때 참된 수용을 경험할 수 있게 해준다. 다른 사람들이 반드시 보아야 하는 것은 우리 안에, 즉 우리의 장점과 약점 모두 안에 계신 그리스도시다.

하나님은 '진정한 자기 자신이 되는 것'을 매우 중요하게 여기신다

진정한 자기 자신이 되는 것은 진정한 공동체가 이루어지기 위해 절대적으로 필요하다. 실제로 하나님은 초대 교회 안에서 진정성의 가치를 매우 높게 두셔서 신약 교회 가운데 기록된 최초의 죄(가식)를 21세기를 사는 우리의 생각으로는 이해하기 힘들 정도로 엄격하게 심판하셨다.

그 이야기는 사도행전 5장 1-11절에 기록되어 있다. 당신이 그날 초대 교회에 어떤 일이 일어났는지 감을 잡을 수 있도록 간략하게 훑어보기로 하자. 교회는 날로 부흥되어갔다. 수천 명의 사람들이 그리스도께 나아왔고, 교회에 필요한 것들은 우후죽순처럼 늘어만 갔다. 초대 교회 구성원의 80

퍼센트가 노예와 사회경제적 하층민들이었기 때문이다. 우리는 4장의 마지막 부분에서 구브로 섬에 토지를 갖고 있던 한 부자가 날로 늘어가는 초대 교회 그리스도인들의 필요를 돕기 위해 그 땅을 사도들에게 내놓았다는 기록을 읽게 된다. 그 사람의 이름은 바나바였고, '위로의 아들(The Son of Encouragement)'이라는 별명을 얻게 된다. 우리는 나중에 사도행전을 통해 그가 매우 경건하고 관대하며, 자신의 삶을 그리스도께 바친 사람이라는 것을 알게 된다. 그는 세상과 구별된 삶을 살고 있었고, 어려움에 처한 다른 사람들을 사랑하기 위해 하나님께 쓰임받고 싶어했다.

이런 배경에서, 사도행전 5장은 아나니아와 삽비라라는 이름을 가진 부부의 이야기로 문을 연다. 분명히, 바나바가 땅을 바쳤다는 소문이 돌았을 것이고, 초기 기독교 공동체 안에서 그의 명성은 매우 높았을 것이다. 아나니아와 삽비라는 이런 일들을 보고 초기 기독교 공동체로부터 인정과 존경을 받을 수 있는, 그렇지만 자기들이 팔려고 하는 토지의 판매 대금 전부를 내놓지 않을 수 있는 은밀한 계획을 세우게 된다. 그래서 그들은 토지를 팔고 그 돈 전부를 성도들의 공동체에 사랑과 희생으로 바치는 것처럼 가장하는 계획을 남몰래 세웠다.

그런데 한 가지 문제가 있었다. 그들은 상당한 분량의 금액을 '독차지하기 위해' 남겨둔 것이다. 내가 말하고자 하는 것은, 그들은 바나바처럼 경건하고 관대한 사람으로 보이기 원했지만, 땅을 팔고 남은 돈의 상당 부분을 감추었다는 것이다. 다르게 말하자면, 그들은 '가면'을 쓴 것이다. 그들은 실제로 사람들을 사랑하거나 마음이 넓지 않으면서, 사랑이 많고 마음이 너그러운 사람으로 보이기 원했다.

이제 이 이야기의 극적인 순간이 전개된다. 아나니아는 베드로에게 자기가 교회에 선물을 바치고 싶다는 놀라운 소식을 들려준다. 주님의 특별한 계시를 받은 베드로는 아나니아가 행한 모든 일을 정확히 알고 그에게 묻는다. "아나니아야, 네가 어찌하여 성령께 거짓말을 하려고 음모를 꾸미느냐? 네가 땅을 팔기 전에도 그것은 네 것이 아니냐? 그리고 땅을 판 뒤에도 그 모든 금액은 네가 원하는 대로 처분할 수 있지 않았느냐?" 달리 말하면, 베드로는 이렇게 말하고 있는 것이다. "우선 너에게는 땅을 바칠 의무가 있는 것이 아니다. 둘째, 만일 땅을 팔았다면, 그 전부를 교회에 바쳐야 하는 것도 아니다." 여기서의 문제는 가식이다.

아나니아와 삽비라의 죄는 사람들로부터 인정을 받기 위해 사랑과 믿음을 가장 혹은 위조하려고 시도한 것이다. 그 순간 아나니아에게 내려진 심판은 초대 교회에 충격적인 사건이었고, 오늘날을 사는 내게도 정말 충격적인 일이다. 가식의 순간, 아나니아는 베드로의 발 앞에 엎드려져 죽었고, 젊은 사람들이 그를 메고 나갔다.

몇 시간 뒤 그의 아내 삽비라가 도착하자 베드로는 그녀가 그 음모에 가담했는지, 아니면 무고한 방관자였는지 알아보려고 했다. 그래서 그녀에게 토지를 판 가격에 대해 물어보았다. 베드로는 삽비라가 그 사기극의 또 다른 당사자임을 확인한 뒤 그녀의 남편에게 했던 것과 비슷한 말을 선포한다. "너희가 어찌 함께 꾀하여 주의 영을 시험하려 하느냐 보라 네 남편을 장사하고 오는 사람들의 발이 문 앞에 이르렀으니 또 너를 메어 내가리라 하니 곧 그가 베드로의 발 앞에 엎드려져 혼이 떠나는지라 젊은 사람들이 들어와 죽은 것을 보고 메어다가 그의 남편 곁에 장사하니 온 교회와 이 일을 듣는 사람들이 다 크게 두려워하니라." 이것이 사도행전 5장 9절에서 11절까지의 내용이다.

진정한 공동체를 이루고 서로를 사랑하려면 그 중심에 정직이 있어야 한다. 하나님이 신약 교회 가운데 처음으로 기록된 이 죄를 심판하실 때 선언하신 것은 그분이 가식을 추호도 용납하지 않으신다는 것이었다. 사람들의 정신이 번쩍 들게 한 이 사건에 대해 이야기해보자. 나는 이 사건이 다음 몇 달 동안(몇 년은 아니더라도!) 초대 교회에 미쳤을 충격이 얼마나 컸을지 상상할 수 없다. 그것은 마치 하나님이 "나의 교회라고 불리는 이 새로운 초자연적인 공동체 안에서는 종교 놀음(religious games)이 끼어들 자리란 전혀 없다. 사랑, 즉 진정한 사랑만이 내가 역사의 흐름을 바꾸려고 선택한 이 작은 무리의 성도들을 가리키는 인증 마크가 될 것이다"고 말씀하시는 것과 같다. 당신도 알다시피, 사람은 한 번 거짓으로 꾸미기 시작하면 진정한 사랑과 깊은 인간관계를 이룰 가능성은 불가능하다. 하나님은 만일 사람들과의 관계에 진정성이 존재하지 않으면 그 관계는 가짜가 되며, 요한복음 13장에서 예수님이 하신 명령과 요한복음 17장에서 하신 기도는 실현되지 못하리라는 것을 아셨다.

　당신은 만일 하나님이 그분의 교회를 단 하루만이라도 이와 같은 방식으로 심판하신다면 어떤 일이 일어날지 상상할 수 있겠는가? 대부분의 교회는 영안실이 될 것이다. 그곳에는 온통 시신으로 넘쳐날 것이다. 성장하고 있는 젊은 청년이었던 내게 복음과 기독교의 메시지를 신뢰하지 못하게 만든 것은 다른 무엇이 아닌 바로 이 죄였다. 내 말을 오해하지 말라. 나는 우리 가운데 완전한 사람이 없다는 사실을 잘 알고 있다. 우리는 모두 어느 정도는 가식을 행한다. 우리 모두는 실재보다 조금 더 좋은 인상을 심어주기 위해 투사하고 말을 한다. 우리는 타락한 세상을 살기 때문에, 그런 일들이 어느 정도는 이따금씩 우리 가운데 일어날 것이다. 무의식중에 그런 일을 행하는 것과 의도적으로 가장하고 투사하는 것은 전혀 다르다.

내가 가야 할 길은 멀지만, 나는 그리스도 안에서 형제자매들과의 관계가 실제적이고, 정직하며, 또한 알맞게 연약하기를 간절히 바란다. 나는 내가 저질러놓은 것들을 덮기보다는 그것을 내 것이라고 인정하는 법을 배우고 있다. 나는 하나님께 진짜 나보다 더 나은 척하거나, 내가 실제로 알고 있는 나 자신보다 더 훌륭하거나 경건한 모습을 보여주지 않도록 도와달라고 구한다. 그리고 설령 격려와 지지를 받더라도, 그것이 진짜 나에 대한 반응이 아니라 내가 사람들에게 보이고 싶은 '또 다른 칩 잉그램'에 대한 것이라면 그것은 별 의미가 없을 것이다.

진정성만으로는 부족하다. 반드시 순결함이 필요하다!

진정성은 이 등식의 한쪽 부분에 불과하다. 본문은 계속해서 말씀한다. "악을 미워하고 선에 속하라." 그리고 죄에 대한 단 하나의 보안책이 있다면 그것은 죄로 말미암아 큰 타격을 받는 것이다라는 말이 있다. 칼라일(Carlisle)은 이렇게 말했다. "우리가 반드시 보아야 하는 것은 거룩함이 갖는 무한한 아름다움과 죄가 갖는 무한한 저주의 능력이다." 가식의 뿌리는 좋은 인상을 심어주려는 우리의 심리적 욕구와 욕망을 넘어선다. 그리스도 안에 있는 우리가 '가면'을 쓰는 것은 하나님께 대한 우리의 의도적이고 알려진 불순종을 동료 성도들에게 감추기 위한 것이다. 나의 삶 속에서 죄악을 감춘다면 진정한 나는 드러날 수 없다. 왜냐하면 내가 어떤 것의 뒤로 숨고 다른 무언가로 가장해야 하기 때문이다.

죄의 문제와 관련해서 대단히 많은 사람들이 부지중에 잘못된 질문을 던진다. 정말 많은 사람들이 이렇게 묻는다. "어떻게 하면 선을 넘지 않는 한도 내에서 죄에 가장 가까이 다가갈 수 있을까요? 어떤 등급의 영화를 보면 죄를 짓지 않고서도 영화를 볼 수 있을까요? 술을 몇 잔 정도 마시면 죄가 되지 않을까요? 어느 정도의 돈을 갖고 있으면 탐욕이라 생각되지 않을까요? 성적인 부도덕에 빠지기 전까지 갈 수 있는 남녀 관계의 선은 어느 정도일까요? 어느 정도까지 진실을 왜곡하거나 비틀면 거짓말이 되지 않을까요?" 우리는 누구나 이런 일을 어느 정도까지는 행하며, 그 결과 그 선을 향해 계속 가다가 자기 양심이 그어놓은 경계선을 넘어서는 그리스도인이 생겨난다. 일단 이런 틀이 형성되면, 작고 은밀한 죄가 생명을 갖고 우리 마음의 깊숙한 부분에서 자기 스스로 살아 숨쉬게 된다. 아무도 그것에 대해 알지 못하며, 그것을 숨기기 위해 엄청난 에너지가 소모된다. 문제는 죄란 우리에게 개인적으로만 영향을 끼치는 것이 아니라, 하나님 앞에서 풀지 못한 모든 문제들이 다른 사람들에게까지 영향을 끼친다는 점이다. 왜냐하면 우리는 영적이며 살아 있는 유기체이기 때문이다. 우리는 "한 몸이 되어 서로 지체가 되었"기 때문이다(롬 12:5).

그것은 삶에서 이런 식으로 나타난다. 당신이 그리스도 안에서 친한 친구나 동료 신자들을 만나 기도하고, 마음속에 있는 깊은 문제들에 관해 이야기하기 시작할 때 진짜 일어나고 있는 일들은 말하지 않는다. 당신의 삶과 마음속에는 반드시 숨겨야 하는 부분이 존재하기 때문이다. 그래서 당신은 가면을 쓰기 시작하고, 거짓으로 꾸미기 시작하는 것이다. 그리고 하나님의 은혜와 진정한 공동체의 능력은 당신에게 아무 소용이 없으며, 당신도 이 능력을 다른 사람들에게 전하지 못한다. 기독교적인 상투어와 종교적인 용어들로 채워진 채 관계는 점점 피상적이 되어간다. 그리고 당신의 영혼은 점점 움츠러들고 죄책감이 부풀어오른다. 오래지 않아 당신은 헌신된 성도들이 주위에 있고, 하나님의 말씀을 듣거나 자신의 가식에 부딪히게 만드는 활동들에 참여하는 것을 원하지 않게 된다. 하나님은 당신이 집으로 돌아오기를, 다시 깨끗하게 되기를 그리고 회복되기를 간절히 바라시지만, 외로움과 소외감이 당신의 말 없는 동반자가 된다.

"악을 미워하라"는 말은 매우 강력한 말이다. '미워하다' 혹은 성경에서 '가증히 여기다'로 번역되고 있는 말은 가벼운 말이 아니다. 사실, 이 말을 가장 잘 표현하는 방법은 그림 언어를 사용하는 것이다. 혹시 우유나 과일 같은 상하기 쉬운 음식을 냉장고에 넣고 집을 떠나 이삼 주 만에 돌아왔을 때 그것이 상해 있는 것을 발견한 적이 있다면 이 말이 전하는 의미의 강도가 어느 정도인지 짐작할 수 있을 것이다. 냉장고를 여는 순간 풍겨나오는 당신을 토하게 만드는 그 고약한 냄새, 그것이 바로 이 단어다!

우리의 쟁점은 당신이 얼마나 죄에 가까이 다가갈 수 있느냐 하는 것이 아니다. 다만 얼마나 순결과 의에 가까이 갈 수 있느냐 하는 것이다. 다시 한 번 말하지만, 로마서 12장 9-13절은 죄가 없는 완벽함을 말하지 않으며, 정직과 성실함 가운데 나아가는 것을 말하고 있다. 하나님의 사랑은 깨끗한 통로를 통하여 흘러간다.

그러면 당신은 어느 지점에 와 있는가? 어떻게 행하고 있는가? 당신의 삶에는 빛 가운데 드러나야 할 필요가 있는 은밀한 죄가 있는가? 그것을 감추기에 지쳤는가? 거짓으로 꾸미고, 죄책감을 느끼며, 외로움을 느끼기에 지쳤는가?

당신은 당신과 나의 죄가 단지 우리 자신에게만 영향을 끼치는 것이 아니라, 우리의 관계 안에 속한 모든 사람에게 영향을 끼친다는 사실을 깨닫고 있는가? '당신이 잘 알고 있다고 생각하는' 어떤 사람이 사실은 '또 다른 삶'을 살고 있으며, 당신이 그 사람과 함께 나누었던 모든 것을 의심하게 되는 것보다 더 참담한 일은 없다. 나는 신학생 때 캠퍼스 사역을 하는 한 교회에서 자원봉사를 했었다. 나는 주말마다 그곳에서 가르쳤고, 주중에는 아내와 내가 학생들을 우리 집으로 데려와 성경공부와 기도하는 시간을 가졌다. 그리고 한 달에 한 번 이 사역을 책임지고 있는 목사님을 만나 기도하고, 전략을 짜고, 제자가 되는 과정을 가졌다. 그리고 우리가 가진 마지막 모임은 내게 잊을 수 없는 순간이 되었다. 목사님은 그날 오후 특별한 권면을 해주셨다. 그동안 나의 가르침에 대해 평가를 해주시고, 목회자로서의 내 마음을 칭찬해주셨으며, 헤어질 때에는 우리가 모임을 가졌던 곳이 패스트푸드점이었는데도 나를 위해 기도해주셨다.

내가 그 모임을 마치고 몇 시간 뒤에 교회에 들렀을 때, 그 목사님이 한 여성도의 남편과 눈이 맞아 달아났다는 소식을 들었을 때 어떤 기분이 들었는지 당신은 상상할 수 있겠는가? 두 사람의 애정 행각은 결국 두 가정을 무너뜨렸다. 그 목사님의 젊은 아내와 갓 태어난 아기는 연약한 순간에 죄가 자기 삶을 흔들도록 허용한 남편의 희생자가 되었다. 나는 말할 수 없는 참담함을 느꼈고, 교회는 충격에 휩싸였다! 개인적인 죄란 있을 수 없는 환상에 불과하다!

그리스도인 되기

당신의 대적이 당신은 지금 당신 자신에게만 상처를 주고 있을 뿐이라고 생각하도록 기만하게 두지 말라. 당신이 우리를 필요로 하는 바로 그대로, 우리 또한 있는 그대로의, 정결하며, 용서받은 당신을 필요로 한다.

▪ 생각하기(Think)

당신의 '진정한 자아'가 당신의 관계들 가운데 모습을 드러내기 위해서는 무엇이 필요한가?

▪ 묵상하기(Reflect)

당신은 왜 하나님이 아나니아와 삽비라의 가식을 그렇게 엄하게 처벌하신다고 생각하는가? 당신이 가면을 쓰기 가장 쉬운 곳과 그 방식은 어떤 것인가?

▪ 이해하기(Understand)

가식과 순결 사이의 관계는 무엇인가? 혹시 당신에게는 하나님이 당신에게 말씀하시고자 하는 어떤 '은밀한 죄'나 유혹이 있는가?

▪ 위탁하기(Surrender)

시편 139편 23-24절을 기도로 아뢰라.

> "하나님이여 나를 살피사 내 마음을 아시며
> 나를 시험하사 내 뜻을 아옵소서

> 내게 무슨 악한 행위가 있나 보시고
> 나를 영원한 길로 인도하소서."

그리고 성령이 당신에게 알려주시는 것은 무엇이든 그대로 따르겠다고 다짐하라.

■ 행동하기(Take Action)

우리 모두는 죄와 가식에 대해 갈등을 벌인다. 그 두 가지는 박테리아와 같다. 일단 빛에 노출되면 병을 옮기는 힘이 제거된다. 어떤 '은밀한 죄'나 유혹도 하나님의 임재의 빛 앞으로 가져오고(요일 1:9), 믿을 만한 친구나 목회자에게 말씀드리라. "너희 죄를 서로 고백하며 병이 낫기를 위하여 서로 기도하라"(약 5:16).

■ 동기 부여(Motivation)

만일 당신이 이 문제로 갈등하고 있다면 '남성들을 위한 탐욕의 용을 이기는 방법(Overcoming the Dragon of Lust – for Men)'을 내려받으라 (LivingontheEdge.org/r12).

■ 담임 목사님 격려하기(Encourage your pastor)

담임 목사님께 이메일이나 문자 혹은 쪽지를 전해드리라. 양 무리를 가식과 부정함으로부터 보호하는 '정죄의 설교'를 하는 것은 결코 즐거운 일이 아니다. 그분의 신실함과 용기에 감사드리라. 우리 모두 하나님의 은혜와 더불어 그분의 신실한 메시지를 필요로 하고 있음을 알려드리라.

18장
당신은 평생 지속될 인간관계를 맺고 있는가?

"내 계명은 곧 내가 너희를 사랑한 것 같이
너희도 서로 사랑하라 하는 이것이니라
사람이 친구를 위하여 자기 목숨을 버리면 이보다 더 큰 사랑이 없나니."[1]

— 나사렛 예수

진정한 공동체가 주는 보상과 영향력은 어머어마하지만, 그것이 그렇게 값싸게 오는 것은 아니다. 만일 당신이 예수님이 말씀하신 그런 종류의 사랑을 당신의 관계들 안에서 경험하기 원한다면, 진정한 당신의 모습을 드러내는 것 이상이 필요하다. 그것은 바로 진정한 당신이 모습을 드러내고, 다른 사람들의 필요를 채워주되 편리하거나 쉬운, 혹은 감정적으로 비싸지 않은 것들만이 아닌 진정한 필요를 채워주어야만 한다. 우리가 하나님의 은혜로 말미암아 우리의 안전지대를 벗어나 시간과 에너지와 희생이 요구되는 방식으로 다른 사람들을 사랑할 때, 아무리 많은 돈으로도 살 수 없는 대가가 지불되는 것이다.

커피와 성경 구절, 그 이상의 것

나는 테레사와 내가 다른 사람의 진정한 필요를 채워준다는 것의 의미를 실제로 경험했던 그 첫 시간들을 기억한다. 결혼 생활 초기에 우리는 성장하는 그리스도인이었으며, 수입의 첫부분을 주님의 일에 드렸고, 소그룹에 참여했으며, 다른 사람들을 제자로 삼았고, 어려움에 처한 사람들을 도울 기회를 찾고 있었다. 우리는 댈러스로 이사온 지 얼마 되지 않았었고, 나는 장차 사역을 준비하기 위해 신학교를 다니기 시작했다. 우리는 신학생, 치과 대학생, 마약 중독자 그리고 경제적으로 궁핍하다는 한 가지 공통점을 갖고 있는 온갖 종류의 사람들로 꽉 들어찬 정부 임대 아파트에 입주했다. 그리고 곧 위층 사람들과 친구가 되었다. 팻(Pat)은 우리 두 아들인 에릭(Eric)과 제이슨(Jason)과 비슷한 또래의 아들이 있었는데, 아이들은 한데 어울려 지냈다. 같은 교회 신자인 팻과 테레사는 좋은 친구가 되었고, 그렇게 일 년 정도 지났을 때 팻의 둘째 아이가 태어났다. 팻의 남편은 대부분의 시간을 길에서 보냈기 때문에 나는 잘 알지 못했지만, 어느 날 테레사가 집으로 돌아온 나를 심각한 얼굴로 맞이했던 모습을 생생히 기억한다. 공교롭게도 팻과 그녀의 남편 사이에 문제가 생겼고, 팻의 남편은 그날 아침 집을 나가버린 것이었다. 팻에게는 돈도 없었고, 직업도 없었으며, 갓난아기가 딸려 있었고, 집세를 낼 수가 없었다.

테레사는 팻을 위로하며 함께 기도했고, 아이들을 돌보아주었다. 우리 집세를 내야 할 날이 다가오자 테레사와 나는 '하나님의 뜻이 있을 거다'라는 내용의 대화를 밤 늦게까지 나누었는데, 그때 하나님이 우리를 감동시키사 팻이 쫓겨나지 않도록 그녀의 집세를 대신 내주기 원하신다는 것을 느겼다. 그렇게 되면 팻과 아이들은 한 달 더 머물 수 있는 곳을 마련하게 되는 것이다. 유일한 문제는 만일 우리가 팻의 집세를 내준다면, 우리 집세를 낼 수가 없다는 것이었다. 집세를 내는 날짜는 열흘 정도 차이를 두고 있었고, 우리가 팻의 집세를 내주면 우리에게는 10달러밖에 남지 않았기에 그것은 쉽지 않은 일이었다. 그러나 우리의 마음속에 생기는 저항감에도 불구하고, 성령님은 테레사와 내게 믿음으로 한 걸음 나아가 그리스도 안에서 우리의 자매가 처한 진정한 어려움을 채워주어야 마땅하다는 것을 분명히 깨닫게 해주셨다. 그것은 고상한 일도 아니고 우리가 특별히 영적인 것도 아니었다. 주님은 그것이 단지 순종의 문제임을 아주 분명히 보여주셨다.

우리는 믿음으로 팻의 집세를 지불했고, 나는 주님이 어떤 놀라운 방법으로 열흘 안에 우리 집세를 낼 수 있도록 여분의 돈을 벌 수 있게 해주실 것이라 기대했다. 그러나 열흘 후 집세를 내야 하는 날 우리에게는 돈이 없었다. 사흘간의 여유 날짜도 다 지나가려는 마지막 날 나는 모든 희망을 잃은 채, 하나님께 조금은 화가 난 상태가 되었다. 그때 우편함에 편지 한 통이 배달되어 있었다. 그 봉투 안에는 내가 10년 동안 만나지 못했던 한 친구가 보낸 1,000달러가 들어 있었다. 편지에는 친구가 단지 우리가 어디에 살고 있고 무엇을 하고 있는지 알고 싶어서 기도하던 중에 이 돈을 우리에게 보내고 싶은 마음이 생겼다고만 쓰여 있었다.

이것은 하나님이 우리에게 믿음을, 또한 그분은 우리가 문자 그대로 "형제들을 위하여 목숨을 버리"(요일 3:16)기 원하신다는 사실을 깨닫게 해주신 첫 번째 가르침이었다. 나는 그전까지 이런 일들은 '영적 거인들을 믿음 가운데 선택하기 위해서' 책에서나 일어나는 것이라 생각했었다. 하나님은 우리의 동기가 옆에 있는 그리스도의 제자들의 진정한 필요를 채우는 것일 때 우리를 대신해서 능력 있게 역사하시기를 간절히 원하신다.

> 진정한 공동체는 진정한 당신이 그들의 진정한 필요들을 채워줄 것을 요구한다.

진정한 공동체는 거실에 앉아 커피를 마시고 성경 구절을 함께 나누는 이상의 것이다. 그것은 교회 입구에서 서로 친절하게 맞이하는 이상의 것이며, 심지어 누군가 아기가 생기거나 병원에서 퇴원했을 때 음식을 가져다주는 이상의 것이다. 진정한 공동체는 진정한 당신이 그들의 진정한 필요들을 채워줄 것을 요구한다. 팻은 자신이 경험한 이 은혜에 감격하면서 갓 태어난 아기를 품에 안고 넘치는 눈물로 감사를 표현했다. 우리는 우리를 향한 하나님의 공급하심에 놀랐다. 하나님은 우리가 다른 사람을 사랑하기 위하여 노력하는 가운데 기꺼이 그분을 의지했을 때 천지를 창조하신 하나님이 우리의 필요를 채우신다는 사실을 믿을 수 있도록 먼저 우리를 우리의 안전지대 밖으로 밀어내신 것이다. 앞장에서 배운 것처럼, 진정한 공동체는 진정한 당신이 올바른 동기를 위해 올바른 방법으로 진정한 필요를 채울 때 일어난다. 이 장에서는 다른 사람들의 진정한 필요를 채워줌으로써 진정한 공동체를 경험하는 구체적인 방법들에 대해 알아보기로 하자.

진정한 공동체는 이럴 때 일어난다

- 당신의 진정한 자아가(9절)
- 진정한 필요를 채운다(10절)
- 올바른 동기를 위하여(11절)

- 올바른 방법으로(12-13절)

진정한 자아(9절)

- 진정성 – "사랑에는 거짓이 없나니."
- 순결 – "악을 미워하고 선에 속하라."

진정한 필요를 채운다(10절)

- 헌신 – "형제를 사랑하여 서로 우애하고."
- 겸손 – "존경하기를 서로 먼저 하며."

올바른 동기를 위하여(11절)

- 동기 – "부지런하여 게으르지 말고 열심을 품고 주를 섬기라."
- 방법 – "하나님께 드리는 참된 봉사의 특징은":
    - 부지런함 – 탁월함
    - 열심 – 열정

올바른 방법으로(12-13절)

- 초점을 위로 – "소망 중에 즐거워하며 환난 중에 참으며 기도에 항상 힘쓰며."
- 초점을 밖으로 – "성도들의 쓸 것을 공급하며 손 대접하기를 힘쓰라."

이 두 명령은 간단하지만 힘이 있다. 이것은 다른 사람들의 진정한 필요를 채워주는 데 필요한 두 가지 전제 조건인 헌신과 겸손에 초점이 맞추어져 있다. "형제를 사랑하여 서로 우애하고"(Be devoted to one another in brotherly love, NASB). 그리스도의 몸 안에서 서로 헌신한다는 것은 실제로 무엇을 의미하는가? 여기서 사용된 '헌신하다'는 헬라어는 '필라델피아(philadelphia)'이다. 이 말의 기본적인 의미는 그리스도인 사이에 마땅한, 특별하면서도 친밀한 애정과 관련되어 있다. 이것은 가족 구성원 사이의 모든 것을 끌어안는 사랑으로서 교회 안에서도 필요한 것이다. 고대 세계에서 같은 종교에 충성하는 사람을 가리킬 때 '형제'라는 말을 사용하는 것은 물론 기독교만의 전유물은 아니다. 그것은 유대인들과 애굽의 다른 종교 공동체에도 공통적인 것이었다. '형제의 사랑 안에서 서로 헌신'하는 것은 그리스도의 몸 안에 있는 다른 구성원을 당신의 육신의 가족으로 여기는 것이다. 당신이 당신의 아버지나 어머니, 혹은 형제들에게 주는 것과 똑같은 관심과 보호 그리고 희생이 모든 그리스도의 제자들 서로의 관계 안에서 해야 할 '일반적인 규범'으로 명령되고 있는 것이다.

비록 그것은 테레사와 나에게 팻과 함께하는 커다란 믿음의 발걸음이었지만, 하나님은 단순히 우리와 그녀의 집세를 지불하고 그분의 능력을 체험하는 것 이상의 일을 행하셨다. 팻과 우리 사이에는 우리가 그전까지 한 번도 경험해보지 못한 연결 고리가 만들어졌다. 예수님은 "네 보물 있는 그 곳에는 네 마음도 있느니라"고 말씀하셨다. 그리고 우리의 보물을 사용하여 팻의 필요를 채우는 이 한 가지 행동 때문에 진정한 공동체의 새로운 깊이가 만들어졌다. 우리는 깨닫지 못하는 가운데 로마서 12장 10절의 두 계명을 지킨 것이다. 우리는 진정한 공동체를 세우는 핵심 요소인 헌신의 중요성을 깨닫기 전까지 우리의 믿음과 관계를 단지 '근사한 클럽'이나 사교 모임으로 여기게 될 것이다. 초대 교회는 서로에게 '헌신하라'는 이 계명을, 때로는 그 대가로 그들 자신의 목숨을 치르면서까지 너무도 진지하게 받아들였다.

멀(Merle): 헌신의 모습

헌신과 관련해서 영적인 것은 아니지만 내가 기억하고 있는 한 그림이 이 명령이 어느 정도의 중요성을 갖는지 파악하는 데 도움이 될 것이다. 나는 그 그림을 대학 신입생 때 거의 매일 목격했다. 나는 한 레슬링 선수와 같은 방을 사용했는데, 그는 나중에 미국 대표 선수가 되었다. 그는 그야말로 헌신의 전형이었다. 멀(Merle)은 밤에도 땀을 흘려 체중을 줄이기 위해 비닐로 된 옷을 입었다. 잠자리에 들기 전에는 카드 한 벌을 꺼내 마룻바닥 중앙에 놓았다. 그리고 손잡이가 달린 바퀴를 침대 밑에서 꺼낸 다음 카드를 한 장씩 뒤집었다. 그래서 카드에 그려진 숫자만큼 배 근육과 어깨 근육을 단련시키기 위해 바퀴를 굴리는 일을 반복했다. 만일 킹이나 퀸 같은 그림이 새겨진 카드라면 10번 반복을 의미했고, 나머지 다른 카드는 그 표면에 적힌 숫자만큼이었다. 나는 정말로 그가 잠자리에 들기 전에 카드 한 벌에 적힌 숫자만큼 운동하는 것을 지켜보았다. 그런 다음에 그는 카드를 다시 정리해서 그 숫자만큼 윗몸 일으키기를 반복했다. 멀이 헌신된 사람이라고 말하는 것은 부드러운 표현이다. 그는 헌신이 무엇인지 보여주는 헌신의 화신이었다. 그는 하룻밤도 빼놓지 않았다. 그는 훈련이 자신에게 정말로 중요했기 때문에 그 비싼 값을 기꺼이 치르려 했다.

당신에게 물어보고 싶다. 당신은 다른 사람을 섬기는 일을 그렇게 생각하고 있는가? 그리스도의 몸에 대해 그렇게 생각하고 있는가? 어느 형제나 자매의 삶 가운데 채워주어야 할 어떤 필요가 있다고 들었을 때 당신이 제공해야 한다고 느끼는 헌신이 그런 것인가?

당신은 만일 서로를 향한 그런 종류의 헌신이 우리가 다른 동료 그리스도인들을 대하는 일반적인 규범이 된다면 '교회'가 어떻게 변할지 상상할 수 있겠는가? 아니면 너무 바빠서 그런 식으로 사람들을 진정으로 사랑할 수 있는 마음의 여유와 일정의 빈 공간이 없는가? 우리의 믿음은 지나치게 건물들과 시간과 상표를 중심으로 구성되고 조직되어 교회가 우리 자신을 가리키는 어떤 것이 아니라, 우리가 다니는 곳이 되고 만 것은 아닌가? 서로에게 헌신한다는 것은 우리가 서로를 위해 우리 목숨을 내어놓는 것을 의미한다.

아버지가 돌아가셨을 때, 내게는 아버지와 함께 그 의미 있는 대화를 가졌어야 했던 이유가 있었다. 나에게는 내게 깊이 헌신해주는 그리스도 안에서 한 형제가 있었다. 그는 사업상 자가용 비행기를 소유했고, 여러 프로젝트들을 점검하기 위해 전국을 날아다녔다. 정확히 언제인지는 모르겠지만, 그가 내게 말했다. "칩, 자네가 아버지에 관한 소식을 듣게 되면 시간이 언제든 상관없이 내게 알려주게. 그러면 가능한 빨리 공항에서 만나 노스캐롤라이나까지 한 시간 안에 갈 수 있게 도와주겠네." 나는 병원에서 소식을 들었을 때 가장 먼저 그 친구 게리(Gary)에게 전화를 걸었고, 35분만에 노스캐롤라이나로 향하는 자가용 비행기에 탑승하고 있었다. 그에게 시간이 언제냐는 문제가 되지 않았고, 비용도 문제가 되지 않았다. 그는 내게 헌신적이었다. 우리가 그곳에 도착했을 때, 나는 게리와 그의 아들이 자동차를 이미 렌트해놓았다는 사실을 눈치채지 못했다. 그들은 그날 밤 나를 병원으로 밀어넣으며 이렇게 말했다. "오늘 밤 우리가 어디서 보낼지 걱정하지 말게. 모든 걸 다 준비해놓았다네."

나의 삶에서 아버지와 보낸 가장 귀중한 순간은 편리할 때만 나를 사랑하지 않은 그리스도 안에서의 한 형제가 있었기 때문이었다. 그는 내가 가장 필요로 할 때 개인적으로 커다란 비용을 치르면서 나를 사랑해주었다. 그것이 바로 서로에게 헌신한다는 의미다. 진정한 공동체는 바로 이런 환경 가운데서만 하나님의 초자연적인 사랑이 그분의 자녀들 사이에 시도 때도 없이 이곳저곳에 전달되는 가운데 자라 그 생명이 활짝 꽃피우게 되는 것이다.

그러나 헌신은 이 이야기의 절반뿐이다. 10절의 나머지 절반은 우리가 서로를 존경해야 한다고 말한다. 이것은 열정적으로 다른 사람의 성공을 바라는 것이다. 문자 그대로, '남보다 더' 서로를 존경하는 것이다. 그것은 자기 자신에게 초점을 맞추는 대신 다른 사람을 더 좋게 보이게 만들고, 그가 성공하도록 도와준다는 개념이다. 이것이 진정한 겸손이 실제 삶에서 나타날 때 보여지는 모습이다. 본문은 각광받는 자리나 '일인자가 되기 위해' 경쟁하는 것이 아닌, 우리의 관계 안에 하나 됨을 만들어내는 하나님의 방법을 보여준다.

스티브(Steve): 충성심과 존경의 모습

내 삶에서 가장 위대한 순간은 30대 중반부터 40대 후반 사이였다. 나는 12년 하고도 반 년 정도 캘리포니아 주 산타 크루즈 바이블 처치의 담임 목사로 재직하는 특권을 누렸다. 그 시기는 개인적으로나 영적으로 크게 성장했고, 우리 가족이 성장했으며, 나의 가장 가깝고 친한 친구들인 목회자 팀과 함께 일하는 기쁨을 누린 때였다. 그 목사들 가운데 한 명이 나와 평생지기인 스티브(Steve)란 이름의 친구다. 스티브와 나는 내가 처음 텍사스에 있을 때 만났는데, 그는 미식축구 감독으로 있었고 우리는 든든한 친구가 되었다. 하나님은 나중에 그를 신학교로 인도하셨고 전임 사역자로 부르셨다. 스티브는 내가 만난 가장 다재다능한 사람 가운데 하나다. 그는 가르치고, 예배를 인도하며, 소그룹을 이끌고, 가장 힘든 문제들을 해결하며, 조직 안에서 가장 좋은 기회를 포착하는 법을 알았다. 스티브는 나의 가장 친한 친구이면서, 산타 크루즈 바이블 처치에서는 오랫동안 나의 오른팔이었다. 그는 개념과 아이디어를 취합하여 그것을 현실로 만들기 위해 사람들을 성령의 능력 안으로 끌어들이는 능력을 갖고 있었다.

> 사람들이 마음으로부터 진실되게 자기 자신보다 다른 사람의 성공을 더 원할 때 얼마나 많은 은혜가 넘쳐나는지 놀라울 정도다.

산타 크루즈에서 보낸 몇 년 동안 나 자신이 성장하고 사역에서 맺은 많은 열매들을 돌이켜보면서 이 모든 것에는 스티브의 놀라운 은사와 충성심 그리고 그의 삶에 함께하신 하나님의 손길이 가장 큰 역할을 했다고 나는 믿는다. 내가 이런 말을 하는 이유는 대부분의 사람들이 스티브에 관해서 잘 모르기 때문인데, 왜냐하면 스티브는 자기 자신보다 나를 더 높이는 일에 헌신적인, 참으로 보기 드문 사람이기 때문이다. 내 삶에서 어떤 굉장한 일이 일어날 때면 나는 그가 나보다 더 기뻐했다고 믿는다.

당신은 바로 그런 사람인가? 당신은 다른 사람을 존경하고 그를 더 앞세우는가? 사람들이 마음으로부터 진실되게 자기 자신보다 다른 사람의 성공을 더 원할 때 얼마나 많은 은혜가 넘쳐나는지 놀라울 정도다. 이것은 본능과 반대되며 세상의 가치관과도 전혀 다르지만, 관계 안에서 그런 순간을 경험하면 그것은 우리에게 엄청난 신선함을 선사하고 기운을 내게 하는지 모른다. 서로에게 헌신하며 다른 사람에게 우선권을 줄 때 바로 당신의 진정한 자아가 나타나고 진정한 필요를 채우게 된다.

예수님: 헌신과 존경의 완벽한 모습

겸손과 헌신 가운데 진정한 필요가 채워지는 모습을 가장 깊이 있게 드러내는 모습은 바로 십자가다. 예수님은 당신과 나를 대신하여 우리의 가장 커다란 필요, 즉 우리의 죄사함을 채워주시려고 죽기까지 헌신하셨다.

> "그는 근본 하나님의 본체시나 하나님과 동등됨을 취할 것으로 여기지 아니하시고 오히려 자기를 비워 종의 형체를 가지사 사람들과 같이 되셨고 사람의 모양으로 나타나사 자기를 낮추시고 죽기까지 복종하셨으니 곧 십자가에 죽으심이라."
>
> – 빌립보서 2:6-8

십자가는 우주 안에서 겸손과 헌신의 가장 위대한 본보기다. 예수님은 당신의 필요를 자신의 것보다 앞세우셨다. 예수님은 자기 자신보다 당신을 더 귀하게 여기셨다. 그러니 당신이 그분의 본을 따르기 위해서 어떻게 해야 하겠는가?

R12 그리스도인 되기

당신과 관계를 맺고 있는 사람들의 진정한 필요는 어떤 것들인가? 당신은 당신이 속한 공동체, 교회, 소그룹, 혹은 가정 안에 있는 몇 가지 진정한 필요를 채우기 위해 어떤 일을 주도적으로 할 수 있는가? 하나님은 당신에게 누구에게 헌신하거나 누구를 존경할 것에 대해 어떤 말씀을 하시는가? 이 장의 서두에서 말한 것처럼 그 대가는 비싸지만, 그 상급은 헤아릴 수 없다.

▪ 생각하기(Think)

이 장에서 당신에게 가장 와 닿는 것은 무엇인가?

▪ 묵상하기(Reflect)

당신을 존경하고 당신에게 헌신하는 사람을 생각할 때 가장 먼저 생각나는 사람은 누구인가? 당신은 그들에 대해 어떻게 생각하는가?

▪ 이해하기(Understand)

당신은 진정으로 도움이 필요하다고 판단되는 어떤 상황이나 사람에 대해 알아본 적이 있는가? 도움이 필요한 사람에게 상처를 주는 사람은 누구인가?

▪ 위탁하기(Surrender)

당신은 앞에서 언급한 필요들을 채워주는 그런 사람이 아닐 수도 있다. 그러나 만일 그것이 하나님의 뜻이라면 당신은 그 필요를 채우기 위해 기꺼이 진정한 희생을 하겠다고 하나님께 말씀드리라.

■ **행동하기**(Take Action)

이번 주에 당신의 안전지대와 편리한 지대에서 벗어나라. 당신의 어떤 것이든 지불하여 누군가를 도와주라.

■ **동기 부여**(Motivation)

LivingontheEdge.org/r12 사이트에서 '참된 공동체를 경험하는 방법(How to Experience Authentic Community)'이라는 오디오 파일 전체를 내려받으라.

■ **격려하기**(Encourage someone)

당신의 삶에 있던 진정한 필요를 채워준 사람은 누구인가? 그가 당신에게 해준 일이 돈을 빌려주었거나, 진실을 말해주었거나, 당신의 결혼 생활이 회복되도록 도와주었거나, 혹은 아이들을 학원에 데려다준 일이었든 간에, 당신이 그 일에 대해 그리스도 안에서 얼마나 감사하고 있는지 말해주라.

19장
당신이 참된 공동체를 경험하지 못하게 가로막는 것은 무엇인가?

*"너희가 서로 영광을 취하고
유일하신 하나님께로부터 오는 영광은 구하지 아니하니
어찌 나를 믿을 수 있느냐."* [1]

― 나사렛 예수

우리는 왜 참된 공동체의 경험을 그토록 원하면서도 그렇게 조금밖에 경험하지 못하는 것일까? 왜 교회는 우리가 몸담고 있는 공동체가 아니라 단순히 참석만 하는 행사장이 되어가는 것일까? 왜 우리가 사역 가운데 깊이 동참하고 있을 때에도 사랑하는 사람에게 섬김을 베푸는 것이 아니라 의무를 다하고 있는 것처럼 느끼게 되는 것일까? 왜 그렇게 많은 그룹들이 시작을 잘 했음에도 영적인 모임이 아닌 사교적인 모임으로 사라져버리고, 삶을 변화시키는 관계보다는 피상적인 관계로 전락하고 마는 것일까?

나는 1975년 여름 누군가로부터 말씀 카드를 받았을 때 이 질문들에 대한 답을 배우기 시작했다. 그때 나는 오하이오 주 콜럼버스에서 열린 선교

단체의 여름 수련회에 참석하고 있었다. 수련회는 더 깊은 영적 성장을 위한 다음 단계를 밟기 위해 여러 대학에서 모인 학생들로 구성되었다. 첫 주 동안 우리는 각자 할 일을 찾았고, 오하이오 주립대학 캠퍼스에서 약간 떨어진 커다란 학생회관에서 기거했다.

여학생들은 그 건물 한쪽 편에 그리고 남학생들은 반대편에 숙소를 정했다. 우리는 밤에는 성경 공부를 하고 주중에는 복음 전도를 했는데, 모든 사람은 한 명의 팀 리더와 네 명으로 구성된 한 팀에 배정되었다. 우리 팀 리더의 이름은 존(John)이었는데, 그는 나보다 영적인 면에서 몇 년은 앞선 사람이었다. 나는 영적인 길에 들어서기까지 많은 시간이 걸렸지만, 이제 막 모퉁이를 돌았고 그리스도인으로서 삶의 모든 방면에서 성장하려고 열심이었다.

나는 쉬지 않고 성경을 암송했고, 매일 아침 하나님과 만나 매일 기도 목록을 가지고 기도했으며, 들을 만한 사람이면 누구나에게 내 믿음을 전할 기회를 찾아다녔다. 내가 속한 그룹은 영적인 삶에 매우 조직적인 접근 방법을 취하고 있었다. 그래서 나는 그들이 내게 더 많은 목표와 도전을 제공할수록 나의 열심이 진정이라는 것을 입증하기 위해 한 단계 더 올라섰고, 그러던 어느 순간 갑자기 '남들보다 한 수 위'의 사람이 되었다.

나는 그 해 여름에 내게 요구된 것은 무엇이든 해냈다. 나는 올바른 질문에 대해 올바른 답을 얻었고, 이 여름이 다 가면 이 기독교 조직 안에서 다음 세대의 지도자로 두각을 나타내게 될 것이라고 생각했다. 그리고 여름이 거의 다 갔을 때 우리는 우리의 팀 리더와 개별적으로 만날 기회가 주어졌는데, 그는 우리의 영적 성장에 대해 자신이 내린 평가를 들려주고 우리가 각자 자신의 대학으로 돌아간 뒤에 수행해야 하는 분야들을 알려주었다.

존은 리더직을 수행하는 데 있어서 조용하고 말수가 없는 편이었다. 나는 그 면담을 내심 기대해왔는데 내가 우리 팀원들에게 모범을 보인 훈련들과 그들과의 관계에서 보인 섬김의 자세, 그리고 내 삶 가운데 급속하게 발전하고 있던 지식과 믿음을 그가 알아주었으면 하고 바랐다. 나는 열심히 노력했고, 이제 사람들이 내 등을 두드려주기를 기다리고 있었다.

그러나 우리의 면담은 내가 예상했던 식으로 진행되지 않았다. 비록 나는 열심이 가득했고, 여름 내내 훌륭히 생활했지만 존의 평가는 나를 망연자실하게 만들었다. 나의 영적 성장에 대한 그의 평가는 내가 스스로 내린 것과 판이하게 달랐다. 그는 몇 마디 안 되는 말로, 이번 여름을 통해 나를 알게 된 것과 하나님이 내게 전해줄 세 개의 말씀을 알려주신 것에 감사했다. 그는 내가 우리 대학 리더 팀의 일원이 될 것이므로 이번 가을 학기를 준비하면서 그 말씀들을 묵상하라고 권면했다.

그리고 존은 다음 세 구절을 직접 적은 카드를 전해주었다.

"내가 지금 사람들의 마음을 기쁘게 하려 하고 있습니까? 아니면, 하나님의 마음을 기쁘게 해 드리려 하고 있습니까? 아니면, 사람의 환심을 사려고 하고 있습니까? 내가 아직도 사람의 환심을 사려고 하고 있다면, 나는 그리스도의 종이 아닙니다."

— 갈라디아서 1:10, 새번역

"너희는 서로 영광을 주고받으면서 오직 한 분이신 하나님께서 주시는 영광은 구하지 않으니, 어떻게 믿을 수 있겠느냐?"

— 요한복음 5:44, 새번역

> "그래서 예수께서 그들에게 말씀하셨다. "너희는 사람들 앞에서 스스로 의롭다고 하는 자들이다. 그러나 하나님께서는 너희의 마음을 아신다. 사람들이 높이 평가하는 그러한 것은 하나님이 보시기에 혐오스러운 것이다."
>
> – 누가복음 16:15, 새번역

그는 내게 그 카드를 건네며 조용히 읽어보라고 말했다. 내가 다 읽자, 그는 이번 가을에 하나님이 내 삶에 중대한 사역을 행하시기를 기도했다. 면담은 매우 짧았지만, 그 안에 나를 위한 메시지가 담겨 있다는 것을 알아차리기 위해 우주 과학자의 두뇌가 필요하지는 않았다.

바울은 갈라디아서 1장 10절에서 자기는 사람을 기쁘게 하지 않았다고 말한다. 요한복음 5장 44절에서 예수님은 한 마디로 "사람을 기쁘게 하려고 노력하는 한 그리스도를 진정으로 의지하는 것은 불가능하다"고 말씀하신다. 그리고 내 시선이 누가복음 16장 15절을 읽다 "사람들이 높이 평가하는 그러한 것은 하나님이 보시기에 혐오스러운 것이다"라는 부분에 이른 순간 영적 비수가 내 심장을 꿰뚫는 것 같았다.

당신도 알다시피, 존은 나의 행위와 종교적 활동이 하나님을 기쁘시게 하거나 다른 사람을 사랑해서가 아니라 동료들로부터 승인과 인정을 받기 위한 것임을 예리하게 지적해주었다. 나는 종교의 두루마리를 사용하여 영적이고, 지적이고, 신실하다는 모습을 보임으로써 개인적인 욕구를 채우려는 바리새인과 같은 길을 가고 있었던 것이다.

나는 면담을 마치고 말씀 카드에 적힌 구절들을 읽으며 언덕을 내려오는 동안 마치 아직 준비가 되지 않았는데 누군가에게 배를 세게 얻어맞은 것

같은 느낌이 들었다. 겉으로는 다양한 수준의 자기 부인과 교만이 몰려드는 가운데 깊은 곳에서는 실망과 서운한 감정이 일어났다. 나는 복도에 가만히 서 있으면서, 내가 생각하던 나는 진짜 내가 아니었음을 깨달았다. 지금 와서 돌아보면 그 수련회에서 내가 헌신한 인간관계들은 깊이 있거나 진정한 것이 아니었고, 하나님이 아닌 내 이름과 명성을 높이기 위하여 사람들에게 좋은 인상을 심어주고 대화를 꾸몄던 것이다.

나는 그 세 구절을 읽고 암송하기로 결단한 후 내 삶에서 사람을 기쁘게 하려는 문제를 해결했다고 말하고 싶지만, 사실은 그러지 못했다. 나는 지금까지 평생에 걸쳐 사람을 기쁘게 하는 문제와 전투를 벌여왔다. 그리고 비록 하나님의 은혜로 말미암아 상당한 진보를 하기는 했지만, 그것은 바로 이 시간까지 계속해야 하는 싸움이다. 내가 당신에게 알려주고 싶은 것은, 누군가 내 삶 가운데 내가 보지 못하는 '맹점'을 지적할 용기와 기회를 얻었을 때 내 인생에 전환점이 찾아왔다는 사실이다.

사도 바울은 로마서 12장 11-13절에서 진정한 공동체를 경험하기 위한 하나님의 지시를 계속 들려준다. 우리는 다음의 개요를 통해 진정한 공동체는 당신의 진정한 자아가 진정한 필요를 채울 때 생겨난다는 사실을 다시 한 번 기억하기로 하자. 그리고 가식은 우리의 행동뿐 아니라, 우리의 동기 안에 더 자주 발생한다는 사실을 배우게 될 것이다.

사도 바울은 11절에서 서로의 진정한 필요를 채우기 위한 우리의 동기에 대해 세 가지 명쾌한 훈계를 전해준다.

진정한 공동체는 이럴 때 일어난다

- 당신의 진정한 자아가(9절)
- 진정한 필요를 채운다(10절)
- 올바른 동기를 위하여(11절)
- 올바른 방법으로(12-13절)

진정한 자아(9절)

- 진정성 – "사랑에는 거짓이 없나니."
- 순결 – "악을 미워하고 선에 속하라."

진정한 필요를 채운다(10절)

- 헌신 – "형제를 사랑하여 서로 우애하고."
- 겸손 – "존경하기를 서로 먼저하며."

올바른 동기를 위하여(11절)

- 동기 – "부지런하여 게으르지 말고 열심을 품고 주를 섬기라."
- 방법 – "하나님께 드리는 참된 봉사의 특징은":
    - 부지런함 – 탁월함
    - 열심 – 열정

올바른 방법으로(12-13절)

- 초점을 위로 – "소망 중에 즐거워하며 환난 중에 참으며 기도에 항상

힘쓰며."
- 초점을 밖으로 – "성도들의 쓸 것을 공급하며 손 대접하기를 힘쓰라."

이 세 개의 간략한 권면에서 하나님은 서로에 대한 우리의 섬김과 관계가 올바른 동기와 올바른 방법을 특징으로 삼고 있어야 한다는 것을 분명히 확인시켜주신다.

진정한 공동체의 가치

이 처음 구절은 사실상 엄격한 경고이다. "부지런하여 게으르지 말고"란 말의 문자적 의미는 '나태하여 빈둥거리지 말라', 혹은 '무언가를 할 때 천천히 하거나 꾸물거리지 말라'는 뜻이다. 영어 단어 sloth(나태하다)은 더 이상 사람들이 잘 사용하지 않지만, 성경은 나태함 혹은 게으름과 관련된 문제에 대하여 매우 강력한 용어로 말씀한다. 성경에 의하면 게으름은 죄다. 특히 잠언은 여러 차례에 걸쳐 나태한 행동의 끔찍한 결과를 말씀하고 있다(잠 24:30-34). 그러나 당신에게 한 가지 물어볼 것이 있다. 당신이 가장 최근에 어떤 사람이 다른 누군가를 게으르다고 꾸짖는 소리를 들어본 적이 있다면 언제인가?

가장 최근에 당신이 소그룹 모임에서나 멘토 관계에 있는 누군가가 당신에게 "나는 하나님이 당신 안에서 역사하시는 것을 분명히 알지만, 내가 생각하기에 하나님이 당신에게 해결하기를 원하시는 한 가지 문제가 있어요. 당신은 너무 게을러요"라고 말한 적이 언제였는가? 미국의 기독교 문화에서 누군가에게 게으르다고 말하는 것은 최고의 모욕이다.

> 게으름은 일을 끝냈어야 하는 순간에 그 일을 끝마치지 못한 것이다.

그곳은 우리가 건드리지 않는 영역이다. 그것은 부분적으로 문화적 금기 사항이기 때문이기도 하지만, 또한 성경에서 게으름에 대해 경고할 때 성경이 금하고 있는 것이 무엇인지 우리가 이해하지 못하기 때문이다. 나태함 혹은 게으름은 당신이 소파에 앉아 초콜릿 과자를 먹으며 하루 종일 TV 재방송을 보는 것이 아니다. 게으름은 일을 끝냈어야 하는 순간에 그 일을 끝마치지 못한 것이다.

이것이 나태함 혹은 게으름에 대한 전통적인 정의다. 그것은 당신이 바쁘지 않다거나 활동적이지 않다는 말이 아니다. 그것은 당신이 어떤 일을 반드시 끝내야 하는 순간에 끝내지 못하는 것을 말한다. 로마서 12장 11절에서 말씀하는 것은 하나님이 당신에게 다른 성도들과의 관계 안에서 당신이 무언가 행해야 한다고 일러주신다면, 당신은 그 일이 완수되어야 하는 순간에 그것을 마쳐야 한다는 것이다.

진정한 공동체의 연료

이 나태함의 문제와 가깝게 연결되어 있는 것이 열정 혹은 열심의 문제다. "열심을 품다"는 말은 문자적으로 끓는 점에 도달한 물의 모습이다. 우리가 서로의 관계 안에서 하나님을 섬기는 일은 그리스도와의 개인적인 친밀함 속에서 갖고 있는 열정으로부터 흘러나와야 한다. 우리는 열심히 그리스도를 섬겨야 한다! 우리는 열심히 서로 사랑하고 섬겨야 한다. 진정한 공동체의 가장 단단한 적 가운데 하나는 우리 자신의 영성과 종교심이다.

모든 그룹, 모든 교회, 모든 기독교 기관에는 안주하려는 성향과 늘 하던 대로 하려는 성향이 존재한다. 그래서 조심하지 않으면 아무런 마음이나 열정도 없이 올바른 일을 하게 된다. 전에는 '기쁨'이었던 것이 의무가 된다. 하나님께 대한 우리의 감사와 사랑의 진정한 표현이었던 것이 단지 해야 하는 목록에 포함된 일로 전락하고 만다.

우리의 십일조와 헌금은 지출해야 하는 또 하나의 요금 고지서로 변한다. 하나님의 말씀을 가르치기 위해 준비하는 일이 살아 계신 하나님의 말씀을 선포하는 놀라운 기쁨이었는데, 이제는 주일 오전에 당신이 맡은 반이나 소그룹에게 들려줄 지루한 강의를 준비하기 위해 토요일 저녁에 몇 권의 주석이나 교단 공과책을 훑어보는 일로 바뀐다. 왜 그런가? 어떻게 해서 이런 일이 일어났으며, 어떻게 하면 우리가 서로를 섬기고 사랑하는 일에 탁월함과 열정을 회복할 수 있을까?

나는 그 답을 로마서 12장 11절의 마지막 구절인 "주를 섬기라"에서 찾을 수 있다고 생각한다. 당신은 우리의 관계 안에서 하나님의 이름으로 무언가를 행한다고 하면서도 그것이 너무나 쉽게 우리 자신을 섬기는 일이 되고만다는 사실을 깨닫는가? 당신은 내가 여름 수련회에서 그랬던 것처럼 사람들이 당신을 쓰다듬어주기 때문에 '다른 사람을 섬기고 올바른 일을' 시작하기도 한다. 당신은 그로 인해 인정을 받고, 당신과 관계를 맺고 있는 사람들로부터 칭찬을 받기 때문이다.

진정한 공동체가 만들어지지 않는 것은 사람들의 동기가 하나님을 섬기는 데 있지 않고 기독교 공동체를 이용하여 자신의 개인적인 상처를 치료하고 인정을 받으려는 수단으로 삼기 때문인 경우가 많다. 어떤 그룹에서는,

잘못된 동기가 더욱 대담해져서 하나님을 섬기는 일로부터 경제적 이익을 얻는 일로 바뀌고 만다. 한동안 만일 당신이 하나님께 많은 시간과 돈을 바치면 하나님은 당신의 '영적 투자'에 대해 경제적 수익을 풍성하게 제공하실 수밖에 없다고 주장하는 신학이 유행한 적이 있다. 분명히 잘못된 것이다.

예배가 하나님을 섬기는 것이 아니라 하나님께로부터 무언가를 얻어내기 위한 '받아내기 공식'이 된다. 우리는 우리가 가진 동기와 갈등을 벌이며, 어느 정도는 늘 그럴 것이라 생각하지만, 우리가 그리스도의 몸 안에서 서로를 섬기며 행하는 일들의 이유가 무엇인지에 집중하는 것은 절대적으로 중요하다.

당신의 동기를 점검하는 방법

만일 당신이 올바른 동기에서 하나님을 섬긴다면, 그 일을 탁월함과 열정을 가지고 행할 것이다. 당신의 은사를 그리스도의 몸을 세우는 일에 발휘하는 것은 곧 당신을 위해 돌아가신 분, 당신의 모든 죄를 사하신 분, 당신에게 생명을 주신 분, 그리고 천국에서 당신을 위해 처소를 예비하고 계신 분을 위한 것이라는 사실을 더 많이 의식할수록, 당신의 섬기는 방식은 더 많이 변화될 것이다. 그래서 당신이 다른 사람들을 섬기는 일의 품질과 깊이와 성실성이 변화될 것이다.

나는 하나님의 자비하심이 우리로 하여금 우리의 동기를 가끔씩 엿볼 수 있게, 그래서 우리가 전체적인 시각에서 사물을 바라볼 수 있도록 도우신다고 생각한다. 나는 바로 앞의 몇 페이지를 읽은 사람들 가운데 자신의 동기가 순수한 것인지 그렇지 않은지 어떻게 알 수 있을까?라고 의문을 갖는 사람도 있다고 확신한다. 당신이 하나님을 섬기는지, 혹은 다른 사람의 인정을 받기 위해 자신을 섬기는지 알 수 있는 시금석은 당신이 종과 같은 대우를 받았을 때 어떻게 반응하느냐이다. 당신은 '고맙습니다'라는 응답이 돌아오지 않을 때 어떻게 반응하는가? 당신이 한 일이 당연한 것으로 여겨지고, 아무도 당신이 하는 일을 알아주지 않을 때 어떻게 반응하는가? 당신의 희생과 관대함이 완전히 무시당할 때 어떻게 반응하는가?

> 당신이 하나님을 섬기는지, 혹은 다른 사람의 인정을 받기 위해 자신을 섬기는지 알 수 있는 시금석은 당신이 종과 같은 대우를 받았을 때 어떻게 반응하느냐이다.

내 인생에서 가장 커다란 시험은 내가 다른 사람을 섬기고 사랑하기 위해 내 한계를 넘는 일을 한 뒤에 완전히 무시당했을 때 찾아왔다. 내가 그 상황에서 어떻게 반응하느냐는 내가 왜 그 일을 하는지 그 동기를 결정짓는다. 한 교회가 큰 행사를 앞두고 최후의 순간에 설교자를 구하지 못해 위급한 상황에 처했다. 그 교회는 수백 명의 사람들이 설교자 없이 리트릿을 위해 모이는 매우 큰 교회였다. 그런데 갑자기 어떤 일이 일어났고, 원래 예정되어 있던 설교자가 긴급한 일로 취소를 해야 했다. 당황한 그들은 내게 어떤 식으로든 도움을 줄 수 있는지 물어왔다. 나는 그 문제를 놓고 기도했고 하나님께로부터 가르치라는 '녹색' 신호등과 함께, 하나님이 그 사람들이 어떤 말씀을 듣기 원하시는지에 대한 분명한 느낌을 받았다. 그래서 네 번째 주간 주일에는 우리 교회에서 설교를 하고 주중에는 그들에게 사역을 베풀기 위해 그곳으로 이동을 해야 했다.

나는 그곳에 도착한 뒤에 교회 스태프들 사이에 리더십과 관련된 중대한 문제가 있다는 말을 들었다. 그들은 내게 혹시 시간을 내서 자기네 리더들과 몇 시간 정도 컨설팅을 하고, 나중에 그들이 지정하는 스태프 한 사람과 면담을 해줄 수 있는지 요청을 해왔다. 이번에도 나는 하나님이 도와주기를 원하신다는 느낌을 받았고, 그래서 그러겠다고 했다. 주일 아침이 되자 나는 기진맥진할 정도가 되었다. 금요일 밤부터 토요일 밤까지 네 차례나 강의를 했고, 낮 동안에는 계속해서 모임에 참가했으니 말이다.

리트릿이 끝날 무렵, 우리 교회 주일 예배를 준비하기 위해 집으로 가려는데 교회 리더 한 사람이 내게 봉투를 하나 내밀면서 이렇게 말했다. "목사님, 정말 감사합니다. 주님께서 목사님을 이곳에서 놀랍게 사용하셨습니다. 이것은 목사님이 우리를 위해 베푸신 시간과 섬김에 대한 작은 정성입니다. 더 많이 드리면 좋겠지만 약소합니다."

나는 감사의 인사를 했고, 자동차에 올라타 집으로 돌아왔다. 나는 완전히 지쳐 떨어진 상태에서 다음 날 전할 설교문을 훑어보고 있는데 내가 받은 봉투가 성경책 사이에서 떨어졌다. 나는 봉투를 열어보았다가 깜짝 놀랐다. 그 금액이 크고 후해서가 아니라, 내가 그때까지 받은 사례금 가운데 가장 적었기 때문이었다.

그곳은 집회 때 수백 명이 모이는 매우 큰 교회였다. 그리고 비록 내가 무엇을 기대한 것도 아니고, 사례금을 요구한 적도 없지만, 그것은 너무 적은 금액이었다. 나는 참을 수가 없었다. 그래서 지난 하루 하고도 반나절 동안 내가 들인 시간을 계산하고 그것을 그들에게 받은 돈으로 나누었더니 최저 임금에도 미치지 못하는 수준이었다. 믿기지 않는 사실에 당황한 가운데 내 마음속에서는 작은 분노가 꿈틀거리기 시작했다.

그리고 내일 있을 주일 예배와 도대체 왜 지난 36시간을 그 모임에 허비했는지를 생각하기 시작했다. 내 말은 그 사람들이 어떻게 그렇게 감사할 줄 모를 수 있느냐는 것이었다! 그러다 다시 그 수표를 성경책 사이에 집어넣는데 성령이 갈라디아서 1장 10절과 요한복음 5장 44절을 생각나게 하셨다. "내가 아직도 사람의 환심을 사려고 하고 있다면, 나는 그리스도의 종(bond-servant, NASB, 임금을 받지 않는 노예 – 역주)이 아닙니다"(새번역).

나는 성령이 이렇게 말씀하시는 것을 들었다. "칩, 너는 왜 그 사람들에게 가서 나의 거룩한 말씀을 가르쳤니? 너는 그 일을 나를 섬기기 위해서 했니, 아니면 너 자신을 기쁘게 하기 위해서 했니?" 그 순간 나를 화나게 했던 것은 금액의 크기가 아니라는 것을 깨달았다. 그것은 내가 제대로 인정받지 못했다는 것, 내 가치를 알아주지 않았다는 것, 그리고 내가 겨우 종처럼 취급받았다는 사실이었다. 나는 하나님께 나의 이러한 자세를 용서해달라고 기도했다. 그리고 그리스도 안에 있는 그 형제들에게 그분의 말씀을 가르치고, 컨설팅을 해주는 특권을 주신 것에 감사했다.

만일 당신이 자신의 동기가 무엇인지 진정 보고 싶다면, 당신이 종처럼 대접받았을 때 당신의 반응이 어떤지 점검하라. 그것은 좋은 시금석이다. 나는 오랫동안 말씀을 전하는 일이 끝나기 전까지는 사례비 액수를 확인하지 않는 것을 원칙으로 하고 있다. 그렇게 함으로써 사람들이 하거나, 하지 않은 어떤 일이 내게 조금도 영향을 미치지 못하게 하기 위해서다.

진정한 공동체는 당신의 진정한 자아가 올바른 동기에서 진정한 필요를 채울 때 일어난다. 사람을 사랑한다는 것은 끈적끈적한 감정을 갖는다거나, 단지 사랑하고 싶을 때 사랑하는 것이 아니다. 사람을 사랑한다는 것은 그렇게 함으로써 당신이 인정받고 존경받고, 그래서 사람들의 칭찬의 대상이 되는 그런 것이 아니다. 올바른 동기에서 사람을 사랑하는 것은 다른 사람이 가장 필요로 하는 것을, 그것을 받을 만한 자격이 없을 때에도, 개인적으로 많은 비용을 들여 그것을 주는 것을 의미한다.

이것이 예수님이 당신과 나를 사랑하신 방식이며, 초자연적이고, 기쁨으로 충만하며, 풍성히 흘러넘치고, 성령이 능력을 부어주시는 공동체, 우리의 마음을 두근거리게 만들고 우리의 영혼을 만족시키는 공동체가 세워지게 되는 그런 사랑이다.

그리스도인 되기

당신이 다른 성도들과 맺는 관계를 생각할 때 하나님이 당신의 동기에 관하여 어느 부분을 지적하시는지 스스로에게 물어보라. 당신의 방법에 관해서는 어떤가? 당신은 예수 그리스도를 섬기는 행위로 그 일이 반드시 완수되어야 할 때 그것을 끝내고 있는가? 그리고 그 섬김은 당신에게 친숙한 '넘쳐오르는' 열정과 그분과의 영적 관계로부터 나오고 있는가? 아니면 당신은 그저 정체된 종교 활동과 의무를 완수하는 일에 빠져 있는 것은 아닌가?

나는 당신이 그런 곳에 머물러 있을 필요가 없으며, 하나님은 당신이 진정한 공동체를 주고 또한 받기를 간절히 원하신다는 사실을 기억하기 바란다. 다음 장에서는, 하나님의 사랑을 서로에게 주는 것을 방해하는 굴레와 악순환에서 벗어나는 몇 가지 구체적인 방법들을 이야기할 것이다.

■ **생각하기**(Think)

이 장의 어떤 이야기가 당신과 가장 잘 부합하는가? 그 이유는 무엇인가?

■ **묵상하기**(Reflect)

당신이 현재 하나님을 섬기는 모습을 어떻게 규정하겠는가? 그 이유는 무엇인가?

- 불붙고 있다.
- 수그러들고 있다.
- 열정이 필요하다.

■ **이해하기** (Understand)

당신이 계속해서 탁월함과 열정을 가지고 하나님을 섬기는 데 도움이 된 구체적인 방법들에는 어떤 것들이 있는가? 당신은 자신이 바르지 않은 동기를 가지고 있지 않은지 걱정될 때 어떻게 하는가?

■ **위탁하기** (Surrender)

하나님께 그분의 눈으로 당신이 갖고 있는 동기들을 바라볼 수 있게 해달라고 요청하라. 중요한 것은 하나님을 사랑하는 것이지 사람들의 기대를 충족시키는 것이 아님을 기억하라. 그리고 필요하다면 고백하거나 기뻐하라.

■ **행동하기** (Take Action)

천천히 오랫동안 산책을 하면서 당신이 현재의 사역에 어느 정도 몰두하고 있는지 평가하라.

- 너무 많다.
- 너무 적다.
- 전혀 아니다.

■ **동기 부여** (Motivation)

섬김의 이면에 있는 기쁨과 모험을 누리라. 이번 주에 세 가지 친절한 행동을 해보라. 줄 뒤에 선 사람의 커피값을 대신 내주거나, 노숙자에게 한 끼 식사를 제공하거나, 직장에서 도움이 필요한 사람을 몰래 도와주라.

■ **격려하기** (Encourage someone)

만일 당신이 "부지런하여 게으르지 말고 열심을 품고 주를 섬기라"(롬 12:11)는 말씀을 삶에서 적용하면, 많은 사람들이 격려를 받게 될 것이다!

당신의 초점은
어디에 맞추어져 있는가?

"내가 비옵는 것은 이 사람들만 위함이 아니요
또 그들의 말로 말미암아 나를 믿는 사람들도 위함이니
아버지여, 아버지께서 내 안에, 내가 아버지 안에 있는 것 같이
그들도 다 하나가 되어 우리 안에 있게 하사
세상으로 아버지께서 나를 보내신 것을 믿게 하옵소서."[1]

— 나사렛 예수

 소파에 앉아 있던 그 청년은 건장한 체격의 미남이었다. 그는 고등학교 때 주를 대표하는 레슬링 선수였고, 25세가 갓 넘은 나이에 수석 코치가 되었다. 그러나 오늘 밤 이 건장하고, 마초 기질의 '포기를 모르는' 레슬링 코치가 여남은 명 정도 되는 그리스도의 형제자매들 앞에서 펑펑 울고 있는 것이다. 그의 부친은 몇 주 전에 돌아가셨는데 가족들이 '유산'을 놓고 다투는 것이 그의 마음을 아프게 했다. 그가 우는 동안, 우리는 그를 대신해 하나님께 부르짖었다. 그 자리에는 아무런 부끄러움도 없었고, 오직 용납만이 있었다. 이윽고 평정심을 되찾은 그는 우리를 하나의 그룹으로 단단히 엮어 주는 말을 불쑥 내뱉었다. "고맙습니다, 여러분. 저를 위해 이렇게 함께 있

어주셔서요. 이 힘겨운 밤, 저는 이 자리에 있을 수 있어서 얼마나 다행인지 모릅니다!"

저녁이 되어 모두 떠날 준비를 하는 가운데 서로 포옹하는 시간이 조금씩 길어지는 것을 느꼈다. 우리 사이에 유대감이 더 강해졌고, 하나님의 임재는 모든 사람이 떠난 뒤에도 계속 남아 있을 것 같았다.

사랑은 다른 사람이 가장 필요로 하는 것을 그가 그것을 받을 만한 자격이 없을 때에도 개인적으로 많은 비용을 들여서 베푸는 것이다. 그 특별한 날 밤에 한 젊은이가 예수님의 제자들을 통하여 자기를 향한 그분의 사랑을 체험했다.

사랑은 '공동체' 안에서 자란다. 그것이야말로 우리 문화 가운데서 절대적으로 필요한 것이다. 우리가 서로 간의 관계 속에서 다른 무엇보다 더 필요로 하는 것이 사랑이다. 단순한 사교적인 관계나 서로에게 친절히 대하는 것이 아니라 사랑 말이다. 사랑은 결코 실패하지 않는다. 사랑은 결코 포기하지 않는다. 사람들이 가장 힘든 시간을 견디도록 도와주는 것이 바로 사랑이다. 예수님을 이 땅에 그리고 나중에 십자가에까지 보낸 것이 바로 사랑이다.

두려움을 이기고, 상처를 치유하며, 깨진 관계를 회복하는 것이 사랑이다. 그러나 사랑은 어렵다. 사실, 나는 사랑이 어떤 모습인지 분명히 알고 있던 때가 많았지만, 그것을 주기가 싫었다. 누군가를 사랑하는 것이 무엇을 의미하는 것인지 알고는 있지만, 당신 안에 있는 모든 것이 "나는 그 일을 할 수 없어! 내게는 남들에게 줄 것이 없어!"라고 외칠 때 당신은 어떻게 하는가?

하나님의 말씀은 진리일 뿐 아니라 놀라울 정도로 실용적이다. 하나님은 사랑하기 위해 갈등하는 우리의 심정을 이해하신다. 하나님은 거룩하고자 하는 우리의 갈등을 이해하신다. 하나님은 진정한 공동체는 우리의 진정한 자아가 올바른 동기에서 진정한 필요를 채울 때 뿐만이 아니라, 올바른 방식으로도 일어나야 한다는 것을 이해하신다.

> 사랑은 다른 사람이 가장 필요로 하는 것을 그가 그것을 받을 만한 자격이 없을 때에도 개인적으로 많은 비용을 들여서 베푸는 것이다.

다른 사람의 필요를 올바른 방식으로 채우는 것은 종종 매우 어려운 일이기 때문에, 그분은 우리에게 가진 것이 하나도 없을 때 힘과 능력을 발견할 수 있는 법을 보여주심으로써 우리에게 소망을 주신다.

그 소망은 진정한 공동체를 체험하는 방법에 관한 이 마지막 장에서 찾아볼 수 있다. 그리고 이 구절들이 어떻게 서로 연결되어 전체가 세워지는지 살펴보라.

진정한 공동체는 이럴 때 일어난다

- 당신의 진정한 자아가(9절)
- 진정한 필요를 채운다(10절)
- 올바른 동기를 위하여(11절)
- 올바른 방법으로(12-13절)

진정한 자아(9절)
- 진정성 – "사랑에는 거짓이 없나니."

- 순결 – "악을 미워하고 선에 속하라."

진정한 필요를 채운다(10절)

- 헌신 – "형제를 사랑하여 서로 우애하고."
- 겸손 – "존경하기를 서로 먼저하며."

올바른 동기를 위하여(11절)

- 동기 – "부지런하여 게으르지 말고 열심을 품고 주를 섬기라."
- 방법 – "하나님께 드리는 참된 봉사의 특징은":
  - 부지런함 – 탁월함
  - 열심 – 열정

올바른 방법으로(12-13절)

- 초점을 위로 – "소망 중에 즐거워하며 환난 중에 참으며 기도에 항상 힘쓰며."
- 초점을 밖으로 – "성도들의 쓸 것을 공급하며 손 대접하기를 힘쓰라."

누군가 이렇게 말했다. "당신의 관점이 당신이 맺을 결과를 결정짓는다." 나는 그 말이 사실이라고 믿는다. 내가 지치고, 짓눌리고, 사람들이 알아주지 않을 때 나의 초점은 신속하게 안으로 향한다. 그래서 내가 소유하지 못한 것과 내가 아플 때 찾아와주지 않는 사람들을 생각하기 시작한다. 그리고 응답 받지 못한 기도와 문제를 일으키고 있는 관계들에 초점을 맞추기 시작한다.

나의 마음은 무의식적으로 나의 환경과 관련해서 내가 싫어하는 것, 더 좋았으면 하는 것들에 떠밀려가고, 어느새 객관적 시각을 상실한다. 안으로 향하는 나의 초점은 대개 칩 잉그램을 후원하는 작은 연민의 모임을 주선하는데, 그곳에서 나는 우는소리도 하고, 불평도 하며, 하나님과 몇몇 가까운 친구들에게 투정을 부리기도 한다. "인생이란 공평하지 않은 거야. 그리고 미래는 내가 견딜 수 있는 것보다 더 어려운 거야." 나는 누구나 이런 시기를 겪는다고 믿는다. 짧은 기간 동안 초점이 안으로 향하는 것은 인간 본연의 모습이며, 그리스도와의 관계 안에서 성장하는 가운데 드러나는 일부분이라고 확신한다.

그러나 안으로 향하는 초점이 오래 지속되면 낙심과 더 나아가 우울증을 유발할 수 있다. 안으로 향하는 초점은 점차 잘못된 신학과 비현실적인 기대로 이어지며, 우리를 하나님과 우리 자신과 다른 사람에 대해 더 이상 희망을 갖지 못하는 사람으로 만들게 된다. 4부에서, 하나님은 우리에게 진정한 공동체는 진정성과 순결 이상의 것을 요구한다고 깨우쳐주신다. 진정한 공동체는 헌신과 겸손 이상을 요구한다. 그리고 더 나아가 우리가 다른 사람과의 관계에서 하나님을 섬기려 할 때 부지런함과 열심 이상을 요구한다. 진정한 공동체는 우리의 초점이 위로 그리고 밖으로 향할 것을 요구한다. 우리의 초점이 위를 향해야 하는 이유는 진정한 공동체는 항상 반대하는 세력들의 한가운데에 세워지기 때문이다. 세상과 육체와 대적은 하나님의 자녀들 가운데 존재하는 깊이 있고, 참되며, 사랑이 넘치는 관계를 무너뜨리려고 서로 힘을 합한다.

한번 생각해보라. 세상에서 가장 강력한 포용은 그리스도인을 사랑하는

> 진정한 공동체는 우리의 초점이 위로 그리고 밖으로 향할 것을 요구한다.

그리스도인과 그리스도인답게 살아가는 그리스도인이라면, 우리의 대적과 세상 질서는 특히 진정한 공동체를 무너뜨리는 일을 표적으로 삼지 않겠는가? 그리고 만일 이것이 옳다면, 하나님이 우리에게 안과 아래로만 향하는 초점을 극복하는 방법에 관하여 분명한 가르침을 주시는 것은 너무도 당연한 일이다.

내가 '올바른 방법으로'라는 말을 사용할 때, 그것은 진정한 공동체를 잘못된 방법으로 세우려고 시도하는 것과 비교하기 위한 것이다. 올바른 방법은 그리스도의 초자연적인 능력에서 나온다. 잘못된 방법은 우리의 자기 노력과 개성과 육신의 힘에서 나오는 능력으로 진정한 공동체를 세우려고 시도하는 것이다.

우리가 진정한 공동체에 관하여 말한 것들 대부분이 당신이 행하기에 단지 어려운 정도가 아니라 아예 불가능한 것이라는 사실을 깨닫기 바란다. 당신에게는 다른 사람을 사랑할 능력, 즉 그가 가장 원하는 것을 그에게 그럴 만한 자격이 없을 때 큰 개인적인 희생을 무릅쓰고 줄 수 있는 능력이 없다. 그리고 바울은 로마서 12장 12절에서, 위로 향하는 초점을 유지하기 위해 성령의 초자연적인 능력을 이끌어오는 방법을 가르쳐주는 세 개의 구절을 제공하고 있다.

위를 향한 초점 개발하기

처음 구절인 "소망 중에 즐거워하며"는 마음자세를 가리킨다. 두 번째 구절 "환난 중에 참으며"는 행동을, 그리고 세 번째 구절 "기도에 항상 힘쓰며"는 자원을 가리킨다. 소망 중에 즐거워하라는 말은 무슨 의미인가? 그 구절을 이해하기 위해서는 우리가 평소에 사용하는 소망이라는 말을 이 성경 본문에 대입시키지 않도록 조심해야 한다.

영어에서 '소망(hope)'이라는 낱말은 주로 무언가를 바라는 생각을 의미한다. "나는 내일 비가 오지 않기를 소망한다." "나는 주식 시장이 오르기를 소망한다." "나는 회사 일이 더 좋아지기를 소망한다." 이런 것들은 욕구 혹은 무언가를 바라는 생각이지만, 성경에서 사용된 소망이라는 말은 무언가를 바라는 것이 아니라, 무언가에 대해 절대적으로 확실하게 알 수 있기 때문에 갖는 신뢰의 대상을 가리킨다.

바울이 데살로니가전서에서 성도들에게 믿음의 길로 계속 나아가고, 서로 사랑하며, 고난과 역경 속에서 인내하도록 권면하기 위해 여섯 혹은 일곱 번이나 언급한 것이 예수님의 재림에 대한 확실함이다. 우리는 주위 환경이 풍요로울 때에만 기뻐하거나 우리의 만족과 행복을 찾는 경향이 있다. 사실 행복이라는 말은 어떤 일의 발생 혹은 일어난 일들과 관련이 있다. 그래서 우리는 좋은 일들이 일어나면 행복해하고, 환경이 변하면 불행해한다.

이와 달리, 기쁨은 환경에 영향을 받지 않고 소망 가운데 뿌리를 내린다. 비록 일이 어렵고 여건이 힘들 수 있지만 우리의 소망은 변하지 않는다. 우리는 성령으로 인치신 하나님의 용서받은 자녀들이며, 하나님의 가족으로 입양이 되었고, 하늘에는 우리를 위한 처소가 영원히 예비되어 있다. 이것이 우리의 소망이다! 바울은 위를 향한 초점은 그것으로 말미암아 우리가 영원에 비추어 살아가는 우리의 마음자세라고 말한다.

불의와 질병과 재정 악화와 전 세계적, 경제적 불확실성에 직면한 우리에게 소망이 있다. 그리고 이 소망은 매우 분명하고 구체적인 행동으로 이어진다. 우리는 로마서 12장 12절에서 "환난 중에 참으라"는 명령을 받는다. '참다'는 말은 신약에서 여러 차례 사용된 흥미로운 말이다. 이 말은 후포메노(hupo meno)라는 복합어다. 후포는 '아래에 있다' 그리고 메노는 '스트레스, 어려움, 혹은 불행 가운데 있다'는 의미다. 이 말은 당신이 등으로 세상의 무게를 지고 가는 것을 묘사하는 그림 언어다.

우리는 환난 혹은 어려움 가운데서 우리를 짓누르는 스트레스와 중압감을 참고 견뎌야 한다는 명령을 받고 있다. 하나님은 우리의 선을 위하여 고난을 사용하실 것이라고 약속하신다. 야고보는 이렇게 말씀한다.

> "내 형제들아 너희가 여러 가지 시험을 당하거든 온전히 기쁘게 여기라 이는 너희 믿음의 시련이 인내를 만들어 내는 줄 너희가 앎이라 인내를 온전히 이루라 이는 너희로 온전하고 구비하여 조금도 부족함이 없게 하려 함이라."
>
> – 야고보서 1:2-4

당신이 그리스도의 몸 안에서 관계들을 쌓아나갈 때면, 어려운 일들이 일어난다. 우리의 본능적 성향은 초점을 안으로 향하고 하나님이나 다른 사람들을 비난하는 것이다. 그러나 성경은 말씀한다. "포기하지 말고, 항복하지 말고, 굴복하지 말라." 바로 이런 어려움을 견디고 인내하는 가운데 우리의 성품이 개발되며(롬 5:1-5), 이런 어려움을 통하여 우리의 가장 깊은 관계가 연단되는 것이다.

나와 가장 친한 친구들을 되돌아보면, 그들은 나의 가장 즐거운 시간을 함께 보낸 사람들이 아니라, 내 인생에서 가장 힘든 시기를 지날 때 나와 함께해준 사람들이다. 당신의 삶에서 가장 가까운 사람이 누구인지 생각해보라. 나는 그들은 바로 당신의 결혼이 실패로 치닫거나, 자녀가 말썽을 일으키거나, 조직 검사가 양성으로 나오거나, 파산하거나, 혹은 억울하게 비난받고 있을 때 당신 옆에 있어준 사람일 것이라고 생각한다. 바로 이런 순간에 우리는 인생의 가장 깊은 골짜기를 우리와 동행해줄 기꺼이 몇 안 되는 사람들에게 자기 보호의 벽을 허물고 우리의 마음을 열며 우리의 영혼을 드러낸다.

진정한 공동체는 마음이 연약한 사람들을 위한 것이 아니다. 우리는 가면을 벗고, 순결 가운데 행하며, 헌신과 희생을 통해 서로의 삶으로 들어가야 한다. 좋은 인상을 심어주려는 모든 피상적인 욕망들은 당신이 응급실 안에서 당신의 배우자나 자녀가 그 수술을 통해 다시 살아날 것이라 소망하는 가운데 함께 눈물을 흘릴 때 사라져버린다. 진정한 공동체는 당신의 거실에서 소그룹 모임을 갖고 성경에 관해 이야기하는 정도의 모임 훨씬 그 이상이다.

진정한 공동체는 그리스도와 그분의 약속들 속에서 소망을 찾는 가운데 인생의 가장 고통스러운 시련에 함께 마주치는 것이다. 그러나 어떻게 그렇게 할 수 있는가? 불가능한 것에 용감히 맞서고, 당신의 능력이 소진되었을 때 서로 사랑하는 힘은 어떻게 얻을 수 있는가? 그 답은 "기도에 항상 힘쓰라"는 짧은 구절에 담겨 있다.

이 마지막 구절인 "기도에 항상 힘쓰라"는 강력한 말이다. 우리가 서로에게 헌신하는 것과 마찬가지로, 위를 향한 초점은 서로를 도울 수 있는 초자연적인 능력과 자원을 구할 것을 요구한다. '기도에 항상 힘쓰는 것'은 하나님의 보좌 앞에 정기적으로 그리고 열정적으로 나아가 하나님이 우리 서로의 삶 가운데 그 어떤 인간의 힘으로는 성취할 수 없는 일들을 행하시기를 요청하는 사람들의 모습을 말한다.

내가 이제껏 만난 사람 가운데 정말로 '기도에 항상 힘쓴다'고 묘사할 수 있는 사람은 소수에 불과하다. 내 아내도 그 중 한 명이다. 나는 아내가 나와 우리 아이들과 하나님이 우리의 삶으로 인도해주신 사람들을 대신하여 하나님 앞에 나아가 몇 시간씩 눈물로 기도하는 것을 지켜보았다. 나는 아내를 비롯해 기도에 힘쓰는 사람들로부터 다른 사람들과 마음이 연결되는 일은, 하룻동안 있었던 일을 몇 시간에 걸쳐 이야기하는 것보다 기도의 무릎을 꿇을 때 훨씬 더 빠르고 참되게 일어난다는 사실을 배웠다.

만일 당신이 맡은 그룹이나 당신의 가족 혹은 당신의 교회를 다음 단계로 인도하고 싶다면, 서로를 위하여 그리고 서로 함께하는 시간에 기도에 항상 힘쓰는 것이 어떤 모습인지 보여달라고 하나님께 구하기를 권면한다. 만일 당신의 기도 생활을 가꾸고 키워나가기를 원한다면 R. A. 토레이 목사님(R. A. Torrey)의 「기도의 능력(The Power of Prayer)」이나, 내가 같은 제목으로 펴낸 오디오 시리즈를 추천한다.

우리는 앞의 몇 장에서 우리의 진정한 공동체를 향한 하나님의 처방에 대해 공부했다. 그리고 관계 안에서 연결되는 아름다움을 맛보려면 우리는 다음의 일들을 해야 한다고 배웠다.

1. 우리의 가면을 벗고 순수해지라.
2. 서로 헌신하고 상대방을 자신보다 존중하라.
3. 열심과 탁월함을 갖고 하나님을 섬기라.
4. 어려움 가운데 서로 짐을 지라.

하나님의 자녀들이 이런 방식으로 서로 연결되기 시작할 때, 매우 흥분되는 몇 가지 일들, 즉 그 관계들 안에서 사랑이 활짝 피어나는 일들이 일어나게 된다. 사람들은 서로에게 개방적이 되고, 자신의 연약함을 드러낸다. 작은 문제들에 대한 반대를 인정하는 법을 배우고, 중요한 일들을 중심으로 서로 사랑하기 시작한다. 그리고 이 풍성한 관계를 바탕으로 바깥으로 향하는 초점의 필요성을 깨우치게 된다.

밖으로 향한 초점 개발하기

매우 실재적인 위험이 도사리고 있는데, 그것은 우리가 행함과 진실함으로가 아니라 말과 감정으로만 사랑하기 시작하게 된다는 것이다. 우리는 그들을 감정적으로 후원하고, 서로 기도하며, 말로 관심을 드러내기 때문에 다른 사람을 진정으로 사랑한다고 생각하는 함정에 빠지기가 쉽다. 로마서 12장 13절의 "성도들의 쓸 것을 공급하라"는 명령은 진정한 공동체의 영역을 소그룹 안에서의 논의를 넘어 실제 현장으로까지 확장시킨다.

진정한 공동체는 당신의 지갑을 주머니에서 꺼낼 것을 요구한다. 당신은 그리스도의 몸 안에 있는 어려운 형편의 사람들에게 재정적으로 희생하면서 그리고 체계적으로 베풀어야 한다. 나는 지금 당신의 십일조나 교회에 드리는 정해진 헌금을 말하고 있는 것이 아니라, 당신과 관계를 맺고 있는 형제와 자매들의 필요에 대해 말하고 있는 것이다. 우리는 정부가 자선 사업에 기부하는 일에 세금 공제 혜택을 주는 것에 감사하면서도, 세금 공제가 없으면 서로 간에 실질적인 필요를 채워주고 긍휼을 베푸는 일을 생각하지 않는다. 우리는 한몸이다. 우리의 돈은 우리의 것이 아니며, 우리의 집과 우리의 자동차, 우리의 물건들도 우리의 것이 아니다. 그것은 하나님의 것이다.

그 모든 것은 빌린 것이며 우리는 단지 그것을 한동안 맡아 관리하는 청지기일 뿐이다. 그분은 언제라도 우리에게 맡겨주셨던 것을 다른 사람의 필요를 채우는 일에 사용하도록 재분배하라고 우리의 어깨를 툭툭 치실 수 있다. 사도 야고보는 초대 교회에게 단지 말과 혀로만 사랑하지 말고 행함과 진실함으로 사랑하라고 충고했다.

> "나의 형제자매 여러분, 누가 믿음이 있다고 말하면서도 행함이 없으면, 무슨 소용이 있겠습니까? 그런 믿음이 그를 구원할 수 있겠습니까? 어떤 형제나 자매가 헐벗고, 그 날 먹을 것조차 없는데, 여러분 가운데서 누가 그들에게 말하기를 '평안히 가서, 몸을 따뜻하게 하고, 배부르게 먹으십시오' 하면서, 말만 하고 몸에 필요한 것들을 주지 않는다고 하면, 무슨 소용이 있겠습니까? 이와 같이 믿음에 행함이 따르지 않으면, 그 자체만으로는 죽은 것입니다."
>
> — 야고보서 2:14–17, 새번역

나는 초대 교회 구성원들은 서로 진정한 공동체 안에서 살았으며, 그들 사이에 채워져야 마땅한 필요가 등장하면 순수하게 자신의 주머니를 열어 성령이 베푸시는 지혜와 분별력을 갖고 재정적인 원조를 제공했다고 믿는다. 일반 민중의 수준에서 사람들이 서로 손을 내밀어 서로의 부족함을 채워주는 것은 강력하고 아름다운 일이다.

이런 종류의 진정한 공동체가 우리가 월요일 저녁마다 갖는 젊은 전문가들의 모임에서도 일어났다. 우리가 거실에 둘러앉았을 때, 한 프리랜서 사진작가가 하나님이 자기 마음에 자리잡게 하신 꿈들과 사명을 들려주었다. 그는 하나님이 자신에게 하라고 명하신 일을 따르기 위해 믿음의 큰 걸음을 내딛고 있었는데, 그것은 재정적으로 상당한 불안 요소를 가지고 있었다. 그 모임에 참석한 또 다른 사람들의 필요들까지 합하여 우리는 서로를 위한 기도로 그 시간을 마쳤다.

이틀 뒤에, 그 프리랜서 사진 작가가 내게 성경 공부를 마치고 자동차로 돌아가니 자동차 앞유리 위에 200달러가 들어 있는 봉투가 놓여 있더라고 말해주었다. 그의 환한 얼굴은 방을 비추고도 남을 정도였고, 그는 하나님의 사랑에 어쩔 줄 몰라 했다. 그는 우리 모임 가운데 누군가가 그의 필요를 듣고 익명으로 '성도들의 쓸 것을 공급'하기로 마음먹었다는 사실을 꿈에도 알 수 없었다. 세상이 그 분주함을 멈추고 주목하게 만드는 것이 바로 이러한 삶과 삶이 만나는 서로를 향한 근본적인 사랑이다.

만일 당신도 이런 모임에 속해본 경험이 있다면 내가 말하고 있는 것에 대해 잘 알 것이다. 그룹 모임이 시작되면 그 시간은 삶의 오아시스와 위로가 된다. 내게 있어서, 월요일 저녁은 한 주간의 절정이다. 진정한 공동체는 정말 대단히 좋아서 그 모임의 초점을 계속 밖을 향해 유지하는 것이 아니라 안으로 돌리게 만드는 위험에 빠지기도 한다. 그래서 우리는 "성도들의 쓸 것을 공급하라"는 명령을 받은 즉시 "손 대접하기를 힘쓰라"는 강력한 권면을 받고 있는 것이다. 그 말은 문자적으로 '나그네를 뒤따르라'는 의미다. 외롭고 소외된 사람들, 혹은 어려움에 처한 사람들을 향하여 우리의 삶과 우리의 모임을 개방하는 것은 우리가 함께 살아가는 방식 가운데 하나다.

우리가 서로 가깝게 밀착된 관계를 맺어나가는 가운데 '여기가 좋사오니' 라는 사고방식이 꿈틀거리기 시작할 때 위험이 시작된다.

당신은 교회나 이웃 사람들 가운데 다른 사람들과 잘 어울리지 못하는 사람을 떠올릴 수 있는가? 도움의 손길이 필요한 사람은? 약간의 사랑을 필요로 하는 사람은? 당신은 당신 자신의 개인적인 필요를 넘어서 낯선 이웃을 돕기 위해 개인이 아닌 한 모임의 차원에서 무엇을 할 수 있는가? 당신이 함께 식사를 해야 할 필요가 있는 사람은 누구인가? 소속감을 느끼고, 당신이나 당신이 속한 소그룹으로부터 관심을 받고 있다고 느낄 필요가 있는 사람은 누구인가?

하나님의 백성이 자기와 같지 않은 사람들, 특히 사랑받기에 부족해 보이는 이들에게 다가가 그들을 사랑하는 것을 볼 때 세상은 주목한다. 흑인과 백인, 아시아인과 인도인, 히스패닉들이 진정으로 서로 사랑하고 희생에 이르기까지 서로를 돌아볼 때가 바로 하나님이 역사하고 계시다는 사실을 세상이 깨닫기 시작하는 때다. 민주당원들과 공화당원들 그리고 무소속 지지자들이 자신들의 차이점을 내려놓고 그들의 관계 위에 펄럭일 깃발은 정치가 아니라 예수님이라고 말할 때, 그들 사이의 장벽이 무너지고 은혜가 흘러넘치게 된다.

예수님은 지상에 거하시던 마지막날 밤에 당신이 가장 사랑하시던 이들에게 새 계명을 주셨다. 그것은 예수님이 그들을 사랑하신 것같이 그들도 서로 사랑하라는 것이었다. 예수님은 이어서 당신과 함께 있던 제자들과 그들을 통해 믿게 될 우리 모든 사람을 위하여 우리가 성부와 성자가 하나인 것처럼 하나가 되기를, 그리고 우리가 서로 사랑하여 하나님이 온 인류의 구세주로 예수님을 보내신 것을 알 수 있게 되기를 기도하셨다.

12 그리스도인 되기
참된 영성

진정한 공동체는 지상에서 가장 강력한 포용을 드러낸다. 그리고 그것은 그리스도인들 사이에 가장 필요한 것이며, 믿지 않는 세상은 우리가 어떻게 서로 사랑하고 어떤 관계를 맺는지를 보고 예수님에 대한 우리의 증언이 참인 것을 믿기 시작한다. 진정한 공동체는 드물지만 힘이 있다. 그것은 당신의 진정한 자아가 진정한 필요를 올바른 동기를 위하여 올바른 방식으로 채울 때 일어난다.

이제 형식적인 그리스도인이 되는 것을 멈추고, 우리 자신이 진정한 교회가 되자!

■ **생각하기**(Think)

이 장의 내용 가운데 당신에게 가장 격려가 되는 것은 무엇인가? 왜 그런가?

■ **묵상하기**(Reflect)

이 장에서 가장 마음에 찔리는 내용은 무엇인가? 그 이유는?

■ **이해하기**(Understand)

당신은 어떤 구체적인 환경 가운데서 위로 향하는 초점이 필요한가? 당신의 삶에서 제기되는 이 도전에 응하기 위해 누구와 함께 이야기할 수 있는가?

■ **위탁하기**(Surrender)

당신은 지금 로마서 12장 9-13절이 규정하고 있는 진정한 공동체를 경험하고 있는가? 예수님이 하나님의 아들이라고 '세상에 외치는' 그런 관계를 세우기 위해 자신의 일정을 조정하고, 주도적으로 나서기 위해 필요한 단계들을 기꺼이 취하겠는가?

■ **행동하기**(Take Action)

하나님께는 당신이 소유하기 원하시는 사랑이 있다. 그 사랑을 받기 위해 요한복음 13장 34-35절 말씀대로 순종하는 데 필요한 것은 무엇이든 행하라.

■ **동기 부여**(Motivation)

현재 소그룹에 속해 있지 않다면 하나의 소그룹에 참여하는 것도 고려해보라.

■ **격려하기**(Encourage someone)

다른 교회에 다니거나 다른 지역에 사는 누군가에게 영적 성숙을 향하여 나아가도록 권면하기 위해 r12 주소를 링크하여 보내주라. LivingontheEdge.org/r12에 가보라.

5부

당신을 노리고 있는 악을 이기는 방법

선으로 악에 대응하는 초자연적인 방법
로마서 12:14-21

하나님은 거룩하시며 그 거룩하심을 자신이 창조한 우주의 건강에
필요한 도덕적인 조건으로 삼으셨다.
죄가 일시적으로 세상에 존재하는 것은 오직 다음 사실을 강조할 뿐이다.
거룩한 모든 것은 건강한 것이다.
악은 결국 반드시 죽음에 이르는 도덕적 질병이다.[1]

— A. W. 토저

CHIP INGRAM

당신을 가장
아프게 하는 사람은 누구인가?

"또 네 이웃을 사랑하고 네 원수를 미워하라 하였다는 것을
너희가 들었으나 나는 너희에게 이르노니
너희 원수를 사랑하며 너희를 박해하는 자를 위하여 기도하라." 2

– 나사렛 예수

이 책의 마지막 내용인 5부를 시작하면서, 당신의 삶 가운데 당신을 가장 아프게 한 사람이 누구인지 생각해보기를 바란다. 그는 당신을 불공평하게 대한 사람이거나, 당신에 관해 뜬소문을 퍼트린 사람이거나, 어린 시절 육체적으로나 성적으로, 혹은 정서적으로 당신을 학대한 사람일 수도 있다.

또 어떤 경우에는 당신을 버리고 떠난 사람일 수도 있다. 어쩌면 아무 말 없이 당신의 삶에서 사라져버린 아버지나 어머니일 수도 있고, 혹은 그들이 당신을 배반할 줄을 꿈에도 상상하지 못한 채 당신의 마음을 준 사람일 수도 있다. 당신이 깊이 신뢰했지만 나중에 당신에게 거짓말을 하고, 당신의 돈을 훔치고, 당신이 사랑하는 누군가에게 상처를 주었거나, 당신의 삶을

무너뜨리려고 했던 사람일 수도 있다. 우리 모두에게는 과거에 우리에게 악을 행한 사람이 있다. 일반적으로 사람들은 상처를 대충 덮어둔 채 그 충격을 완전히 해결하지 않거나, 그들을 향해 깊이 뿌리내린 쓰라린 마음을 갖고 살아가거나 하는 성향을 갖고 있다. 그 어느 쪽도 우리의 삶을 향한 하나님의 뜻을 대변하지 않지만, 내가 20년 넘게 상담을 한 결과 대부분의 사람들은 자기를 노리고 있는 악에 대응하는 방법을 전혀 모른다는 사실을 발견했다.

나는 당신이 앞에 제시된 통렬한 질문들을 건너뛰지 않기를 기도한다. 그것은 비록 고통스러울 수 있지만, 당신의 삶에 악과 고통의 통로가 된 그 사람의 얼굴을 마음속에 생생히 떠올리게 되기를 기도한다. 하나님은 당신의 삶을 향한 꿈을 갖고 계시며, 그 꿈에는 당신이 이 땅에서 경험하는 모든 관계, 심지어 힘들고 어려운 관계들도 포함된다. 우리는 지금까지 진정한 제자가 하나님과 세상과 자기 자신과 성도들과 맺는 관계의 모습에 대해 이야기해보았다. 그렇다면 이제 그리스도를 대적하고 그분의 제자들에게 악을 행하는 이들과의 관계에 대하여 자세하게 살펴볼 필요가 있다.

로마서 12장 그리스도인은 자신의 대적들에게 어떻게 대응하는가? 우리를 부당하게 함부로 대하는 이들에게라도 예수님이 하셨을 것처럼 대할 수 있는 은혜를 성령이 우리에게 주시도록 요청하는 것은 어떤 모습일까? 우리는 자신에게 잘못한 사람에 대하여 분노의 상상, 곧 그들이 우리에게 행한 것에 상응하는 정의와 응분의 앙갚음으로 그들이 받아 마땅한 결과에 이른다는 상상을 품고 있는 사람들을 어떻게 다루어야 할까?

나는 살아오면서 우리의 삶을 노리고 있는 악의 근원이 되는 사람들을 어떻게 대하는가 하는 것보다 더 어려운 일을 알지 못한다. 그것이 학대이든, 불공평이든, 재정적 손해이든, 감정적 배반이든, 혹은 신체적 구타이든 우리가 받은 상처와 증오와 아픔을 뛰어넘어 행동하는 것은 불가능한 것처럼 보인다.

이 책을 읽을 많은 사람들과 달리 나는 나를 사랑해주시는 부모님 밑에서 비교적 긍정적인 어린 시절을 보냈다. 나도 모든 사람이 경험하는 작은 공격들을 당해보았지만, 다른 사람을 향해 평생에 걸친 상처와 증오를 품는 충격을 받은 적은 없었다. 그렇지만 그것도 내가 대학 일 학년 때 바뀌었다.

적을 만나다!

나는 대학 시절 농구를 했는데 우리 팀에는 다른 팀원들보다 나이가 훨씬 더 많은 지미(Jimmy, 실명이 아님)라는 사람이 있었다. 베트남 참전 용사였던 그는 키가 2미터가 넘고 제자리높이뛰기는 1미터나 되는 사람이었다. 그는 대단한 운동 선수에다 뛰어난 예술가였다. 그렇지만 과거의 정신적 충격과 실수로 인해 1부 리그에 속한 학교에 갈 수 있는 자격을 상실하고 우리가 다니는 작은 대학에 적을 두게 되었다. 그는 20대 후반이었고, 베트남전에서 부상을 당한 뒤 마약 소지와 거래 혐의로 한동안 교도소에 있기도 했다. 그는 매우 재능이 많았지만 그의 신경 체계는 전쟁과 마약 남용으로 인해 손상을 입었고, 그래서 가끔씩 공을 잡고 다루는 일에 문제가 생기기도 했다.

지미는 두 번째 기회를 얻은 교화된 마약 중독자이자 야심에 찬 예술가였다. 그는 매우 똑똑하고 총명했다. 지미는 삶에서 많은 악을 보고 또한 경험했다. 그는 대도시 빈민가 출신으로 군대에 복무했고, 베트남전에서 심한 부상을 입었으며, 많은 사람을 죽였고, 마약, 불법 성관계, 교도소와 같은 사회의 어두운 면을 많이 경험했다. 그는 목소리가 컸고, 당신의 등을 오싹하게 만들 수 있는 얼음처럼 차가운 눈매를 갖고 있었다. 지미는 자신을 '악당'이라고 표현했는데, 그것은 농담이 아니었다.

그런 와중에 지미는 내가 그리스도인이라는 사실을 알았다. 나는 갓 태어난 그리스도인이었고(6개월 정도), 농구부원들에게 나의 믿음을 실천하기 위해 열심히 노력하고 있었다. 지미는 전에 그리스도인들과의 사이에 매우 좋지 않은 일을 경험한 적이 있는 것이 분명했다. 그래서 그리스도인은 그의 멸시와 증오의 대상이었다. 그리고 오래지 않아 나는 그의 농담과 공격의 대상이 되었다. 그는 모든 농구부원들 앞에서 내가 혼전 순결 서약을 한 것을 두고 공개적으로 놀려댔다. 나는 창피를 당하고 아침부터 저녁까지 로커 룸에서 들려오는 '나를 잘근잘근 씹는' 대화의 먹잇감이 되었다. 그는 항상 나를 "치업(Cheee-up), 숫총각에다 예수를 믿는 비쩍 마른 흰둥이"라고 불렀다. 그에게는 내 이름을 부르는 독특한 방식이 있었는데, 그것은 내 이름의 모음을 길게 늘여 부름으로써 마치 욕처럼 들리게 하는 것이었다. 나도 고등학교 때 농구 실력을 기르기 위해 도심 빈민가에서 농구를 해봤기 때문에, 지미와의 문제는 인종적인 것이 아니라 영적인 것이라는 사실을 알았다. 모든 기회, 모든 원정 경기 그리고 모든 상황이 지미에게는 비난과 조롱을 쏟아부을 좋은 대상이었다.

지미를 향한 나의 적개심은 날이 갈수록 커져갔다. 그의 공격은 봐주는 것이 없었고, 우리의 신체 크기에 비추었을 때 그와 몸으로 다투는 것은 자살 행위와 다를 바 없었다. 그래서 공을 잘 다루는 포인트 가드였던 나는 지미를 상대로 내가 할 수 있는 가장 센 비하인드 더 백 패스(behind-the-back pass)로 갚아주었는데, 그러면 공이 그의 손에서 미끄러져 그의 얼굴을 맞히기도 했다. 감독은 공을 받을 준비를 하지 않았다고 지미에게 야단을 쳤고, 내가 느끼는 만족과 복수심은 더욱 커졌다. 몇 달 동안 지미의 언어 폭력은 멈추지 않았고, 경기장 위에서 나는 그를 향해 빈번히 '노룩 패스(no look pass, 보고 있는 곳과 다른 방향으로 하는 패스 - 편집자 주)'를 했다. 반사 신경이 손상된 지미는 민첩하게 대응하지 못해 코치의 꾸지람을 자주 듣게 되었다. 이렇게 우리 둘 사이의 싸움은 더욱 격해졌다.

어느 날 이 모든 일이 정점으로 치달은 사건이 발생했고, 어느 정도는 사소했던 우리의 갈등이 새로운 국면으로 접어들게 되었다. 그날 나는 내 방으로 가기 위해 기숙사 복도를 걷고 있었는데 복도 건너편에 있는 문이 조금 열려 있었다. 그 안에는 지미를 비롯해 여러 명이 마약을 피우고 있었다. 방은 연기로 가득 찼고 막 방으로 들어가려던 내 눈에 지미가 얼핏 보였다. 지미는 우리 학교에 올 때 '교화된 마약 중독자이자 거래상'이라는 명목으로 왔기 때문에 마약을 하다 붙잡히면 그는 집행 유예 기간을 어긴 것이 되고, 그가 그토록 싫어하는 삶으로 되돌아가야 하는 운명이었다. 지미는 문에서 번개같이 튀어나오더니 내 어깨를 감싸고는 목을 두 손으로 조르면서 말했다. "치-업, 네가 오늘 여기서 본 것을 아무에게도 말하면, 나는 널 죽일 거야! 나는 전에도 수없이 많은 사람을 죽였고, 한 명 더 죽인다고 해서 별로 다를 것도 없거든."

나는 죽음이 두려웠다. 그의 눈빛과 그가 내뱉은 말의 강도는 그것이 허튼 위협이 아니라는 것을 분명히 보여주고 있었다. 지미의 조롱에 대한 나의 반감과 경멸은 다른 것이 하나도 섞이지 않은 순수한 증오로 바뀌었다.

내게는 남들에게 알리고 싶지 않은 분노의 상상이 있었다. 나는 지미에게 상처를 주고 싶었다. 나는 지미에게 받은 그대로 돌려주고 싶었다. 그를 내 인생에서 완전히 몰아내고 싶었다. 그리고 약해진 순간, 적당한 상황이 주어지면, 남은 생애 동안 그렇게 한 것을 후회하게 될 어떤 일을 충분히 저지를 수도 있겠다는 확신이 들었다.

> 증오는 불의, 상처 혹은 공격에 대한 대응일 때에도 악한 것이다.

증오는 강한 것이다! 증오는 불의, 상처 혹은 공격에 대한 대응일 때에도 악한 것이다. 악을 미워하는 것은 선한 일이지만, 사람을 미워하는 것은 악이 그 존재를 드러내고 우리 마음속에 자라게 하는 문을 여는 것이다. 나는 비참했고 속이 마구 뒤틀렸다. 나는 겁이 났고, 계속해서 내 뒤를 돌아보며 지미가 혹시, 혹은 언제 자기가 한 약속을 지키지나 않을까 걱정했다. 나는 경기장에서 계속 공세를 취했고 지미에게 앙갚음을 할 수 있는 기회를 노렸지만, 아무런 효과도 없었다. 그렇게 낙심하던 중에 내게 일어난 일들과 내 기분에 대해 또 다른 지미라는 이름을 가진 사람에게 털어놓게 되었다. 그는 내가 소속되어 있던 대학 선교회를 이끄는 일을 돕고 있었다.

원수를 섬기라구요? 농담이시죠!

지미는 인내심을 갖고 내 말을 끝까지 들어주었다. 그는 구체적으로 어떤 일이 일어났으며 내 기분이 어떤지 확인하는 많은 질문을 던졌다. 그러고나서 고개를 약간 기울이고는 말했다. "칩, 나는 그가 매우 악하다고 생각해. 그리고 내가 알기로 이런 악보다 더 강력한 것은 단 하나가 있는데, 그것은 하나님께로부터 오는 선이야. 나는 하나님이 자네가 어떻게 하기를 원하시는지 알겠네만, 한 가지 경고할 게 있어. 그 일은 분명 효과가 있겠지만, 쉽지 않다는 것이지." 그 말과 함께 지미는 성경을 펴서 로마서 12장 14-21절을 큰 소리로 읽기 시작했다.

"너희를 박해하는 자를 축복하라 축복하고 저주하지 말라 즐거워하는 자들과 함께 즐거워하고 우는 자들과 함께 울라 서로 마음을 같이하며 높은 데 마음을 두지 말고 도리어 낮은 데 처하며 스스로 지혜 있는 체하지 말라 아무에게도 악을 악으로 갚지 말고 모든 사람 앞에서 선한 일을 도모하라 할 수 있거든 너희로서는 모든 사람과 더불어 화목하라 내 사랑하는 자들아 너희가 친히 원수를 갚지 말고 하나님의 진노하심에 맡기라 기록되었으되 원수 갚는 것이 내게 있으니 내가 갚으리라고 주께서 말씀하시니라 네 원수가 주리거든 먹이고 목마르거든 마시게 하라 그리함으로 네가 숯불을 그 머리에 쌓아 놓으리라 악에게 지지 말고 선으로 악을 이기라."

지미가 성경을 덮었을 때 내가 결코 잊지 못할 여정이 시작되었다. 이 말씀에 순종하기는 정말 어려웠지만, 나는 인간적으로 생각했을 때 말도 되지 않는 무언가를 행하기로 결심했다. 앞으로 하나님이 내게 정확히 무엇을 하도록 인도하셨는지와 그것을 어떻게 당신의 삶에 적용할지를 조금 뒤에 들려줄 것이다. 그러나 그보다 앞서 하나님은 내 마음속에서 아픔을, 그리고 내 영혼 속에서 증오를 제거하셔야 했다.

하나님은 내가 스스로 만든 감옥과 내가 마시고 있던 복수라는 독에서 나를 해방시켜주셨다. 여기서 앞으로 나아가기 전에 몇 가지 질문할 것이 있다.

- 당신은 당신의 삶 가운데 악의 근원이자 통로가 되었던 그 사람을 해결할 방법을 배울 준비가 되었는가?
- 당신은 성령의 능력으로 말미암아 당신의 대적들을 하나님의 방식으로 다루는 법을 배우는 가운데, 과거의 아픔에 당당히 맞서고 하나님이 당신을 깨끗하게 하시며 치료하시도록 허락하겠는가?

어떤 사람들에게 이 문제는 과거의 일이 아니다. 이것은 당신과 함께 일하고 있는 누군가, 당신의 가족 가운데 누군가, 혹은 당신이 아이들의 보호를 맡기고 있는 누군가와 관련이 있다. 하나님은 자신의 참된 제자들이 그들을 겨냥하고 있는 악에 대응하는 방법에 관해 모든 구체적인 가르침을 갖고 계시며, 당신이 그 사실을 알게 되기를 나는 바란다. 여기 소망과 도움이 있다! 다음 장에서 그 첫 단계를 살펴볼 것이다.

■ 생각하기 (Think)

당신에게는 어떤 사람이 떠오르는가?

■ 묵상하기 (Reflect)

그 사람이 생각날 때 어떤 느낌이 뒤따랐는가?

■ 이해하기 (Understand)

당신은 과거의 이 상처를 해결하기 위해 어떤 방법들을 사용했는가? 어떤 것이 도움이 되었고, 어떤 것이 도움이 되지 않았는가?

■ 위탁하기 (Surrender)

당신이 그 사람과 관련해 로마서 12장 14-21절에서 말씀하는 하나님의 명령을 기꺼이 따르도록 도와달라고 하나님께 구하라.

■ **행동하기**(Take Action)

옛날의 상처를 털어놓을 수 있는 믿을 만한 한 친구를 찾아 함께 산책해줄 것을 요청하라. 그렇게 하는 동안 당신의 대적을 축복하는 방법을 배우게 될 것이고, 그럼으로써 당신의 영혼은 해방될 것이다.

■ **동기 부여**(Motivation)

이 말씀에 더 깊이 들어가기 위해 r12 사이트(LivingontheEdge.org/r12)에서 '당신을 노리고 있는 악을 이기는 방법(How to Overcome the Evil Aimed at You)'이라는 14분짜리 영상 설교를 시청하라.

■ **격려하기**(Encourage someone)

깊은 상처를 입은 누군가에게 다가가 그의 말을 들어주겠다고 제안하라. 그에게 로마서 12장 14-21절 말씀을 부드럽게 소개하라.

당신은 그리스도가
당신을 치유하시게 하겠는가?

"너희가 사람의 잘못을 용서하면
너희 하늘 아버지께서도 너희 잘못을 용서하시려니와
너희가 사람의 잘못을 용서하지 아니하면
너희 아버지께서도 너희 잘못을 용서하지 아니하시리라."[1]

– 나사렛 예수

    내 친구가 성경을 펴서 로마서 12장 14-21절을 큰 소리로 읽는 동안 나는 조용히 그것을 들으며 머리를 앞뒤로 흔들었다. 그 말씀은 내게 전혀 말도 되지 않는 것처럼 들렸다. 그 말씀은 내가 하고 싶은 것, 혹은 조금이라도 도움이 되리라고 생각했던 것이 전혀 아니었다. 정의는 어디에 있는 것일까? 하나님이 독수리처럼 날아와 나를 보호하시고 나를 이 악한 자에게서 구하시는 부분은 어디에 있는 말인가? 나를 박해하는 사람을 축복하라는, 저주하지 말고 축복하라는 말은 도대체 무슨 뜻인가? 솔직히 말해서, 나는 지미를 저주하고 싶은 것이 아니라 그를 죽이고 싶었다.

    이 책을 읽는 사람들 가운데 지금 바로 나와 같은 기분이 드는 사람이 있을지 모른다. 또 어떤 이들에게 이 모든 논의는 마치 누군가가 지난날의 상처에서 억지로 딱지를 떼는 것처럼 느껴질지도 모른다. 그렇지만 분명히 말하건대, 하나님의 해결책은 강력하고 효과적이다. 이 진리를 이해하고 실행하기 시작할 때 악을 이기는 선의 능력을 직접 경험하게 될 것이다.

그러므로 본문을 함께 읽으면서 선으로 악을 이기는 첫 번째 단계를 배우기로 하자. 다음은 당신이 본문의 구조와 의미를 쉽게 이해할 수 있도록 풀어서 쓴 것이다.

두 가지 명령과 한 가지 경고

긍정적 명령(14-16절)

너희를 박해하는 자를 축복하라. 저주하지 말고 축복하라. 즐거워하는 자들과 함께 즐거워하고 우는 자들과 함께 울라. 서로 마음을 같이하며 높은 데 마음을 두지 말고 도리어 낮은 데 처하며 스스로 지혜 있는 체하지 말라.

부정적 명령(17-20절)

아무에게도 악을 악으로 갚지 말고 모든 사람 앞에서 선한 일을 도모하라. 여러분의 입장에서 할 수 있거든 모든 사람과 더불어 화목하라. 사랑하는 자들아 스스로 복수하지 말고 하나님의 진노하심에 맡기라. 기록되었으되 복수하는 것은 내 것이니 내가 갚아주리라고 주께서 말씀하신다.

"네 원수가 주리거든 먹이고 목마르거든 마시게 하라 그리함으로 네가 숯불을 그 머리에 쌓아 놓으리라."

경고(21절)

악에게 정복당하지 말고, 선으로 악을 정복하라.

이 본문은 두 가지 주요 명령, 즉 긍정적인 명령(14-16절)과 그 뒤에 나오는 부정적인 명령(17-20절)으로 이루어졌음에 주목하라. 그런 다음 21절은 본문 전체에 대한 적용과 최후의 경고 형태로 이 모든 내용을 요약하고 있다.

긍정적인 명령인 "너희를 박해하는 자를 축복하라"는 전체를 하나로 아우르는 주제다. 우리는 14절에서 "저주하지 말고 축복하다"는 말의 의미가 무엇인지를 배울 것이다. 15절에서는 우리에게 악을 행하는 사람을 축복하는 구체적인 방법에 대해 배울 것이다. 그리고 16절에서는 악한 일들을 행하는 악한 사람들을 대할 때 자신에 대한 인식을 지켜야 한다는 경고를 받는다. 조심하지 않는다면 우리도 역시 도덕적으로 올바른 환경 아래서 다른 사람들의 삶 가운데 악을 만들어내는 사람이 될 수 있다. 악은 우리의 상처와 아픔이 '보복'과 정의를 부르짖을 때 아무 잘못이 없는 사람들에게까지 들러붙을 수 있는 놀라운 능력을 갖고 있다.

내 친구가 이 말씀을 큰 소리로 읽을 때 나는 그것이 무슨 의미인지 몰랐다. 나는 '축복하다' 혹은 '저주하다' 라는 말을 자주 사용하지 않았고, 그래서 누군가를 축복하거나 저주하는 것이 어떤 의미인지 내게는 모호했다. 그 시간 이후로 나는 하나님이 그 말씀 가운데서 의미하고 계신 것이 정확히 무엇인지 이해하는 데 도움이 되는 몇 가지 공부를 해왔다. 누군가를 '축복한다'는 것은 문자적으로 누군가가 잘되기를 바라는 것, 하나님의 은총과 복이 그의 삶 위에 함께하기를 바라는 것이다. 이와 반대로, '저주하다'는 그들이 멸망하고, 실패하고, 불행해지기를 바라는 것, 그의 최후를 바라는 것, 잘못되기를 기도하는 것을 의미한다. 이 말씀은 내가 하고 있는 일의 정반대 되는 일을 명하고 있었다. 나는 나를 박해하는 자를 저주하고 있었던 것이다.

나는(당시 갓 태어난 그리스도인이었던) 이 명령이 내게 아무런 의미가 없었다는 것을 시인할 수밖에 없다. 내가 왜 내게 그렇게 치사하고 매몰차게 구는 사람에게 복을 베풀어야 한다는 말인가? 왜 내가 말로 나를 학대하는 그런 사람을, 그래 그건 그렇다 치더라도, 내게 문제를 일으키고, 심지어 내 목숨을 위협하는 사람을 사랑해야 한단 말인가? '축복하라'는 명령이 어떻게 악을 이기며, 그리고 심지어 내가 왜 그렇게 행할 것인지를 고려해야 한다는 말인가?

바로 그때 나는 지구상에서 발언된 말들 가운데 가장 혁신적인 말에 따르게 되었다. 그것은 한 랍비의 말이었다. 모든 시대를 초월해서 가장 훌륭한 랍비로 여겨지며, 모든 사람이 이구동성으로 인류 역사 가운데 가장 위대한 혁명가로 평가하는 사람이 한 말이었다. 그리고 그가 로마 정부를 비롯해 그 당시 종교 지도자들로부터 박해를 받고 있던 자신의 첫 번째 제자들에게 한 말은 내가 고집하던 궤도에서 나를 멈추게 만들었다.

"또 네 이웃을 사랑하고 네 원수를 미워하라 하였다는 것을 너희가 들었으나 나는 너희에게 이르노니 너희 원수를 사랑하며 너희를 박해하는 자를 위하여 기도하라 이같이 한즉 하늘에 계신 너희 아버지의 아들이 되리니 이는 하나님이 그 해를 악인과 선인에게 비추시며 비를 의로운 자와 불의한 자에게 내려주심이라 너희가 너희를 사랑하는 자를 사랑하면 무슨 상이 있으리요 세리도 이같이 아니하느냐 또 너희가 너희 형제에게만 문안하면 남보다 더하는 것이 무엇이냐 이방인들도 이같이 아니하느냐 그러므로 하늘에 계신 너희 아버지의 온전하심과 같이 너희도 온전하라."

— 나사렛 예수, 마태복음 5:43-48

나는 사도 바울은 순전히 예수님이 하신 말씀을 로마에 있는 교회를 위하여 적용한 것이라는 사실을 깨달았다. 예수님은 바로 그들 자신을 노리고 있는 악에 어떻게 대응해야 하는지를 제자들에게 가르치신 것이다. 그리고 예수님은 당시 유행하던 가르침과는 달리 자기 대적들을 위해 십자가에서 죽으심으로써 자신이 가르치신 그대로 본을 보여주시는 혁신적인 가르침을 베푸셨다. 그리고 악과 죄와 죽음을 단번에 정복하셨다.

예수님은 우리를 표적으로 삼고 있는 악에게 자신이 하신 것처럼 대응하라고 우리에게 명령하신다. 앞의 마태복음 5장 44절 본문에 나오는 두 개의 동사를 보라. "너희 원수를 사랑하라… 너희를 박해하는 자를 위하여 기도하라 이같이 한즉 하늘에 계신 너희 아버지의 아들이 되리니." "하늘에 계신 너희 아버지의 아들"은 닮았다는 것을 의미하는 히브리어 표현을 번역한 것이다. 이를 달리 말하면, 우리가 우리 원수를 사랑하고 우리를 박해하는 자를 위해 기도할 때 가족으로써 닮게 된다는 것이다. 우리가 예수님이 그분의 대적들에게 하신 것처럼 우리의 대적들에게 행할 때 예수님의 행동을 따라하고 하나님을 흉내 내게 되는 것이다. 예수님은 하나님은 항상 이렇게 행하신다는 것을 깨우쳐주는 다음의 구절을 가지고 이 주장을 더욱 뒷받침하신다. 하나님은 악인과 선인 모두에게 비를 내려주신다. 그리고 예수님은 그분의 제자들과 오늘날의 우리들에게 이방인과 불신자들과는 다르게 살 것을 도전하신다. 그들은 자기를 사랑하는 사람만 사랑하고 서로 친구가 된다.

우리의 원수를 정말로 '축복'하려면 어떻게 해야 하는가?

그렇지만 이런 일들은 어떻게 이루어지는가? 우리를 박해했던, 혹은 박해하고 있는 사람들을 축복하는 첫 단계는 무엇인가? '축복하다'는 말에는 그 사람의 구원에 대한 열정이 담겨 있다. 그들이 어떻게 했든, 혹은 우리에게 얼마나 아픈 상처를 주고 못살게 굴었든 상관없이 우리는 그들을 축복해야 한다는 명령을 받은 것이다. 이 일은 하나님께 그들의 죄를 용서해달라는 진솔한 바람과 함께 시작된다. 우리는 우리의 원수를 사랑할 수 있기를 소망하기 전에 먼저 의식적으로 그들을 용서하려고 결단해야 한다. 우리는 하나님이 우리를 용서하신 것과 같은 방식으로 그들을 용서해야 한다. 마태복음 5장 48절에서 예수님의 마지막 명령은 우리가 하늘에 계신 하나님 아버지가 온전하신 것 같이 '온전해지는 것'이다[이 말은 영적인 성숙을 의미하는 헬라어 텔레오스(teleos)로, 하나님이 주신 계획을 성취한다는 의미다].

솔직히 말해서, 이 말씀은 우리가 많이 걸리는 부분이다. 우리에게 그렇게 악한 일을 행한 사람을 용서한다는 생각은 거부감이 들고 불가능한 것처럼 보인다. 우리는 누군가를 용서한다는 감정과 용서한다는 행동을 혼동한다. 누군가를 용서한다는 것은 '그 사람이 책임을 벗어나게' 해주어 결국 정의가 이루어지지 못하게 하는 것이라는 잘못된 믿음을 갖고 있다. 누군가가 말하기를 용서하기를 거부하는 사람은 다른 사람이 마시기를 바라는 독이 든 잔을 자기가 마시는 것과 같은 것이라고 했다.[2]

그러나 쓰라린 마음과 증오는 우리의 영혼에 암과 같은 것이다. 우리가 어떤 사람을 용서하기를 거부할 때 가장 큰 상처를 받는 사람은 바로 우리 자신이다. 그렇지만 용서에 대해 아무리 많은 말씀을 듣거나 논리적으로 아무리 많은 설득을 해도, 대부분의 사람들은 자기를 괴롭힌 사람을 용서함으로써 지난날의 상처에 대해 눈감는 것을 거부한다. 나도 안다. 나 역시 그런 자리에 있었고 그렇게 해왔다! 나는 우리가 갖고 있는 거부감의 대부분은 누군가를 용서한다는 것에 대한 왜곡된 이해와 그것이 정확히 어떻게 이루어지는지에 대한 잘못된 지식에 뿌리를 내리고 있다고 믿는다.

그래서 성경이 우리에게 용서하라고 말씀할 때 그것이 어떤 의미인지 설명하고자 한다. 용서는 세 단계로 이루어진 과정이다. 혹은 언어에 조예가 깊은 당신을 위해 말하자면, 용서에는 세 가지 동사 형태가 있다.

- 1단계: '용서하다(to forgive)'는 선택으로써, 당신의 의지가 실천으로 옮겨지는 행동이다. 당신이 이런 행동을 한다고 해서 누군가를 용서한다는 감정을 가질 필요는 없다. 당신은 그저 앙갚음하고 싶은 욕구를 버리고 하나님이 당신을 대하신 것처럼, 당신도 그 못된 사람을 자비로 대할 수 있게 해달라고 하나님께 요청하면 된다.
- 2단계: '용서하는(forgiving)'은 과정으로서, 용서하려는 당신의 선택이 시간이 지나면서 당신의 감정과 하나가 되어가는 단계다. 이 과정은 때로는 여러 달, 혹은 몇 년이 걸리기도 한다. 내가 철저하게 배신을 당했던 어떤 일과 관련해 나는 그 사람을 용서하기로 굳센 의지로 결

심하고 일기장에 그 날짜와 시간을 적은 적이 있다. 그러나 그가 말도 안 되는 소리로 나를 비난한다는 소식을 듣자 나의 감정은 걷잡을 수 없이 치달았다. 나는 그의 죄를 이미 용서했지만, 이 새로운 소식은 내 마음속의 상처가 낫기 시작해서 자리가 잡히고 있던 딱지를 긁어내버렸다. 새로운 죄는 없었지만 그 문제가 내 의식 가운데 다시 찾아와 분노와 쓰라린 감정을 끓어오르게 만들었다.

> '용서하는(forgiving)'은 과정으로서, 용서하려는 당신의 선택이 시간이 지나면서 당신의 감정과 하나가 되어가는 단계다.

여기가 바로 많은 그리스도인들이 악순환에 빠지는 부분이다. 그들은 전과 똑같은 감정이 이따금씩 표면 위로 떠오르기 때문에 그 사람을 결코 용서하지 못한다고 간주하거나, 계속 부각되는 동일한 문제가 너무나 커다란 아픔을 가져다주기 때문에 자신의 아픔을 부정하고 묻어버리게 된다. 그들은 무의식 중에 이 문제와 관련해 진정한 용서는 불가능하며, 최종적인 해결은 있을 수 없다고 간주한다.

그렇다면 이 '용서하는' 과정은 실제로 어떤 식으로 이루어지는가? 당신은 예수님이 우리에게 우리의 원수를 사랑하고 우리를 박해하는 이들을 위해 기도하라고 하신 반면, 바울은 로마서 12장 14절에서 우리를 박해하는 자를 축복하고 또한 저주하지 말고 축복하라고 두 번이나 말한 것을 눈여겨보았는가? 누군가를 '축복한다'는 것은 기도의 한 종류로 비유할 수 있다. 그래서 예수님은 우리를 박해하는 이를 위해서 기도하라고 우리에게 직접 명령하신 것이다.

2단계인 '용서하는'의 핵심은 기도다. 앞에서 내가 배신당했다고 말한 그 일의 경우, 나는 그 사람을 위해 매일 기도하겠다고 마음으로 다짐했다. 그 전까지는 하나님께 그 사람이 받아 마땅한 것을 주시고, 그 사람의 길이 잘못된 것을 보게 하시며, 그로 하여금 뉘우치게 해달라고 기도했었다. 그런데 시간이 지나면서 성령이 내게 하나님이 내 마음속의 악과 내가 행한 모든 일들에도 불구하고 내게 얼마나 자비롭고 너그러우셨는지 생각나게 해주셨다. 비록 더디기는 했지만 나는 마침내 하나님이 그 사람의 삶과, 그의 결혼 생활과, 그의 자녀들과, 그의 사역에 복을 내려주시기를 기도하기 시작했다. 그리고 그에 대하여 철저하게 마음으로부터 하나님의 복을 구하지 않는 한 성만찬에 참여하지 않겠다는 규칙을 만들었다.

일 년 정도 뒤에 그와 나를 모두 알고 있는 한 친구가 그를 다른 곳에서 만나 그에 관한 한 가지 밝은 소식을 전해주었다. 친구는 내가 얼마나 심한 배반을 당했었는지 알지 못한 채 그 소식을 내가 기뻐할 것이라 여겼다. 내 마음에서 가장 먼저 나온 반응은 전혀 기쁨이 아니었지만, 나는 얼른 '만면에 그리스도인의 미소'를 짓고는 그가 잘 지낸다는 소리를 들으니 얼마나 좋은지 모르겠다고 말했다. 나의 첫 반응은 내가 아직도 2단계, '용서하는' 에 머물고 있음을 알려주었다. 나의 반응은 내가 아직도 그의 몰락을 기대하면서 정의가 그에게 내려지기를 바라는 마음을 갖고 있음을 드러냈다. 나는 1단계 '선택'으로는 그를 용서했지만, '용서하는 과정'은 아직 완성되지 않았던 것이다.

그리고 또다시 18개월이 지난 다음(나는 이 기간 동안 계속해서 그를 위해 기도했다) 전혀 새로운 상황 가운데서 주일 예배 설교를 막 마치고 나온 나는 그에 대한 또 다른 긍정적인 소식을 들었다. 아무런 머뭇거림이나 생각할 겨를도 없이 내가 즉시 보인 반응은 기쁨이었다. 2년이 넘은 기도 뒤에야 비로소 2단계가 완성되었고 3단계가 시작된 것이다!

- 3단계: '용서한(forgiven)' – 성령은 용서에 관하여 하나님께 순종하려는 당신의 결단을 인도하셔서 그 사람의 삶에 복이 임하였을 때 진정한 기쁨을 경험하게 하신다. 내게 그것은 쉬운 과정이 아니었으며, 또한 결코 일회성의 경험이 아니었음을 고백한다. 나는 지난 세월 동안 여러 상황 가운데서 이 용서의 3단계 과정을 실천해야만 했다. 그러나 이 경험을 통하여 용서의 세 가지 동사 형태를 배웠고, 참된 용서가 무엇인지 깨닫고 적용할 때 찾아오는 평강과 자유를 맛보았다.

나는 나를 박해하는 사람을 위해서 기도함으로써 그를 축복하는 법을 배웠으며, 이로 인해 자유를 얻은 사람은 바로 나였다. 그러면 당신은 어떤가? 지금 이 순간 시간을 내어 자신에게 던지는 몇 가지 질문에 답함으로써 이 자유와 평강으로의 여행을 떠나보지 않겠는가?

- 당신이 용서해야 할 사람은 누구인가?
- 당신은 용서의 과정 가운데 몇 단계에 있는가?
- 당신은 용서가 어떻게 작용하는지에 관해 당신을 사로잡았던 어떤 거짓말을 믿어왔는가?

12 그리스도인 되기

나도 이것이 매우 무거운 질문이라는 것을 안다. 그래서 당신을 괴롭힌 사람을 축복하는 믿음의 길을 떠나기 위하여 믿을 만한 친구나 카운슬러(특히 학대와 관련해서)와 이야기를 나누어볼 것을 권한다. 그들의 악이 당신의 마음에 스며들지 않게 하라.

다음 장에서는 우리에게 상처를 준 사람을 대하는 구체적인 방법들을 배워 내적인 치유를 경험하고, 하나님은 선함이라는 초자연적인 능력에 대해 입증해주실 것이다.

■ 생각하기(Think)

이 본문에서 원수를 축복하라는 말은 어떤 의미인가?

■ 묵상하기(Reflect)

왜 용서가 당신에게 상처를 준 사람을 축복하는 첫 번째 단계인가?

■ 이해하기(Understand)

당신은 용서의 어느 단계에 있는가?

- 1단계 – 선택?
- 2단계 – 과정?
- 3단계 – 완성?

▪ 위탁하기(Surrender)

당신에게 악을 행한, 혹은 악을 행하고 있는 사람을 용서하는 일 가운데 가장 힘든 것은 무엇인가? 하나님께 그 어떤 아픔도 제거하여주시고 용서의 길을 시작할 수 있는 힘을 달라고 기도하라.

▪ 행동하기(Take Action)

당신이 아직 용서하지 않은 사람이 있다면 오늘 그를 용서하기로 결단하라. 그리고 성경에 오늘 날짜를 기록하라.

▪ 동기 부여(Motivation)

마태복음 5장 43-48절을 메모장이나 반으로 접은 종이에 기록하라. 그리고 다음 한 주간 동안 매일 기도하며 그 말씀을 읽으라.

▪ 격려하기(Encourage someone)

오늘 당신의 원수를 위해 기도하라. 당신의 감정이 어떠하든 하나님께 순종하기로 결단하라.

당신은 자신이 언제 그리스도와 가장 닮은지 아는가?

> "또 눈은 눈으로, 이는 이로 갚으라 하였다는 것을 너희가 들었으나
> 나는 너희에게 이르노니 악한 자를 대적하지 말라
> 누구든지 네 오른편 뺨을 치거든 왼편도 돌려 대며."[1]
>
> – 나사렛 예수

줄리(Julie)는 15살에 혼자가 되었다. 낙태를 한데다, 얼마 전 남자 친구와 헤어졌다. 줄리의 부모는 4년 전 갈라섰으며, 줄리는 그 뒤 이집 저집을 왔다 갔다 하면서 자신이 무슨 인질이라도 되는 것 같다는 생각을 했다. 그녀는 이제 어른들을 전혀 신뢰하지 않는다. 정부 당국과 사회 제도는 그녀를 저버렸다. 그녀가 부르짖을 때 하나님은 어디 계셨는가?

빌(Bill)은 엄격한 가정에서 자란 은밀한 동성애자다. 빌의 어머니는 그를 과잉 보호했고, 아버지는 대부분을 집 밖에서 보냈지만 집에만 오면 독재를 휘둘렀다. 빌은 부모 가운데 누구와도 친밀한 느낌을 갖지 못한다. 그의 부모는 초근본주의자 가정 출신으로 성경을 몽둥이처럼 사용했으며, 그

들이 섬기는 하나님은 거의 대부분 화가 난 것처럼 보였다. 빌은 지금 하나님께로부터 수백만 킬로미터는 떨어져 살고 있다.

다이앤(Diane)은 힘들게 살아가는 중년의 싱글맘이다. 지난 20년간의 결혼 생활이 하루아침에 끝난 뒤 그녀의 세계는 산산이 부서졌다. 남편의 일중독과 결합된 그녀의 불안함은 두 사람 모두에게 서로를 밋밋한 존재로 만들어놓았다. 남편이 바람을 피우고 있음을 알게 된 것은 끔찍한 일이었다. 그녀는 집을 잃었고 혼자서 두 아이를 키워야 했다. 그 부부는 지역 사회 안에서 유명 인물이었기 때문에 그 소식은 들불처럼 번져갔고, 친구들은 다이앤을 뜨거운 감자처럼 멀리했다. 그녀는 상처를 받고 미칠 지경이 되었으며, 그 많던 '교회 사람'들과 하나님은 자신이 그들을 가장 필요로 할 때 어디 있었는지 분노하고 있다.

돈(Don)은 지금까지 15년 동안 승승장구하고 있다. 성공을 거두었으며, 만족할 만큼 부유하고, 업계에서는 떠오르는 별과 같은 존재다. 돈은 미스터 자급자족이다. 그는 얼마든지 그렇게 할 수 있다. 그는 긍정적으로 생각하고, 자기 계발에 관한 CD를 열심히 들으며, 하루의 많은 시간을 일을 위해 투자하고, 자기가 정한 목표에 도달하기 위해 자신을 열심히 밀어붙인다. 그러나 정서적으로 그는 한계에 도달했다. 그는 아이들의 삶으로부터 밀려났다는 아픔을 느끼고 있으며, 밖에서는 훌륭하게 보이는 결혼 생활이 피상적인 단계를 넘어 심각한 지경에 이르렀다. 돈이 생각하기에, 종교란 별난 사람들과 목발이 필요한 사람들을 위한 것이었다. 더욱이 그들은 모두 돈만 알고, 성적으로 부도덕한 위선자들이다. 그는 신문에서 항상 그런 기사만 읽는다.

그런 사람들에게 다가가기 위해서 무엇이 필요하겠는가? 하나님은 하나님을 포기한 그들에게 당신의 사랑을 증거하시기 위해 무엇을 하셔야 하는가? 그들은 당신의 말은 듣지 않으려 하고, 당신이 준 기독교 서적은 읽지 않으려 하며, CD에도 귀를 기울이지 않고, 교회에는 가지 않으려 할 것이다. 그들은 상처를 받고 외부로의 전원을 꺼버린 상태다. 무엇이 그들의 마음속에 자리한 하나님과 기독교에 대한 선입견을 깨뜨릴 수 있을까?

공감하기

그 답은 로마서 12장 14-16절에서 찾을 수 있다. 앞장에서 말한 것처럼, 우리가 사람들을 대할 때 그들이 마땅히 받아야 할 것보다 더 좋은 것으로 그들을 대할 때보다 더 예수님을 닮을 수는 없다. 우리는 우리를 박해하는 사람들을 축복하라고, 또 저주하지 말고 축복해야 한다고 배웠다. 이 축복은 우리에게 상처를 주고, 배반하고, 거절한 사람들을 용서하기로 결단할 때 시작된다.

그러나 그들의 행동을 용서하는 일 외에, 축복에는 어떤 모습이 있는 것일까? 참된 제자는 어떻게 해야 진정한 용서라는 마음 자세를 넘어 축복이라는 구체적인 행동으로 나아갈 수 있는가? 성경은 로마에 있는 그리스도인들에게 "너희를 박해하는 자를 축복하라 축복하고 저주하지 말라"고 명령한 뒤에 우리의 행동으로 옮기기 위한 세 가지 구체적인 명령을 간략하게 소개한다. 처음 두 명령은 15절에 나온다. "즐거워하는 자들과 함께 즐거워하고 우는 자들과 함께 울라."

이 말씀은 대개의 경우 성도들이 서로 간에 사랑과 긍휼을 보여야 하는 문맥에서 인용되는 경우가 많다. 비록 우리가 그리스도 안에서 즐거워하는 사람들과 함께 즐거워하고 우는 사람들과 함께 우는 것이 사실이기는 하지만, 이 말씀의 전체적인 문맥은 이런 행동은 우리가 어떻게 우리를 박해하는 사람들을 축복해야 하는지를 설명하고 있음이 분명하다. 사실 우리가 깊은 관심을 갖고 있는 사람들이라면 그들과 함께 즐거워하라는 명령은 필요가 없다. 우리는 자연스럽게 그렇게 한다! 가까운 친구나 우리의 결혼한 자녀가 아이를 가졌을 때 즐거워하라는 명령은 필요하지 않다. 나의 마음은 이미 기쁨으로 충만해 있다. 내가 사랑하는 누군가가 암에 걸렸거나 직장을 잃었다는 소식을 듣게 되었을 때 그들과 함께 울라는 명령이 필요하지 않다. 나는 우리가 맺고 있는 관계 때문에 본능적으로 연민과 공감으로 그들을 대한다.

> 우리는 그들이 받을 만한 것 이상으로 그들을 대할 때보다 더 예수님을 닮을 수 없다.

"즐거워하는 자들과 함께 즐거워하고 우는 자들과 함께 울라"는 우리를 박해하는 사람들에게 대응(축복하기)해야 하는 실질적인 방법이다. 본성에 어긋난다는 점에 관해 이야기해보자! 그러나 의자를 박차고 일어나 나를 정신 나간 사람으로 여기기 전에, 예수님이 십자가 위에서 하신 마지막 말씀을 기억하기 바란다. "아버지 저들을 사하여 주옵소서 자기들이 하는 것을 알지 못함이니이다." 그리고 스데반이 유대교의 지도자들로부터 무수한 돌팔매질을 당하면서 무슨 말을 했는지도 말이다. "주여 이 죄를 그들에게 돌리지 마옵소서." 그는 마음의 태도로 그들을 용서했을 뿐 아니라 말과 행동으로 그들을 축복했다.

당신도 알다시피, 예수님을 믿지 않는 사람들과 전심으로 하나가 되는 것은 하나님의 자비와 은혜를 눈으로 볼 수 있게 드러내는 것이다. 우리는 그들이 받을 만한 것 이상으로 그들을 대할 때보다 더 예수님을 닮을 수 없다. 그 첫 번째 단계는 용서이며, 두 번째 단계는 공감, 즉 다른 사람들의 아픔과 경험을 함께 느끼는 것이다. 그것은 우리를 박해하는 사람이 울 때 울고, 그들이 즐거워할 때 즐거워하는 것이다. 만일 당신이 하나님의 엄청난 은혜로 말미암아 그분의 본을 따라 당신에게 상처를 준 사람들과 함께 즐거워한다면(적절한 경우에*) 어떤 일이 일어날지 상상할 수 있는가? 다음의 목록은 기뻐해야 할 몇 가지 순간들이다. 다음과 같은 일들을 함께 즐거워하라.

- 아기의 출생
- 질병에서의 회복
- 결혼
- 승진
- 새집 장만
- 기다리던 휴가
- 졸업
- 오랫동안 추구하던 목표 달성

이런 일들은 우리 삶에서 매우 중요한 사건들이다. 만일 당신이 당신을 아프게 한 사람에게 쪽지를 적어 보내고, 그들과 함께 웃으며, 그들의 이야기에 귀 기울이고, 그들이 경험한 여행에 대해 물어보며, 그들이 당신 앞에서 기쁨을 되살리고 다시 표현하게 한다면 그들에게 어떤 생각과 감정이 전달될지 상상해보라. 혹시 가능하다면 심지어 선물을 주고, 밖에서 점심이나

---

* 학대, 폭력, 잠재적 위험이 예상되는 경우 안전 문제를 먼저 고려할 수 있도록 목회자나 그리스도인 치료사와 상담하라.

저녁 식사를 같이 하며, 그들의 즐거움에 대해 하나님이 복주시도록 기도하라. 만일 이런 말이 낯설게 들린다면 예수님은 어떻게 하셨는지 잠시 생각해보라. 예수님은 자기 땅에 오셨지만, 자기 백성이 그분을 영접하지 않았다(요 1:11). 그럼에도 불구하고 우리는 그분이 결혼식에 참석하셔서 즐거워하시고, 원수들과 함께 먹고 교제하시며, 심지어 그분에 대해 적대적이던 유대교와 로마의 지배 계급의 사람들을 치료하시는 것을 본다. 예수님이 그분의 원수들을 대하신 것처럼 우리가 사람들을 대하는 것보다 '그리스도인과 기독교'에 대한 선입관과 장벽을 무너뜨리는 일은 없다.

또 다른 반대편에는, 우리를 박해하는 사람들이 고통의 시간을 보내고 있을 때 그들을 향한 그리스도의 사랑과 용서를 증거할 수 있는 최고의 기회가 존재한다. 다음과 같은 일들로 상처와 아픔을 겪는 사람들에게 어떻게 대응할지 생각해보라.

- 부모님의 죽음
- 자녀의 죽음
- 친구의 죽음
- 실직
- 강등
- 문제를 일으키는 십대
- 문제 있는 결혼 생활
- 이혼
- 질병, 특히 암이나 치료법이 개발되지 않은 병
- 자동차 사고

당신은 만일 당신이 시간을 내어 그들과 함께 있어주고, 함께 울어주며, 그들의 말을 들어주고, 그들에게 편지를 보내주며, 더 나아가 그들을 위해 그리고 함께 기도한다면, 당신을 공정하지 않게 대했던 사람들에게 무엇이 전달되었을 것이라 생각하는가? 본문은 "그들과 함께 울라"고 말씀하고 있음을 기억하라. 그들에게 설교하지 말라. 공감은 사랑으로 향하는 문이다. 당신의 방식을 강요하지 말라. 그들 스스로 문을 열게 하라. 밀어붙이지 말고 기다리면서 언제라도 도움이 되어주라. 그러면 말이 통할 때가 올 것이다. 우리가 즐거워하는 자들과 함께 즐거워하고 우는 자들과 함께 울 때, 선이 악을 이기는 은혜의 통로가 된다.

그러나 이러한 제안들을 고려하는 동안 한 가지 경고할 것이 있다. 그것은 필요에 따라 성경적인 기본 상식을 사용하고, 지혜롭게 한계를 정해놓고 활용하라는 것이다. 비록 우는 자들과 함께 울고 싶더라도, 전에 당신을 물리적으로나 성적으로 학대한 사람에게 그렇게 하는 것은 적절하지 못할 수 있다. 또한 어떠한 형태이든 개인적인 접촉은 전혀 적절하지 못할 수 있다. 그럴 때에도 다른 사람을 분에 넘치도록 대할 수 있는 방법을 보여달라고 하나님께 구하는 가운데, 악을 선으로 갚는 몇 가지 작은 행동이나 쪽지 같은 것들은 당신의 능력 안에서 할 수 있다.

이 장의 서두에서 언급한 사람들은 우리 교회가 얼마나 큰지, 우리가 전개하는 논리가 얼마나 치밀한지에 감동을 받지 않을 것이다. 하나님에 대하여 포기한 사람들, 그 가운데 많은 이들은 당신에게 상처를 준 사람들이지만, 비록 그렇다 하더라도 그들은 하나님의 은혜가 자신이 받을 수 없다고 생각한 곳에서부터 찾아올 때 그 은혜에 응답하게 될 것이다.

우리 모두 안에 있는 바리새인을 조심하라

하나님은 우리와 우리를 공격한 사람들 사이에 있는 벽을 무너뜨리는 데 도움이 되는 세 번째 명령을 주셨다. 16절에서 그 명령은 "서로 마음을 같이 하라"는 것이다. 문자적으로 이것은 "서로를 향하여 같은 마음을 갖고, 교만함에 초점을 맞추지 말며, 낮은 사람들과 기꺼이 사귀라"는 의미다. 혹시 우리가 초점을 놓칠까봐 저자는 다음과 같은 문장을 덧붙이고 있다. "스스로 지혜 있는 체하지 말라." 언뜻 보기에 16절은 우리가 방금 받은 명령과 맥락이 이어지지 않는 것처럼 보인다. 그러나 이 구절을 조심스럽게 살펴보면 그것을 우리의 관계들에 적용할 때 가장 커다란 위험 가운데 하나는 자기가 다른 사람들보다 훨씬 더 낫다는 매우 은밀하지만 자기 의를 내세우는 태도인 것이다.

우리는 혼자 남게 되면, 다른 사람들의 행동을 아쉬움이 가득한 것으로 격하시키고, 우리는 좋은 사람이며 우리에게 한 번이라도 아픔을 준 사람은 모두 나쁜 사람들로 만드는 경향이 있다. 우리는 우리가 다른 사람에게 상처를 입혔을 때, 우리의 말로 아픔을 주었을 때, 우리의 입으로 소문을 전했을 때, 혹은 우리의 잘못된 행동에 대해 사과했을 때에는 얼른 우리의 잘못을 용서한다. 왜냐하면 다른 사람들은 '그런 대접을 받을 만하다'고 생각하기 때문인 것이다. 우리는 "높은 데 마음을 두지 말고 도리어 낮은 데 처하라"는 명령을 받았다. 우리에게 상처를 준 사람이나 우리와 다른 사람들과 사귈 때 우리의 행동이나 태도에 우월감이 있어서는 안 된다.

당신은 그리스도인들이 다른 그리스도인이나 교단에 대해 이야기할 때 그들이 자기 자신들보다 영적이지 못하고 열등하다는 뜻을 전달하는 투의 목소리와 태도를 취하는 경우를 얼마나 많이 보았는가? "교만한 마음을 품지 말고, 혹은 높은 데 마음을 두지 말고"와 대조를 이루는 것은 다음 구절인 "낮은 데 처하며(But associate with the lowly, NASB를 원문 그대로 직역하면 "비천한 사람들과 사귀라"이다 – 역주)"이다. '낮다(lowly)'는 말은 문자적으로 '땅으로부터 높이 올라가지 않은, 바닥에 있어서 단계가 낮거나 지위가 없는'이라는 의미다. 사도 바울은 실제로 고린도후서 10장 1-2절에서 자신의 신분을 나타내기 위하여 이 용어를 사용했다. 마리아는 누가복음 1장 52절에서 하나님이 권세 있는 자들을 끌어내리시고 낮고 천한 사람들을 높이셨음을 찬양했다. 예수님도 마태복음 11장 28-30절에서 자신을 온유하고 겸손(KJV는 lowly로 번역 – 역주)하다고 말씀하셨다. 혁명가이신 예수님이 왕들과 거지들과 창녀들과 사회적으로 가장 하찮은 이들과 친하셨다는 사실은 역설적이지 않은가? 그러나 최근의 연구에 의하면 불신자들(특히 이 시대의 젊은이들)은 그리스도인들을 참을 줄 모르고, 정죄하며, 위선적이고, '그리스도인답지 못한' 사람들로 보고 있다.[2] 그렇다면 우리가 어떻게 하면 그 인식을 되돌릴 수 있을까? 그리스도인들이 중상모략을 당하고, 불공정한 대우를 받으며, 배반을 당하는 바로 그때 진정한 그리스도인으로 살려면 어떤 모습이어야 하는가?

우리에게 깊은 상처를 주고 박해하는 이들을 용서하고 축복하는 법을 배우려면 성경의 어디로 가야 하는가? 내게 떠오른 모습은 요셉이다. 어린 시절부터 그를 향한 아버지의 맹목적인 사랑은 형제들의 질투심만 불러일으켰고, 결국 그는 구덩이에 던져진 채 목숨의 위협을 받으며 애굽에 노예로 팔리게 되었다. 요셉은 비록 하나님의 은혜의 창문을 경험했지만, 그의 인생 대부분은 습기찬 감옥에서 가족들에 의해 노예로 팔리고, 강간범으로 무고하게 죄를 뒤집어쓰며, 다른 무엇보다도 그가 감옥 안에서 도와준 사람들에게서조차 잊혀지고 만 아픔을 되새기면서 보낼 수밖에 없었다.

그러나 하나님은 그를 잊지 않으셨다. 사람들은 요셉에게 악을 행했다. 그러나 하나님의 선하심은 당신에게 가해질 수 있는 그 어떤 악보다 더욱 힘이 있다. 주권자이신 하나님은 요셉을 겨냥하고 있던 악을 사용하사 그에게 유익한 것으로 바꾸시고, 이어서 수많은 사람들의 목숨을 구원하게 하셨다. 요셉은 가장 알맞은 때에 바로의 꿈을 해석하고, 애굽에서 두 번째로 높은 사람이 되어 애굽과 주변 나라들이 극심한 가뭄을 준비할 수 있게 했다. 요셉이 그 자리에 있는 동안 그의 원수인 친형들은 영문도 모른 채 그의 발앞에 엎드려 도와달라고 애원했다. 요셉은 하나님의 초자연적인 은혜와 오랜 시간에 걸친 치유를 통해서야 비로소 눈물 가득한 눈으로 형제들을 바라보면서 이렇게 말할 수 있었다. "당신들은 나를 해하려 하였으나 하나님은 그것을 선으로 바꾸사 오늘과 같이 많은 백성의 생명을 구원하게 하시려 하셨나니 당신들은 두려워하지 마소서 내가 당신들과 당신들의 자녀를 기르리이다 하고 그들을 간곡한 말로 위로하였더라"(창 50:20-21).

요셉의 생애는 다른 사람들에게 그들이 받을 자격이 없는 것을 주는 일이 얼마나 엄청난 능력을 갖고 있는지를 잘 보여준다. 그의 생애가 입증하듯이, 딱딱하게 굳어진 사람들의 마음을 되돌리기 위해서는 많은 시간과 대단한 인내가 필요하다. 우리에게는 사람을 변화시킬 수 있는 능력은 없지만, 그들이 하나님의 은혜가 아니면 이해할 수 없는 방식으로 그들을 사랑할 능력은 있다.

그리스도인 되기

- **생각하기 (Think)**

  이 장에서 당신에게 말씀하고 있는 것은 무엇인가?

- **묵상하기 (Reflect)**

  로마서 12장의 가르침 가운데 당신이 받아들이기 가장 어려운 것은 무엇인가? 그 이유는?

- **이해하기 (Understand)**

  당신의 경우, 당신을 부당하게 대우한 바로 그 사람과 함께 기뻐하는(혹은 우는) 것은 어떤 모습이겠는가?

- **위탁하기 (Surrender)**

  당신이 처한 상황에 비추어볼 때 당신이 이 진리를 당신의 삶 가운데 어떻게 적용하기 원하시는지 보여달라고 하나님께 요청하라.

- **행동하기 (Take Action)**

  351쪽과 352쪽에 실린 목록 가운데 이번 주에 어떤 일로 당신의 대적을 축복할 것인지 선택하라.

- **동기 부여 (Motivation)**

  LivingontheEdge.org/r12 사이트에서 '당신을 노리고 있는 악을 이기는 방법(How to Overcome the Evil Aimed at You)'이라는 음성 파일을 내려받으라.

■ **격려하기**(Encourage someone)

불공정하게 배신을 당했거나 상처를 입은 누군가를 생각해보고, 지미가(영적으로 성숙한 내 친구인) 내게 했던 것처럼 r12 내용을 그들과 함께 나누라.

당신은 '하나님 노릇'을 하고 있지 않은가?

"오직 너희는 원수를 사랑하고 선대하며 아무 것도 바라지 말고 꾸어 주라
그리하면 너희 상이 클 것이요 또 지극히 높으신 이의 아들이 되리니
그는 은혜를 모르는 자와 악한 자에게도 인자하시니라
너희 아버지의 자비로우심 같이 너희도 자비로운 자가 되라."[1]

― 나사렛 예수

당신은 속았을 때 어떻게 하는가? 그리고 푸대접을 받을 때는 어떻게 대응하는가? 업무상 거래에서 사기를 당했을 때는? 누군가 당신에 대해 험담을 하고, 당신의 체면에 손상이 가는 거짓말을 퍼뜨릴 때는?

누군가가 상을 받고, 경주에서 이기고, 우승컵을 받고 심지어 여자 친구까지 생겼는데, 나중에 모든 것이 그의 부정행위 때문이었다는 사실을 알게 되었을 때 어떻게 하겠는가? 우리 모두는 살면서 잘못된 대접을 받고, 속임을 당하며, 불공정한 대우를 받을 때가 있다. 그러나 우리는 그리스도의 제자로서 어떻게 대응해야 하는가?

앞장에서는 우리를 박해하는 이들을 축복함으로써 악순환의 고리를 깨

뜨리는 방법을 배웠다. 이제 사도 바울은 마치 우리의 생각을 읽을 수 있는 능력이라도 갖고 있는 것처럼, '보복'의 유혹에 빠지지 않도록 경고한다. 이것은 대학 시절 농구부에서 지미가 위협했을 때 내가 보인 첫 번째 반응이었다. 그후 나는 불면의 밤을 지새우며 마음속에 몹시 불편한 분노를 품고 살던 어느 순간 로마서 12장 17-20절의 진리를 깨닫게 되었다.

> "아무에게도 악을 악으로 갚지 말고 모든 사람 앞에서 선한 일을 도모하라 할 수 있거든 너희로서는 모든 사람과 더불어 화목하라 내 사랑하는 자들아 너희가 친히 원수를 갚지 말고 하나님의 진노하심에 맡기라 기록되었으되 원수 갚는 것이 내게 있으니 내가 갚으리라고 주께서 말씀하시니라 네 원수가 주리거든 먹이고 목마르거든 마시게 하라 그리함으로 네가 숯불을 그 머리에 쌓아 놓으리라."

기름이 들어 있는 양동이로 불 끄기… 전혀 효과가 없다

본문 말씀은 우리에게 강력한 부정 명령을 제시한다. "아무에게도 악을 악으로 갚지 말라." 혹은 문자적으로 "절대 악으로 악을 갚지 말라." 그리고 17절의 핵심을 놓친 경우에는 19절의 명령에 주목하라. "내 사랑하는 자들아 너희가 친히 원수를 갚지 말고 하나님의 진노하심에 맡기라 기록되었으되 원수 갚는 것이 내게 있으니 내가 갚으리라고 주께서 말씀하시니라." 바꾸어 말하면, 개인적인 보복

> 개인적인 보복은 하나님의 백성에게 금지된 대응이다.

은 하나님의 백성에게 금지된 대응이라는 것이다.

비록 우리 마음속에서는 우리의 것을 빼앗거나, 속이거나, 혹은 상처를 준 사람들에게 '보복'하기를 원하는 마음이 가득하더라도, 성령은 그런 행동에 대해 분명히 경고하신다. 실제로 개인적인 보복은 타고 있는 불길에 가솔린이 품어져 나오는 호스를 들이대는 것과 같다. 불길에 연료가 공급되어 더 거세질 뿐이다. 우리는 다른 사람에게 복수를 하면 만족할 것이라고 생각하지만, 그것은 오히려 갈등을 더욱 심화시키고 우리를 악 그 자체로 끌어들일 뿐이다.

이 명령에 뒤이어 17절의 후반부와 18절은 타락한 세상 가운데서 사람들을 대하는 두 가지 구체적인 방법을 제시한다. 본문은 이렇게 말씀한다. "모든 사람 앞에서 선한 일을 도모하라." "도모하다"의 NIV 번역인 '유의하다(be careful)'는 '다른 사람이 보기에 무엇이 옳은지 주의 깊게 생각하다, 혹은 고려하다'는 의미다. NASB는 심지어 이렇게 번역했다. "모든 사람의 눈에 옳게 보이는 것을 존중하라"(Respect What is right in the eyes of all men).

그리스도인인 우리는 종종 순진해져서 자기도 모르는 사이에 악에 가담하기도 한다. 다른 사람들이 보기에 무엇이 옳은지 사전에 미리 생각하는 것은 많은 부정적인 상황들을 제거하는 데 도움이 된다. 우리는 뱀처럼 지혜로우면서 비둘기처럼 순결해야 한다. 우리는 세상이 우리의 기준이나 윤리에 맞추어 살도록 요구하거나 기대해서는 안 된다. 세상은 사실 그렇게 할 수 있는 능력이 없다.

그러므로 이기심, 탐욕, 중상모략, 사람들이 자신의 말을 지키지 않는 것, 거짓말, 돈을 갚지 않는 것, 신뢰를 배신하는 것, 혹은 우리가 전해준 정보를 이용해 우리에게 해를 가하는 일들에 대해 놀랄 필요가 없다. 오히려 우리는 그리스도 밖에 있는 사람들과의 관계에서 '그들이 보기에 옳은 것'이 무엇인지 주의 깊게 생각해보아야 한다. 많은 사람들에게 거짓말이나 도둑질은 붙잡히지만 않으면 문제가 되지 않는 것이다. 그리고 많은 사람들에게 시기나 질투, 혹은 자기가 원하는 것을 얻기 위해 무엇이든 하는 것은 단지 삶의 한 가지 방식일 뿐이다.

우리는 다른 사람들은 어떻게 생각하는지 주의를 기울이고, 모든 사람은 그들에게 의미가 있는 방식대로 행동한다는 사실을 깨달으라는 권면을 받고 있다. 이렇게 할 때 우리의 연약함으로 인해 악의 희생양이 되는 일이 줄어들 것이다. 우리는 살면서 수많은 악을 경험하겠지만, 지혜로운 그리스도의 제자들은 자신의 삶에 바울의 권면을 적용함으로써 그 대부분을 막을 수 있다.

우리가 대응하는 방식은 우리가 섬기는 하나님을 반영한다

18절은 악을 예방하는 약간의 지혜를 전해준 뒤에, 관계들 안에서 갈등을 줄이는 단호한 처방전을 우리에게 제공해준다. "할 수 있거든 너희로서는 모든 사람과 더불어 화목하라." 여기서의 목표는 화목하는 것, 예수님을 믿는 사람과 믿지 않는 사람 모두를 포함하는 모든 사람과 조화를 이루며 사는 것임에 주목하라. 왜 그런가? 우리가 복음을 증거하는 것은 우리가 누릴 권리보다 더욱 중요하다. 우리가 불의와 개인적인 공격에 어떻게 대응하는가는 우리의 방식을 밀고나가거나 우리가 옳다는 사실을 증명하는 것보다 중요하다. 이것은 내 삶에서 가장 어려운 교훈 가운데 하나였다. 나는 이른바 '정의의 사도'였다. 나는 모든 사람이 '정확하게 무슨 일이 일어났으며 우리가 그것을 바로잡았는지를' 알기 전까지는 그냥 내버려두지 않는다. 그렇지만 지난 몇 년 동안 나는 '그냥 내버려두라'는 문구에 담긴 지혜를 배웠다. 나는 하나님은 모든 것을 아시고, 공의로우시며, 이 타락한 세상에서는 제아무리 선한 사람들이라도 우리의 머리를 긁게 만드는 일들을 조금은 하기 마련이라는 사실을 알고 위로와 평화를 얻었다. 그래서 당신에게 이렇게 권면한다. "사소한 일들은 그냥 내버려두라." 하나님이 그것을 다루시게 하라. 불의의 공은 하나님께 넘겨드리고 그분이 보시기에 합당하게 처리하시게 하라.

그러나 이러한 조언을 '그리스도인은 현관 앞에 놓인 깔판(doormat, 신발을 털기 위해 현관 앞에 놓인 깔판처럼 사람들에게 부당한 대접을 받아도 아무 말 못하는 사람을 가리킴 - 역주)'이 되라는 말로 받아들이지 말라. 사실 하나님은 우리가 관계 안에서 화목을 추구할 때 반드시 지켜야 하는 기본 원칙을 제시해주신다. 그 첫 번째는 "할 수 있거든"이라는 구절이다. 화목을 추구하는 것이 정의나 윤리, 혹은 다른 사람들의 안녕에 위협이 된다면 그러한 추구가 항상 가능한 것은 아니다. 우리는 화목이라는 명분으로 우리의 복음 증거나 주님의 명성을 타협해서는 안 된다. 법적인 상황이나 가족 간의 관계에서 화목이 가능하지 않은 경우도 존재한다. 성경은 '어떤 대가를 치르고서라도 화목하라'는 주장을 옹호하지 않는다. 다만 우리가 맺고 있는 관계의 영역과 영향력이 미치는 범위 안에서 화평을 이루기 위해 모든 노력을 기울이라고 명령할 뿐이다.

따라서 왜곡되고 불의한 세상 안에서라도 우리의 목표는 진리를 거스르는 사람들과 화목과 조화를 이루며 사는 것을 추구해야 한다. 그러나 우리가 평화의 역군이 되기를 추구하는 가운데 반드시 고려해야 하는 기본 규칙이 하나 더 있다. "너희로서는"이다. 갈등을 조장하고 감정을 부추기는 일은 복음을 위하여 우리 쪽에서 먼저 시작해서는 안 된다는 것이 우리의 책임이다. 어떤 때에는 갈등을 피할 수 없겠지만, 당신이 갈등을 불러일으키는 사람이 되지 않도록 조심하라. 작은 일들에서 시작해 커다란 문제로 번지는 사적인 관계에서(도로 위에서의 분노와 가정 내 불화 같은) 하나님은 우리가 가능할 때마다 언제나 화평케 하는 자가 되라고 명하신다.

나는 이 책을 집필하면서 우리가 알고 있는 사람들이나 친인척 가운데 몇 년 전에 시작된 말다툼으로 인해 아직도 서로 말하지 않고 지내는 사람이 얼마나 많은지 궁금해졌다. 악이 악으로 되돌아오는 바람에 얼마나 많은 일터가 엉망이 되고 기업 관계가 무너지고 있는가? 그리고 얼마나 많은 교회들이 개인적인 보복과 정치색에 바탕을 둔 갈등과 분열에 빠지고 있는가?

'보복'이 잘못된 일이라는 것에, 심지어 하나님이 원하시지 않는다는 것에 지적으로 동의하는 것과 그것을 행하지 않는 것은 전혀 별개다. 설령 우리가 드러내놓고 다른 사람을 해하려고 하지 않더라도, 그들이 우리에게 어떤 상처를 입혔는지에 대해 '그들에게 보복할' 수 있는 수많은 방법이 있다.

걱정 말라, 하나님이 당신을 덮으신다

당신은 나보다 믿음의 길에서 훨씬 더 앞서나갈지도 모른다. 정말 나는 사람들이 되갚아 마땅한 때에도 복수를 하지 않는 것을 보는 일이 힘들다. 불의나 악이 의도적으로 나의 길을 가로막거나, 내가 사랑하는 누군가를 향하고 있는 것보다 나를 더 짜증나게 하는 것은 별로 없다. 내 속의 모든 것은 그것을 바로잡고 그대로 갚아주기를 원한다!

이 일과 관련해서 내게 가장 큰 도움이 된 것은 로마서 12장 19절과 20절이다. 하나님은 19절과 20절에서 왜 우리가 개인적인 보복을 해서는 안 되는지 두 가지 결정적인 이유를 제시하신다. 첫째, 당신이 자기 손으로 복수를 행할 때 재판장이신 하나님의 권세와 역할을 가로채게 된다. 주님은 "원수 갚는 것이 내게 있으니"(19절)라고 말씀하신다. "재판장은 나다. 내가 이 상황을 해결하겠다." 당신이 당신 힘으로 문제를 해결하려 하는 것은 하나님이 이미 하기로 작정하신 일을 가로채는 것이다. 본문이 말씀하고 있는 것에 주목하라. "내 사랑하는 자들아 너희가 친히 원수를 갚지 말고 하나님의 진노하심에 맡기라 기록되었으되 원수 갚는 것이 내게 있으니 내가 갚으리라고 주께서 말씀하시니라." 이 말씀은 하나님은 공의의 하나님이시며, 이 땅에서나 장차 올 세상에서 모든 사람을 공평하고 정의롭게 판단하실 것이라는 의미다. 하나님은 우리에게 보복의 사각 링에서 내려오라고 명령하신다. 그분이야말로 그 싸움을 몸소 수행하시는 분이다. 나는 하나님이 모든 사람이 자기가 받을 응분의 대가를 정확히 받게 하기 위하여 모든 개인들의 책임을 떠맡고 계시다는 사실을 깨닫게 되면서 비로소 '내버려두기'를 배울 수 있었다.

두 번째 이유는 20절에서 찾을 수 있다. 개인적인 보복은 화평을 이루는 데 효과적이지 못한 수단이다. 바꾸어 말하면, 그것은 효과가 없다는 뜻이다. 최후의 순간에 내가 악으로 악을 대하면 그것은 영적으로 나쁜 계산식이 된다. 악은 덧셈이 아니라 곱셈으로 늘어나게 된다. 우리에게 악을 행한 사람에게 악을 행하는 것은 언제나 문제를 더 악화시킬 뿐이다. 악을 멈추게 하는 데에는 단 한 가지 처방만이 있다. "네 원수가 주리거든 먹이고 목마르거든 마시게 하라 그리함으로 네가 숯불을 그 머리에 쌓아 놓으리라." 이것은 다윗이 사무엘상 24장 12절에서 자기를 죽이려고 드는 사울에게 악으로 갚지 않고 그의 목숨을 살려준 일을 말한다.

악인들이라도 자기가 마땅히 받아야 하는 결과를 받지 않았을 때 깨닫게 된다. 이 사건의 경우, 사울은 부끄러움을 느끼고 다윗에게 이렇게 말한다. "나는 너를 악으로 대하나 너는 나를 선으로 대하니, 네가 나보다 더 의롭다"(삼상 24:17, 바른 성경).

사울은 소리 높여 울었다. 이것은 자신의 악을 선으로 돌려받은 사람의 모습이며, 그 결과 그는 자신의 동기가 무엇인지 인식하고 하나님이 주신 슬픔과 부끄러움을 느꼈다. 이 사건에서 사울의 슬픔은 단기적으로 끝났지만, 본문에 비추어볼 때 하나님은 다윗이 보인 긍휼과 개인적인 보복, 혹은 악을 악으로 갚지 않은 행위를 통하여 사울에게 강력하게 말씀하신 것이 분명하다.

로마서 12장에서 가장 많은 오해를 사는 부분은 "그리함으로 네가 숯불을 그 머리에 쌓아 놓으리라"는 구절이다. 이 말씀은 당신을 괴롭히는 사람에게 친절히 대하면 하나님이 그 사람의 머리를 태우실 것이라는 의미가 아니다. 본문의 기원은 자신의 과오를 씻기 위해 머리에 불이 붙은 숯과 그 재가 들어 있는 접시를 이고 가는 고대 이집트의 의식으로 거슬러 올라간다. 그들은 누군가 자신이 잘못한 것을 깨달으면, 그는 불이 붙은 숯을 접시 위에 올린 다음 자신의 머리 위에 수건을 놓고, 그 접시를 머리에 인 채 마을을 돌면서 자신은 지금 과거의 잘못된 생각을 태우고 있다고 선포했다. 한마디로 말해서, 이것은 자신의 잘못을 인정하고 과거의 실수를 뉘우치는 행동이다.

우리의 원수를 사랑하는 것, 즉 그들이 배고플 때 먹이고, 목마를 때 마시게 하는 것은 지상에서 가장 강력한 포용이다. 사랑받을 만한 자격이 없는 사람을 그들에게 과분하거나 그들이 미처 기대하지 않던 방식으로 사랑하는 일은 세상에서 가장 단단하게 굳어진 마음을 깨뜨리고 살아 계신 하나님의 실재를 증거하는 것이다.

이런 이유로 나는 당신이 손수 문제를 해결하려는 마음을 거부하도록 권면한다. 악으로 악을 갚는 것을 거부하라. 당신에 관해 수근댔던 사람에 대해 수군대기를 거부하라. 당신에게 거짓말을 하거나 속인 사람에게 비윤리적인 방법으로 앙갚음하기를 거부하라. 당신이 직접 복수하려 하지 말고, 하나님의 진노에 맡기라. 선택은 간단하다. 당신이 직접 이 상황을 해결하고 정의를 실현하기로 하겠는가, 아니면 공을 하나님께 넘기고 "이 사람이 어떤 대접을 받아야 마땅한지 하나님이 결정하시기 바랍니다. 저의 온몸은 그에게 복수하기를 바라고 있지만 하나님이 저를 대하신 것처럼 저도 그를 대하려고 합니다"라고 말하겠는가 선택하라. 이것이 쉬운가? 물론 그렇지 않다! 하나님은 몇 년 동안 불화하고 있는 관계들을 해결하사 화목하게 하시려고 이 방법을 사용하시는가? 절대 그렇다!

이 본문을 어떻게 당신 자신에게 적용할 수 있는지 매우 구체적으로 생각해보기 바란다. 전에 악을 악으로 갚았던 일과 뉘우칠 필요가 있는 방법

> 선택은 간단하다. 당신이 직접 이 상황을 해결하거나, 아니면 공을 하나님께 넘겨드리는 것이다.

들에 대해(은밀한 것들까지도) 생각해보라. 받을 만한 자격이 전혀 없는 사람에게도 몇 가지 구체적인 친절과 사랑의 행동을 표현할 수 있도록 독창적인 아이디어를 달라고 하나님께 구하라. 나는 당신이 다윗과 사울의 경우처럼 자신이 당한 배반과 상처의 감정들보다 하나님의 말씀을 존중하기 바란다. 그렇게 할 때 이제까지 알지 못했던 은혜와 자유를 경험하게 될 것이다. 당신의 쓰라림과 복수하고픈 욕망은 어느새 사라질 것이다. 당신이 복수해야 한다는 의무를, 모든 상황을 아시며 그 본성과 성품이 오직 공의로우시고 유일하신 참된 재판장께 맡겨드렸기 때문에 충만한 정의가 이루어질 것이라 믿어도 좋다.

이 장을 마무리하면서 몇 가지 질문이 생겼을지 모르겠다. 우리가 사람들이 잘못한 것에 대해 절대 보복해서는 안 된다는 말이, 곧 은행 강도에게 상을 주고 강력범을 위해 저녁 식사로 스테이크를 사주어야 한다는 의미인가? 우리가 사기로 어떤 물건을 구입하게 되거나 누군가 법을 위반한 것을 보았을 때 어떻게 해야 하는가? 본문은 그들을 정부에 고발하거나 고소하는 것을 금해야 한다고 가르치는가? 이 질문들에 대한 답은 다음 장에 나오지만, 한 마디로 답하면 "아니요"이다. 로마서 12장은 우리가 다른 개인과의 관계에서 사적으로 보복해서는 결코 안 된다고 분명히 말씀하지만, 로마서 13장은 똑같이 분명한 어조로 하나님이 정의를 집행하시기 위해 정부를 세우시고 법을 시행하신다고 말씀하고 있다. 이 둘의 결정적인 차이는 로마서 12장은 개인적인 분쟁에 대한 것이고, 로마서 13장은 사회적인 다툼과 범죄 행위를 다루고 있다는 점이다.

당신이 생각할 수 있는 또 다른 질문은 실제적인 것이다. 이 명령이 실제로 효과를 거둘까? 내 주장을 펼치지 못하면 동네북이 되는 것은 아닐까?

도대체 우리를 노리고 있는 악을 대할 때 어떻게 강력하면서도 동시에 그리스도를 닮을 수 있다는 것일까?

다음 장에서 대학 농구부 동료이자 나를 죽이겠다고 협박했던 지미에 관한 이야기를 마치려 한다. 그리고 하나님의 능력을 실제로 볼 수 있도록 이 말씀을 실천할 수 있는 구체적인 방법들을 나누려 한다. 만일 우리가 우리의 원수가 굶주릴 때 그에게 먹을 것을 주고, 그가 목마를 때 마실 것을 준다면, 가장 불쾌한 관계 안에서도 선이 넘쳐날 뿐만 아니라 변화의 위대한 능력을 소유하게 될 것이다.

그리스도인 되기

■ **생각하기**(Think)

왜 하나님은 개인적인 보복이나 복수를 금하시는가?

■ **묵상하기**(Reflect)

우리가 악을 악으로 갚을 때 어떤 일이 일어나는가? 언제 그렇게 해보았는가? 그 결과는 어떠했는가?

■ **이해하기**(Understand)

당신은 어떻게 '사람들이 복수의 굴레에서 벗어날 수 있도록 도울 수 있는가? 하나님은 어떤 역할을 하시는가? 그분의 약속은?

■ **위탁하기**(Surrender)

당신이 '정의'를 그분께 돌려드리도록 도와달라고 하나님께 구하라. 이번 주에 '보복'하고 싶은 모든 욕망에서 완전히 벗어나 당신에게 잘못을 저지른 그 사람과 모든 결과들을 하나님께 드릴 수 있도록 기도하라.

■ **행동하기**(Take Action)

당신의 대적에 관해 나쁜 말을 하거나, 생각하거나, 혹은 바라기를 멈추라. 그런 말들이 당신 입 밖으로 나오지 않게 하고, 그런 생각이 마음속에 찾아들 때 오래 머물러 있지 못하게 하라.

■ **동기 부여**(Motivation)

로마서 12장 19-21절을 암송하라. 복수하고 싶은 마음이 들려고 할 때나 그 사람에 대해 부정적인 말이 입 밖으로 나오려고 할 때 그 구절을 큰 소리로 읽거나 말하라.

■ **격려하기**(Encourage someone)

교회, 직장, 혹은 이웃 가운데 당신보다 훨씬 더 불공정하거나 가혹한 대접을 받은 사람을 생각해보라. 하나님께 그런 사람들을 후원하기 위해 할 수 있는 눈으로 보고 만질 수 있는 구체적인 방법들을 보여달라고 기도하라. 그런 일들에는 편지, 선물, 저녁 식사 혹은 귀 기울여 들어주는 것 등이 있다.

하나님이 불가능한 일을
행하시는 것을 볼 준비가 되었는가?

"이에 예수께서 이르시되 아버지 저들을 사하여 주옵소서
자기들이 하는 것을 알지 못함이니이다 하시더라
그들이 그의 옷을 나눠 제비 뽑을새."[1]

― 나사렛 예수

우리 함께 게임을 해보자. 게임의 이름은 '나 어떻게 해?'이다.

질문 : 직장 상사가 나를 성적으로 희롱합니다. 나는 가능한 그를 피해왔지만 그는 자기 의도를 분명히 드러내면서, 만일 내가 따르지 않을 때 어떤 영향이 미칠지를 넌지시 말합니다. 그러나 그는 우리 부서의 모임을 기도로 시작하고, 교회에서 리더로 섬기고 있으며, 심지어 자기 책상 위에 성경책까지 두고 있습니다. 만일 그가 그리스도 안의 한 형제라면, 내가 그를 인사부에 보고하는 것이 '악을 악으로 갚는 것'이 될까요?

답 : 위의 문제는 개인적인 관계의 문제가 아니며, 회사의 정책이 요구되

는 사항입니다. 우선 사랑 안에서 진실을 말한("그만두지 못해요!") 뒤라면 그 공격은 사적인 것이 아니라, 회사의 존속에 관한 문제이자 당신과 다른 사람의 보호와 관련된 문제가 됩니다.

질문 : 별거 중인 남편은 3년 전에 우리를 두고 떠났는데, 아이 양육을 위해 어떠한 돈도 보내지 않고 있습니다. 이 사실을 당국에 알리거나 법정으로 가지고 가는 것이 로마서 12장 14–21절에 비추어 잘못된 일일까요?

답 : 그렇지 않습니다. 당신의 남편은 법을 어겼고, 법정은 법을 집행할 의무가 있습니다. 이것은 사회적인 문제이지 개인적이거나 사적인 문제가 아닙니다. 별거 중인 남편을 향한 당신의 마음가짐은 로마서 12장이 말씀하고 있는 문제이고, 그가 자녀 양육의 의무를 다하고 있지 않은 것은 로마서 13장이 말씀하고 있는 문제입니다.

이들 사건 모두에는 로마서 12장과 13장이 적용될 수 있다. 로마서 12장은 자기가 받은 상처나 아픔에 대해 개인적인 보복이나 복수를 금지하는 것에 초점이 맞추어져 있다. 우리는 우리를 저주하는 이들을 축복해야 한다. 그리고 악을 악으로 갚기를 거부하고, 우리에게 악을 행한 사람들에게 선을 행해야 한다. 이것은 개인적인 공격에 대한 대응이며, 더 많은 은혜가 요구되는 일이다. 그러나 그 명령에 순종하면 당신은 쓰라림이 주는 독으로부터 보호를 받게 되고, 하나님의 능력이 당신을 박해한 사람의 마음속에서 역사하시게 될 것이다.

이와 대조적으로, 로마서 13장은 공적인 혹은 범죄와 관련된 문제에서 하나님이 어떻게 정의를 실현하시는지를 다룬다.

"각 사람은 위에 있는 권세들에게 복종하라 권세는 하나님으로부터 나지 않음이 없나니 모든 권세는 다 하나님께서 정하신 바라 그러므로 권세를 거스르는 자는 하나님의 명을 거스름이니 거스르는 자들은 심판을 자취하리라 다스리는 자들은 선한 일에 대하여 두려움이 되지 않고 악한 일에 대하여 되나니 네가 권세를 두려워하지 아니하려느냐 선을 행하라 그리하면 그에게 칭찬을 받으리라 그는 하나님의 사역자가 되어 네게 선을 베푸는 자니라 그러나 네가 악을 행하거든 두려워하라 그가 공연히 칼을 가지지 아니하였으니 곧 하나님의 사역자가 되어 악을 행하는 자에게 진노하심을 따라 보응하는 자니라."

상황에 따라서 사적인 문제와 공적인, 혹은 범죄와 관련된 문제가 함께 연루되면 문제가 더욱 어려워진다. 우리로서는 우리의 마음을 바르게 하고, 가해자를 용서하며, 더 나아가 가능하면 그들에게 선을 행하려고 애써야 하는 것과 동시에 경찰에 신고하거나, 범죄 행위를 고발하거나, 혹은 법에 따른 대책을 세워야 한다.

최근 아미시 공동체(Amish community) 안에서 한 정신 이상자에 의해 발생한 사건이 이것을 증명하는 가장 좋은 예다. 그는 자포자기한 상태에서 인질들을 작은 학교 안으로 데리고 갔다. 아미시파는 당국(경찰)에 정의를 실현하고 인질들의 석방을 위해 노력해줄 것을 요구했다. 그리고 아이들을 구출하는 일에 경찰과 전적으로 협조했다. 범인은 결국 일고여덟 명의 어린 소녀들을 살해하고 스스로 목숨을 끊었다. 아미시파의 지도자들은 언론이 경악하는 가운데 그 범인을 용서하고 그가 죽은 뒤에 그의 아내와 가족들을 위해 기도했다. 이 사건에서 그들은 자신들을 노린 악에 대하여 로마서 12

장과 13장 모두에 순종함으로써 대응했다. 언제 로마서 12장을 적용하고 언제 로마서 13장을 적용할지에 대해 골치 아픈 질문을 갖고 있다면, 당신이 처한 상황에 관하여 담임 목사나 다른 성숙한 그리스도인과 이야기할 것을 권면한다.

지미에게 대체 어떤 일이 일어났는가?

이 책의 마지막 장을 펼치면서(그러나 우리의 여행은 이제 시작이다) 반드시 대답해야 하는 두 가지 질문이 있다.

1. '선으로 악을 대하는 초자연적인 방법'이 정말 효과가 있을까?
2. 나를 죽이겠다고 위협하던 친구 지미에게 어떤 일이 일어났을까?

이 두 질문에 모두 답하는 가장 좋은 방법은 지미에 대한 이야기를 마무리하는 것이다. 당신은 아마 그 덩치 크고 전과자에, '교화된' 마약 중독자이자 거래상에다가, 자신을 악인이라고 말하며, 월남전에서 한쪽 견갑골부터 시작해서 가슴을 한 바퀴 도는 상처를 입고, 모든 그리스도인, 특히 나를 혐오했던 이 친구를 기억할 것이다.

로마서 12장 14-21절에 있는 하나님의 뜻을 배우기 전까지 나의 대응은 악을 악으로 갚는 것이었다. 나는 사무치는 원한과 증오로 인해 수척해졌고, 걱정 속에서 살면서 내가 무엇을 해야 하는지 완전히 망각하고 있었다. 그런 가운데 하나님은 또 다른 지미를 사용하셔서서(하나님은 유머 감각이 뛰어나시다!) 내가 이번 다섯 장에서 함께 나눈 내용들을 직접 경험하게 하셨다. 무엇을 해야 하는지 이해하는 것은 이 싸움의 10퍼센트이며, 나머지 90퍼센트는 내가 혐오하는 사람에게 기꺼이 선으로 악을 갚는 너무도 힘들고 고통스러운 일이었다.

"순종은 선택이다"라고 내 친구 지미는 깨우쳐주었다. "순종하고 있다는 느낌을 가질 필요는 없다. 다만 그렇게 하려고 분명히 결단하라. 그러면 하나님의 은혜가 매순간마다 풍성하게 넘쳐나는 것을 발견하게 될 것이다."

물론 나는 그런 기분이 들지도 않았고, 심지어 그렇게 하고 싶지도 않았다. 그렇지만 순종했다.

더 이상 비하인드 더 백 패스를 하지 않았고,
더 이상 노룩 어시스트를 하지 않았으며,
더 이상 야유를 퍼붓지 않았고,
더 이상 그가 엉망인 것을 기뻐하지 않았으며,
더 이상 다른 선수들과 사람들에게 그를 바보라고 말하지 않았다.

나는 이 일들을 멈췄다(적어도 내가 공개적으로 밝힐 수 있는 일들이다). 그러나 로마서 본문은 "악을 악으로 갚지 말라"고만 말하고 있지 않다. 계속해서 이렇게 말씀하고 있다. "네 원수가 주리거든 먹이고 목마르거든 마시게 하라… 악에게 지지 말고 선으로 악을 이기라."

따라서 지미에게 선을 행하는 것은 순종의 다음 행동이었다. 대학 농구부의 신입생들은 선배들에게 휘둘리기 마련이다. "내 가방 차에 실어놔" "가서 콜라 한 잔 가져와" "나 대신 줄 서고 있어" 등등등. 물론, 지미도 이 특권을 사용하여 나를 자기 종처럼 부렸다. 지미는 그런 일이 내게 고통이 된다는 것을 알고 있었고, 나는 그 순간들마다 그를 증오했다. 따라서 이 상황은 '악에게 선을 베푼다'는 새로운 실험을 시작할 첫 번째 장소로 적합해 보였다.

다음 넉 달 동안 지미는 내게 명령할 필요가 없었다. "지미 선배, 내가 선배 가방 가져다 버스에 실었어. 내가 해줄 거 또 없어?" "지미 선배, 내가 좀 이따 갈 건데(농구부 식사 시간에) 콜라나 고기 한 조각 더 가져다줄까?"

지미가 샤워장에 가면 나는 그의 땀에 젖은 운동복을 비닐 백에 넣어 트레이너에게 갖다주어 세탁하게 했고, 그의 옷을 접어서 로커 옆에 갖다놓았다.

날이 가고 달이 가면서 나는 계속 선으로 악을 갚았다. 그래도 조롱과 모욕은 그치지 않았다. 어떤 때는 그의 증오가 더욱 강해진 것처럼 보였다. 한 번은 그가 내게 지금 '기독교식 잔꾀'를 부려 자기를 지치게 만들려고 하는 것은 아닌지 의심의 눈초리로 물었다. 나는 하나님의 은혜를 힘입어 계속해서 선을 행했다. 매일 지미를 위해 무언가 좋은 일을 하는 것은 사실상 내게 개인적인 도전이 되었다.

> 한 가지 커다란 변화가 일어났다. 내게 말이다!

그리고 놀랍게도, 한두 주 후에 한 가지 커다란 변화가 일어났다. 내게 말이다! 분노와 아픔이 눈 녹듯이 사라졌다. 그의 욕설과 잔소리가 힘을 잃었다(비록 그것이 여전히 싫기는 했지만). 찌르는 듯한 느낌도 사라졌다. 나는 그 방정식에서 내 몫인 '그를 축복하기'의 일부분으로 지미를 위해 규칙적으로 기도하기 시작했고, 그를 새로운 눈으로 보기 시작했다. 나는 엄청난 재능과 아픔과 분노를 지닌 채 자신의 모든 문제를 하나님 탓으로 돌리고 있는 한 사내를 보았다. 심지어 어떤 때는 지미가 안됐다는 생각이 들기도 했다. 그는 참으로 불쌍한 사람이었지만, 내가 그를 증오하는 것을 멈추기 전까지는 그 사실을 결코 인식할 수 없었다.

나는 지미가 하나님의 사랑에 충격을 받았고, 그래서 농구장에 자신의 무릎을 꿇고 예수님을 구세주로 모셔들였다는 것으로 이 이야기를 끝내고 싶다. 그러나 그럴 수 없다. 그런 일은 일어나지 않았다.

그렇다. 우리가 마지막 시즌을 마쳤을 때 변한 것은 하나도 없었다. 적어도 내가 볼 수 있는 현상들 가운데서는 말이다. 그런데 연말에 열린 대학 연맹 토너먼트의 마지막 경기가 끝났을 때 일이 일어났다. 그때 지미가 했던 말을 나는 결코 잊을 수 없을 것이다.

"치-업, 우리 팀에서 내가 존경하는 사람은 딱 두 명이야. 하나는 나지. 왜냐하면 나는 악이고, 만일 지옥이라는 곳이 있다면 거기에 갈 거니까. 그리고 다른 한 사람은 바로 너야! 나는 네가 말하고 믿는 것에 하나같이 반대하지만, 만일 내가 어떤 식으로든 그리스도인이 된다면, 너와 같은 사람이 되고 싶다고 말할 거야."

그리고 이런 말을 덧붙였다. "이제 널 갖고 노는 것도 끝났어, 꼬마야. 이제 널 내버려둘게." 나는 충격을 받았다. 나는 그에게 감사했고, 처음으로 그의 눈에서 나를 향한 미움이 사라진 것을 느낄 수 있었다. 나는 이 이야기가 해피 엔딩으로 끝나기를 바랐지만, 그 뒤로 지미에게 어떤 일이 일어났는지 확인할 수 없었다. 나는 그가 마약 혐의로 체포되어 교도소에 갔다는 소식을 들었지만, 정확한 사실을 알지 못한다.

내가 아는 것은 선은 악보다 훨씬 더 힘이 세다는 사실이다! 우리가 원수를 사랑하는 것은 하나님의 은혜로 말미암아 가능하다. 하나님은 가장 굳은 마음도 변화시키실 수 있다. 그리고 선은 악을 이긴다.

이제 당신 차례다.

r12 그리스도인 되기

■ **생각하기** (Think)

r12 그리스도인이 된다는 것은 어떤 의미인가?

■ **묵상하기** (Reflect)

이 r12 여정이 당신의 삶에 어떤 영향을 끼치고 있는가?

■ **이해하기** (Understand)

우리가 함께 공부한 다섯 가지 관계들 가운데 당신이 영적으로 가장 크게 성장한 분야는 어디인가? 그리스도를 더 많이 닮기 위해 가장 큰 도움이 필요한 곳은 어디인가?

- 하나님과의 관계
- 세상 질서와의 관계
- 당신 자신과의 관계
- 성도들과의 관계
- 믿지 않는 사람들과의 관계

■ **위탁하기** (Surrender)

하나님께 당신의 삶을 위탁드리는 것은 한순간의 일일 수도 있고, 일생 동안의 여정일 수도 있다. 당신은 지금 하나님과의 관계를 어떻게 묘사하겠는가?

- "나는 모든 것을 걸었어요!"
- "조금 뒤로 물러나 있어요."
- "도움이 필요해요, 이런 문제로 정체되어 있어요…."

■ **행동하기(Take Action)**

이 책은 r12 그리스도인이 되어가는 여정의 시작일 뿐이다.

■ **동기 부여(Motivation)**

만일 당신이 r12 제자를 만드는 사람이 되기로 결심한다면, LivingontheEdge.org/r12 사이트에 접속해서 다른 사람들을 제자 삼는 데 도움이 되는 무료 자료들을 살펴보라.

■ **격려하기(Encourage someone)**

다른 도시에 사는 사람들 가운데 성장하기를 원하는 사람들을 생각해보고 그들을 격려해주라. 그들에게 이 책을 선물하고 코치를 해주거나 함께 공부하라.

■ 나오는 말

여정은 계속된다…

당신과 함께 영적 순례의 길을 떠날 수 있게 해준 데 대해 깊은 감사를 전한다. 우리가 이 땅에서 사는 동안은 결코 완전해질 수 없겠지만, 우리의 마음과 삶을 계속 변화시켜서 예수님의 아름다움과 사랑과 거룩하심을 드러내는 것이 하나님의 간절한 열망이다.

그분의 목적은 언제나 우리의 유익을 위한 것이지만, 그보다 더 나아가 그분의 은혜와 지혜와 사랑과 능력의 무한함을 드러내어 우리의 삶으로 "거룩하다 거룩하다 거룩하다 주 하나님 곧 전능하신 이여 전에도 계셨고 이제도 계시고 장차 오실 이시라!"고 외치게 하는 것이다.

내가 기도하는 것은 당신이 얼마나 큰 사랑을 받고 있는지 깨닫고, r12(로마서 12장) 그리스도인의 삶을 사는 것, 즉 하나님의 은혜를 노력으로 얻는 것이 아니라 그분이 이미 행하신 일들에 감사하는 것이다.

이 여정은 계속된다…
하나님께 위탁드리고

세상의 가치관과 구별되며

냉철하게 자기를 평가하고

사랑 안에서 다른 사람들을 섬기며

선으로 악에게 초자연적으로 대응한다.

그리고 그분이 다시 오실 때, 혹은 우리가 천국 본향으로 부르심을 받을 때까지 이 길은 결코 끝나지 않을 것이다.

그 가운데 우리가 하루 24시간, 일주일 내내, 365일 하루도 빠짐없이 r12 그리스도인이 되어갈 때, 우리의 위대하신 하나님과 구세주이신 예수님이 모든 환경과 관계 가운데서 어떤 일들을 행하실지 상상해보라.

"또 네가 많은 증인 앞에서 내게 들은 바를 충성된 사람들에게 부탁하라 그들이 또 다른 사람들을 가르칠 수 있으리라."

– 디모데후서 2:2

멈추지 말라. 계속 나아가라.

칩 잉그램

기억하라. 당신 삶의 모든 영역에서 예수님의 최고 우선순위는 바로 이것이다. "하나님을 믿고 또한 나를 믿으라!"

– 요한복음 14:1

■ 부록

목회자들에게 드리는 글

나는 지난 몇 년 동안 미국은 물론 세계 여러 나라를 가로지르며 날마다 자신의 믿음을 실천하면서 그리스도를 닮은 제자들을 세우기를 간절히 바라는 동료 목회자들과 함께 사역해왔다.

무언가 엄청나게 잘못되어 있다는 사실은 조금도 비밀이 아니다. 대부분의 그리스도인들은 그리스도인들처럼 살지 않는다. 대부분의 교회는(놀라운 예외가 있지만 매우 드물다) 신음하고 있다. 그 출신 배경과 상관없이 모든 목회자들은 "예수 그리스도의 제자란 무엇인가?"라는 질문에 대한 분명한 정의를 갖고 있지 않다고 시인한다. 그리고 소수의 교회들만이 그들의 교우들을 성숙시키는 분명하고 조직적인 과정을 갖추고 있다.

이 책은 모든 목회자들의 동반자가 되어 은혜로 충만하고, 밝으면서도 거룩하며, 사랑이 넘치는 그리스도의 제자들이 어떤 것인지 규정할 뿐 아니라, 그런 이들을 만들어내도록 도와주고 싶은 나의 소망이자 기도이다.

당신이 내 말을 무조건 있는 그대로 받아들일 필요는 없다. 혹 더 많은 동기 부여가 필요한 경우나, 이 문제의 본질적인 속성에 의혹이 있는 경우를 위해서, 하나님이 내 영혼의 불을 계속 타오르게 하는 데 사용하신 기독교 지도자들의 조언 네 가지를 인용해두었다.

60년 전 과거에
영적 성숙의 우선순위를 바라보는 목소리

오늘날 우리의 가장 절박한 의무는 우리의 모든 힘을 다하여 부흥을 이루어 그 결과로 우리 교회가 개혁되고, 다시 살아나며, 정결하게 되는 것이다. 더 많은 그리스도인을 얻는 것보다 더 훌륭한 그리스도인을 얻는 것이 훨씬 더 중요하다. 모든 그리스도인은 저마다 다음 세대를 위한 씨앗이다. 그리고 상한 씨앗은 분명 그 씨앗에서 나온 것보다 조금도 좋을 리 없고, 품질이 떨어지는 상한 곡식을 거두어들일 수밖에 없다. 따라서 씨앗을 개선시키기 위한 강력하고 효과적인 수단이 강구되기 전까지 그 추수량은 하강 곡선을 그릴 것이다.

교회는 이런 활동들(복음 전파, 선교)을 성경적으로 수행하기 위해 능력이 충만하고, 세상과 구별되며, 순결함으로 행하고, 어느 순간에도 그리스도의 더 큰 영광을 위하여 자신의 생명을 포함한 모든 것을 포기할 준비가 되어 있어야 한다. 세상에 물들고, 연약하며, 타락한 교회가 세상을 바꾼다는 것은 다만 자기와 똑같은 것을 만들어내어, 자신의 약함과 타락함을 조금 더 연장시키는 것에 불과하다.

영적 자질이란 것이 이렇게 절대적으로 중요한 것이기에 더 크게 성장하려는 노력은 우리가 더 나아지기 전까지 보류하는 것이 좋다고

주장하는 것은 전혀 지나친 일이 아니다.¹

— A. W. 토저

오늘날의 목소리,
지난 15년간 해마다 여름이면 전세계를 돌아다니며
'교회의 영적 온도를 잰' 사람이 하는 말

질문 : 당신은 여느 서구인과 마찬가지로 성장하는 교회에 대해 알고 계실 텐데요. 당신이 그에 대해 어떻게 평가하실지 궁금합니다.

존 스토트(John Stott) : 그 답은 '깊이 없는 성장'입니다. 우리 가운데 그 누구도 교회의 엄청난 성장에 이의를 제기하는 사람은 없습니다. 그러나 그것은 대부분 숫자와 통계적인 성장이었습니다. 그리고 숫자의 성장에 걸맞는 제자도의 성장은 충분하지가 않습니다.

질문 : 우리 복음주의자들은 어디로 가야 하는 것일까요? 지난 50년 동안 수없이 여행을 떠났는데 말입니다.

존 스토트 : 나는 이것에 망설임 없이 대답할 수 있는데요, 우리는 복음 전파를 넘어서야 할 필요가 있다는 것입니다. 복음 전파는 전도자의 특별한 사명이어야 합니다. 물론, 저는 지금 세계 복음화에 전적으로 헌신하고 있습니다. 그러나 우리는 복음 전파를 넘어서 개인과 사회 모두 안에서 복음의 변화시키는 능력을 보아야 합니다.²

25년 동안의 사역에 대한 초대형 교회의 자기 평가

그러나 연구 조사의 결과는 너무도 분명했다. 교회는 예수 그리스도께 온전히 복종하는 제자들의 숫자를 늘리기 위해 자신이 할 수 있는 모든 일을 해야 한다… 그들이 잠재적으로 갖고 있는 천국의 영향력은 엄청나다.[3]

그리스도의 이름을 부르는 사람들의 생활 방식과 행동에 관한 가장 최근의 실증적 조사

우리는 전국에 있는 거의 대부분의 십대들이 그들의 십대 시절 가운데 상당 시간을 교회 모임에 참석하는 데 보낼 것이라는 사실을 일관되게 발견한다. 미국의 십대들은 대부분 성인이 되면서 그리스도인이 되는 것을 고려하며, 자신이 개인적으로 그리스도께 헌신하고 있다고 말한다. 그러나 이들 대부분의 젊은이들은 10년 안에 교회를 떠나고 기독교와의 정서적 연결고리를 놓아버리고 만다. 그들 대부분에게 믿음은 단지 겉모습에 지나지 않는다. 이런 사실은 이 나라에서 교회 밖에 있는 대다수의 사람들, 특히 젊은 세대들은 사실상 스스로 교회를 떠난(de-churched) 사람들이라는 정신이 번쩍 드는 결과로 이어진다.

예수님을 닮아가는 검증된 방법

당신도 알다시피 우리에게는 문제가 있다. 그리고 그것은 나의 마음을 아프게 하며, 바로 그 이유 때문에 내가 이 책을 쓰게 되었다. 그래서 묻고 싶은 것이 있다. 당신 자신이 그 해결 방법의 일부가 되겠는가? 당신은 하나님이 당신을 변화시키셔서 그리스도를 알지 못하는 사람들을 끌어당기는 자석이 되도록 허락해드리겠는가? 당신은 r12 그리스도인이 되겠는가? 당신의 삶을 하나님께 위탁드리겠는가? 당신은 세상과 구별되겠는가? 당신은 냉철하게 자신을 판단하겠는가? 당신은 사랑 안에서 다른 사람을 섬기겠는가? 당신은 초자연적으로 악에 대해 선으로 대응하겠는가?

만일 당신이 이 간단한(그러나 전혀 쉽지 않은) 길을 따른다면, 하나님은 당신의 삶을 변화시키기 시작하실 것이다. 그분은 자기 백성을 r12 그리스도인으로 변화시키는 일에 당신을 사용하실 준비가 되어 있다. 그분의 부르심에 당신은 응답하겠는가?

■ 미주

1장

1. A. W. 토저, 「하나님을 바로 알자(The Knowledge of the Holy, 생명의 말씀사)」
2. 마태복음 11:28

2장

1. 마태복음 11:29
2. 「위험, 이성 그리고 의사 결정 과정」이라는 제목의 책은 가상의 책이다. 이 이야기들과 사례 연구들은 예수님이 마태복음 13장 44-45절에서 하셨던 것처럼 오늘날 헌신과 위탁에 대한 우리의 시각을 재조정하는 데 도움을 주기 위해 현대적인 비유로 창작해낸 것이다. 다른 이야기와 책들은 모두 사실이다.

3장

1. 마태복음 11:30

4장

1. 요한복음 12:24

5장

1. 마태복음 6:24

6장

1. 토저, 「하나님을 바로 알자」
2. 누가복음 9:23-24

7장

1. 누가복음 9:25

8장

1. 마태복음 4:1-3
2. 릭 워렌, 'Message by Rick Warren, Monterey', CA. 2006년 10월 하프타임 컨퍼런스에서 행한 설교.
3. 데이비드 키네먼과 게이브 라이언, 「나쁜 그리스도인(unChristian, 살림 출판사)」

9장

1. 마태복음 4:4

10장

1. 요한복음 8:31-32

11장

1. 토저, 「하나님을 바로 알자」
2. 누가복음 14:11

12장

1. 누가복음 16:15

13장

1. 요한복음 10:27-28
2. W. R. Newell, Romans Verse by Verse (Chicago: Moody Press, 1952).

14장

1. 누가복음 12:48

15장

1. 마태복음 25:23

16장

1. 토저, 「하나님을 바로 알자」

17장

1. 요한복음 13:34-35

18장

1. 요한복음 15:12-13

19장

1. 요한복음 5:44

20장

1. 요한복음 17:20-21

21장

1. 토저, 「하나님을 바로 알자」
2. 마태복음 5:43-44

22장

1. 마태복음 6:14-15
2. R. T. Kendall, Total Forgiveness(Lake Mary: Charisma House).

23장

1. 마태복음 5:38-39
2. 키네먼과 라이언 공저, 「나쁜 그리스도인」

24장

1. 누가복음 6:35-36

25장

1. 누가복음 23:34

부록: 목회자들에게 드리는 글

1. 토저, The Set of the Sail(Camp Hill, PA: Wingspread, 1986), 154-56.
2. 존 스토트, 팀 스태포드(Tim Stafford)와의 인터뷰, 'Evangelism Plus,' 〈크리스채니티 투데이(Christianity Today)〉, 2006년 10월.
3. G. 호킨스(G. Hawkins)와 C. 파킨슨(C. Parkinson) 공저, 「발견 – 당신은 지금 어디에 있는가?(Reveal: Where Are You?, 국제제자훈련원)」

r12 그리스도인

1쇄 인쇄 2010년 9월 27일
1쇄 발행 2010년 10월 10일

지은이 칩 잉그램
옮긴이 김창동
펴낸곳 주)도서출판 디모데 〈파이디온 선교회 출판 사역 기관〉

등록 2005년 6월 16일 제 319-2005-24호
주소 서울 강남구 개포동 1164-21
전화 마케팅실 02) 574-2630
팩스 마케팅실 02) 574-2631
홈페이지 www.timothybook.com

값 17,000원
ISBN 978-89-388-1495-1
Copyright ⓒ 주)도서출판 디모데 2010 〈Printed in Korea〉